市场营销专业工作过程系统化课程系列教材

管理与沟通文书写作

周　宏　卢凤荣　主　编

北京大学出版社
PEKING UNIVERSITY PRESS

目　　录

项目一　行政管理文书写作 …… 1

学习任务一　通知 …… 1
学习任务二　通报 …… 14
学习任务三　决定 …… 19
学习任务四　请示 …… 24
学习任务五　批复 …… 29
学习任务六　报告 …… 34
学习任务七　函 …… 43
学习任务八　意见 …… 47
学习任务九　通告 …… 53
学习任务十　公告 …… 57
学习任务十一　会议纪要 …… 63

项目二　事务管理文书写作 …… 70

学习任务十二　计划 …… 70
学习任务十三　总结 …… 78
学习任务十四　调查报告 …… 83
学习任务十五　启事 …… 88
学习任务十六　介绍信 …… 91
学习任务十七　证明信 …… 94
学习任务十八　求职信 …… 97

项目三　社交沟通文书写作 …… 103

学习任务十九　感谢信 …… 103
学习任务二十　表扬信 …… 107
学习任务二十一　邀请函 …… 111
学习任务二十二　讲话稿 …… 115
学习任务二十三　演讲稿 …… 120
学习任务二十四　简报 …… 130
学习任务二十五　消息 …… 135

项目四　商务沟通文书写作 …… 145

学习任务二十六　广告文案 …… 145
学习任务二十七　海报 …… 150
学习任务二十八　意向书 …… 155

学习任务二十九　合同 …… 160
学习任务三十　市场调查报告 …… 171
学习任务三十一　营销策划方案 …… 182
学习任务三十二　可行性研究报告 …… 191
学习任务三十三　招标书 …… 205
学习任务三十四　投标书 …… 208

参考文献 …… 213

项目一

行政管理文书写作

学习任务一　通知

知识目标

- 掌握通知的含义、特点、类型；
- 掌握通知拟写的要点、注意事项；
- 掌握不同种类通知的差别。

能力目标

- 能够拟写结构完整的通知；
- 通知语言能够体现公文语体风格；
- 能够在计算机上快速、准确地进行文字的录入、排版。

任务引入

职业情境

随着我国旅游事业的不断发展，出现了旅游景区无序开发、管理不规范、质量不高等问题。加强旅游规划管理是促进旅游事业健康可持续发展的首要任务。为此，国家旅游局制发了《旅游发展规划管理暂行办法》，希望各相关部门遵照执行。

工作任务

根据情境内容，以国家旅游局的名义写一份关于制发《旅游发展规划管理暂行办法》的通知，主送给各省、直辖市旅游局。

任务分析

要拟写通知，首先要弄清楚通知的写作内容、写作要求；其次要掌握通知写作的特点和所属种类；最后，掌握通知写作的结构模板，做到快速、准确地拟写通知。

相关理论

一、 通知的含义和特点

（一）通知的含义

通知是批准下级机关及转发上级机关和不相隶属机关公文，发布规章，传达要求下级机关办理和有关单位需要周知或者共同执行的事项，任免和聘用干部等所使用的公文。它是使用频率最高、使用范围最广的公文之一。

（二）通知的特点

1. 使用的广泛性

使用通知的机关单位最为广泛，不受发文机关级别高低的限制；通知的内容涉及广泛，上到传达中央重要方针政策，下至反映基层单位的日常行政工作，都可以使用通知。

2. 功能的多样性

在公文中，通知的功能是最为丰富的。布置工作、传达指示、晓谕事项、发布规章、批转和转发文件、任免干部等下行文的主要功能，它几乎都具备。此外，知照性通知也可作为平行文使用。

3. 写作的灵活性

通知的写作自由灵活，形式多种多样；既可以是发表重要指示的长篇，又可以是转发文件的短文，有的只有一两句话；既可内部发文，又可公开张贴；有时写的是一件事，有时则是几个问题；语气平缓，相对灵活。

4. 受文对象的确指性

通知一般是针对具体单位或人员来发文，受文对象确指性极强。

5. 较强的时效性

通知的时效性较强，通知的事项一般都要求及时办理、执行和知晓，尤其是会议通知等，往往只在特定的一段时间里有效。

二、 通知的类型

根据通知的内容及作用，通常把通知分为四类：知照性通知、事项性通知、指示性通知、批示性通知。

1. 知照性通知

知照性通知可分为两种：①向下属机关告知仅需知道而不需要直接执行或办理的事

项，如成立、调整或撤销机构，启用或作废某单位印章等，只起通报情况作用；②要求下级办理的一般性事项，如布置一般工作、印发工作提纲、任免和聘用干部等。

这种通知内容比较简单、写法直截了当。一般正文开头写明印发通知的依据，正文主体把通知事项的主要内容写清楚，正文的结尾可用“特此通知”作为结束语，也可不用结束语。

这类通知中有的须抄发给不相隶属的机关或单位（部门），如启用或作废某单位的印章，就要抄送给工作关系较密切的不相隶属单位，以便于工作联系和沟通，防止出现问题。

2. 事项性通知

事项性通知是指为要求下级机关办理的事项而发出的通知。一般常用的有三种：会议通知、学习通知、处理具体事务的通知。

（1）会议通知。各级领导机关和企事业单位召开的不宜用电话和其他形式通知的重要会议，事先要用正式文件通知，这种通知即会议通知。

会议通知要写得具体。一般必须交代召开会议的机关或单位（部门），会议的起止时间、地点，会议的名称、基本内容，参加会议的人员及报到时间、地点等。

根据会议任务、规模等情况的需要，有些会议通知还要写清其他有关内容。例如，属于表彰先进的会议要交代评选的范围、评选条件、评选方法、名额分配等有关事项；有的座谈会、讨论会，须写清要求参加会议人员进行必要的调查研究和材料准备工作；有的会议要求提交参加会议人员名单。如果参加会议人员距离较远的，要求预先告知乘坐的交通工具及车次（航班）等。

（2）学习通知。学习通知指上级机关对下级单位安排部署学习任务的通知，如通知学习上级某个文件、报刊上的某篇文章和先进典型事迹等。撰写这类通知要重点写清学习的内容，学习的目的，学习的重点和精神实质；还有安排学习的时间、方法、步骤，明确学习的组织领导等。

（3）处理具体事务的通知。处理具体事务的通知指各级机关和企事业单位及其具体办公部门处理日常各种事务所发出的通知。一般用于催促下级单位或部门报送工作计划、总结、典型材料、有关会议记录、统计报表，告知某项经费开支范围，要求上缴某种款项，变更作息时间等情况。这种通知所涉及事项都比较具体，因此文件要写得简短、明了，一般主要交代要办什么事、什么时间办、怎样办及需要提醒注意的事情。

3. 指示性通知

指示性通知是上级机关对下级单位部署工作、下达任务、做出规定的通知，具有较强的指令性和约束力。因此，制发指示性通知，必须是工作中迫切需要解决的重大事项，既要有较强的针对性，又要有普遍的指导意义。指示性通知一般没有附件，全文都是指示内容。正文一般由通知缘由、通知内容、执行要求三部分组成（可参见经典例文）。

（1）通知缘由。主要先写清制发通知的缘由，包括摆依据、讲背景、论意义，说明为什么要办某种事项。要求概括精练、简洁明确、理由充分。写完缘由后紧接着用“为此，特作如下通知”、“特通知如下”等承启用语，转入通知内容。如事属紧急，可在“通知”

之前加上“紧急”二字。

（2）通知内容。要写清向下级部署的具体工作任务及如何开展有关工作的批示、要求。

（3）执行要求。是通知正文的结尾，要求简明有力，针对性强。一般常用的结尾有“以上，请认真贯彻执行”、“望结合当地实际情况抓紧贯彻落实”、“望转告所属，遵照办理”等；也有的进一步提出“执行中有什么问题和经验，请及时反馈”或“请将贯彻执行情况于×月×日上报”等具体要求。

4. 批示性通知

批示性通知主要用于批转下级机关的“报告”、“意见”，转发上级机关、同级机关和不相隶属机关的公文，印发本机关的“工作计划”、“制度”、“办法”、“会议纪要”、“领导讲话”或其他文件、材料，颁发“条例”、“规定”等。这类通知主要由两部分组成：一是批语部分，即通知的正文；二是附件部分，即批转或转发、印发的文件或材料。附件已在公文的标题中写清楚，一般不必在正文的后面再按“附件”标注它们的名称了。批示性通知的正文，一般包括发文的缘由、对附件的评价、有关意见和要求。

三、 通知写作分析

不论哪种类型的通知，其结构都包括标题、主送机关、正文、落款四部分。

1. 标题

通知的标题通常有三种形式：一是由发文机关、事由和文种组成，如“××市旅游局关于成立××饭店建设指挥部的通知”；二是由事由和文种组成，如“关于进一步加强旅行社经营价格管理的紧急通知”；三是只写文种，如“通知”，这种形式常见于基层单位所发的事务性通知或一般性会议通知。有些特殊情况下的通知，在标题中应写明性质，在“通知”前加上说明性词语，如“紧急通知”、“补充通知”等。

2. 正文

通知的正文因种类不同而写法不同。详见上文通知类型的介绍。

3. 落款

通知的落款由发文机关（署名）和成文日期组成。

四、 通知的写作模板

写作要点	写作模板
①标题：	×××关于×××的通知
②主送机关：	________：

续表

写作要点	写作模板
③正文：缘由 事项 结束语	根据__________，为__________，现将有关_____通知如下： 一、__________ 二、__________ 三、__________ 特此通知
④发文机关：	__________
⑤成文日期：	××××年××月××日

任务实施

(1) 通知的标题写作。
(2) 明确发文机关、主送机关。
(3) 发文缘由。
(4) 发文事项。
(5) 要求。
(6) 结尾。可以自然结尾，也可以用“特此通知”结尾。
(7) 落款。发文机关、发文时间。
(8) 拟写发文字号。
(9) 排版打印。

经典例文

关于重申各级党政机关和领导同志
草拟、签批文件一律用钢笔或毛笔的通知

各区县党委和人民政府，市委各部委、市级国家机关各党组（党委）、各人民团体党组：

目前我市存入的文书档案中，大量文件由于起草、签批时使用铅笔、圆珠笔、红墨水笔和复写纸，凡30年以上的，现已全部发生字迹褪化，有的已模糊不清，给用户查考带来极大困难，如修复将需一大笔经费。为了保证文书档案的长期保管和提供利用，根据国务院办公厅发布的《国家行政机关公文处理办法》（国办发〔1987〕9号）中关于“草拟和签批公文应使用钢笔或毛笔”的要求，现对各级党政机关和领导同志草拟、审改、签批文件用笔作如下通知：

一、各级党政机关起草文件（包括领导同志讲话稿、会议记录等）一律用钢笔或毛笔书写。字迹要工整清晰，并使用标准汉字，不要随意乱造简体字。

二、各级领导同志审改、签批文件时，一律使用钢笔或毛笔书写。

三、凡不按规定起草、审改、签批的文件，应重新书写、签批。秘书工作人员和文档部门要严格把关，如发现不符合规定的，应将文件退还起草单位和签批的领导同志，待做技术处理后再行存档。

中共天津市委办公厅（盖章）
天津市人民政府办公厅（盖章）
××××年××月××日

实训练习

1. 实训内容

（1）职业情境

2006年6月22日，据中央气象台和青岛市气象台联合预报，受南方热带低气压的影响，预计明、后两天青岛市将有一个强降雨过程，降雨量可达200mm以上，并伴有8级大风，局部有冰雹。青岛市委、市政府为加强全市粮食系统防汛工作，将防汛工作的三个要点传达给青岛市粮食局，青岛市粮食局成立了防汛工作领导小组，根据上级的精神将防汛工作落到实处：

首先，要高度重视。一是领导要高度重视。各处室负责人、各单位主要领导要充分认识做好本次防汛工作的重要性，加强对本次防汛工作的领导，确保安全渡汛。二是要制定好防汛工作预案。各单位要根据自身工作实际制定本单位加强防汛工作的预案，落实工作措施，做好防汛准备。市粮食局的防汛工作预案由局办公室负责制定。三是要建立统一协调的领导机制。建立起由市粮食局局长为组长，各单位负责人为副组长及各有关人员参加的防汛工作领导小组（名单附后），领导小组下设在市粮食局办公室，由市粮食局办公室统一做好防汛期间的协调调度工作（联系人：×××，联系电话：××××××××××××）。

其次，要采取有力措施。一是要认真做好隐患排查。各单位要认真将本单位防汛工作隐患排查一遍，各仓储企业要彻底排查各个粮仓安全情况，做好预防大风和降雨的有关准备工作，做到预防为主，防患于未然。二是要落实防汛工作相关保障。各单位都要成立防汛工作队伍，确保防汛期间的通信畅通，落实好防汛车辆安排，做好充足的防汛物资储备。三是要做好应急抢险准备。各单位要做好出现险情后的应急抢险准备工作，出现险情后立即组织抢险，并迅速上报有关情况，确保将损失降到最低限度。

最后，要落实责任。一是要建立防汛工作责任网络。各单位务必于6月23日12时以前上报本单位防汛工作预案，落实好责任人员，建立防汛工作责任网络体系。二是各单位要层层传达防汛工作通知精神。要通过各种形式，将防汛工作通知精神传达给每个干部职工，统一大家对防汛工作重要性的认识，将防汛工作责任落实到人。三是建立责任追究制度。对在本次防汛工作中因个人问题而造成人员伤亡和财产损失的，要追究有关人员责任。对于出现事故隐瞒不报的个人和单位要按照有关规定追究责任。

（2）实训任务

请你以青岛市粮食局办公室秘书的身份写一份关于加强防汛工作的紧急通知，主送单位为各区市粮食局和各局直单位。

2. 实训要求

（1）实训条件

① 本实训可在秘书办公自动化实训室进行。

② 本实训应具备齐全的办公设备：计算机、打印机、网络连接。

③ 教师在实训前应提前告知学生实训资料。

④ 每人一台计算机。

（2）实训方式与手段

本实训学生分组讨论操作，每组 3～4 人。

（3）实训要求与标准

① 本项目主要为文字写作，2 课时完成。

② 通知结构合理，语言通顺。

③ 要符合公文的格式和语言特点。

（4）实训考核

对完成的每一项进行单独打分，最后综合评定小组成绩。

专业拓展

一、 行政公文的含义

行政公文即行政机关的公文，指行政机关在行政管理过程中形成的具有法定效力和规范体式的文书，是依法行政和进行公务活动的重要工具，简称为公文。

公文具有广义和狭义之分。

广义的公文是党政机关、社会团体、企事业单位等合法组织办理各种公务时使用的具有特定效力和规范格式的应用文书，是传达贯彻党和国家的方针、政策，发布法规和规章，实施管理，规范行为，融洽工作，记载和传递公务信息等的重要工具。

狭义的公文是由党中央、国务院分别批准颁布的党的机关公文和行政机关公文，它是法定公文。有著者称其为通用公文或通用法定公文。以下所研究的公文是指狭义的公文。

公文的法定依据是中共中央办公厅于 1996 年 5 月 3 日印发的《中国共产党机关公文处理条例》（以下简称《条例》）和国务院于 2000 年 8 月 24 日发布，2001 年 1 月 1 日起施行的《国家行政机关公文处理办法》（以下简称《办法》）。

《条例》第二条规定："党的机关的公文，是党的机关实施领导、处理公务的具有特定效力和规范格式的文书，是传达贯彻党的路线、方针、政策，指导、布置和商洽工作，请示和答复问题，报告和交流情况的工具。"

《办法》第二条规定："行政机关的公文（包括电报，下同），是行政机关在行政管理过程中形成的具有法定效力和规范体式的文书，是依法行政和进行公务活动的重要工具。"

二、 行政公文的特点

从公文使用的实际情况看，行政公文不仅适用于国家各级行政机关，同时也适用于各个社会团体和企业、事业单位。行政公文，作为一种特定文体，具有特定功能，因而也就有其区别于其他文章的鲜明特点。归纳起来，有以下五个方面。

（一） 公文有法定的作者

公文的制发者不是任意的，公文是由法定的作者制成和发布的。所谓法定的作者是指依据宪法和其他有关法律、章程决定成立的，并能以自己的名义行使职能权利和担负一定的任务、义务的机关或代表机关组织的领导人。在我国，各级党政机关、社会团体、企事业单位，只要是依据宪法和其他有关的法律、条例的规定，并经过一定的审批程序建立和存在的，他们都是法定的作者，他们都有独立对外行文的资格。

公文法定的作者指的是发文的名义。也就是说，公文主要是以机关的名义或机关的某一部门的名义制发的。例如，国务院文件、××省人民政府文件是以机关的名义制发的；××省人事厅文件、××县委组织部文件是以机关的某一个部门的名义制发的；工厂、学校、科研单位的文件是以企事业单位的名义制发的。这些能在自己的职权范围内制发文件的机关、部门或单位，称为行文单位。

机关的发文有时也用国家领导人或机关首长的名义，如中华人民共和国主席令、国务院总理等。以领导人作为发文的名义，并不是以他个人的名义出现，而是代表他所在的机关的身份来发文的，也是法定的作者。这是领导人行使自己法定职权的一种表现，所以，应在领导者个人名字前冠以机关的名称与职务。例如，天津市高级人民法院院长×××，南开大学校长×××，××公司董事长×××等。一旦这些人不再担任这一职位，也就失去了其法定作者的资格。

（二）公文内容具有政令性

政令性包含政治性、法令性和政策性等含义，它是行政公文在内容性质上表现出来的特征。

行政公文是国家管理政务的重要工具，是为一定的阶级、政权和政党服务的。因此，从整体上说，公文的内容必然体现出国家的意志，体现出阶级的根本利益，具有鲜明的政治性。只要阶级或者阶级斗争仍然存在，只要国家尚未消亡，行政公文的这一性质就不会改变。例如，1999年7月19日，中共中央发布的《中共中央关于共产党员不准修炼“法轮大法”的通知》，分析了李洪志“法轮大法”的反革命实质，并作出明确规定：共产党员必须普遍进行一次马克思主义唯物论和无神论的教育，增强政治敏锐性和政治鉴别力，牢固树立正确的世界观、人生观、价值观，坚定共产主义理想信念；明确要求共产党员不准修炼“法轮大法”；严格掌握政策界限，对于误入歧途的党员干部做好转化工作。这充分体现了我党的政治性。行政公文又是发布党和国家方针、政策的基本渠道，具有鲜明的政策性。例如，2004年1月20日颁布的《国家税务总局关于进一步落实税收优惠政策促进农民增加收入的通知》就是关于减轻农民负担促进农民增收的政策，各级政府必须遵照执行。社会团体、企事业单位部署工作、制定规章、商洽业务时，也必须充分体现党和国家方针、政策的精神。对一些重要的提法，必须与上级的口径保持一致，而不能自行其是；政策界限的划定，必须按上级政策规定办，而不能另搞一套；上级作出的结论不能随意推翻，上级做出的工作部署必须照办。

总之，行政公文担负着其他文章不能担负的特殊使命，秘书人员撰制公文必须突出政治性、法令性与政策性。衡量一份公文水平的高低，主要看它在处理实际问题的时候是否准确地体现了党和国家的政治意图、法律法规和方针政策。

（三）公文具有法定的权威性

行政公文既然是阶级、国家、政党意志和根本利益的体现，国家就必然要以强制的力量确保它的贯彻执行，以达到阶级统治、管理社会、组织生产、规范人们行为的目的。国家法律与国家政权赋予了发文机关的职能及与它们的职能相应的制定印发公文的权限。公文一经发文机关制发，有关组织和个人必须作出积极反应，必须不折不扣地执行，认真地、及时地按照文件的规定与部署去从事工作、组织活动、办理事务，不得拖延，不得推诿，不得走样，否则就要受到法规、纪律的制裁或行政处罚。

公文的法定效力，具体表现在三个方面，即确定力、执行力与约束力。也就是说，公文确定了统一的口径与政策界限，有关单位与个人必须严格执行，如果不贯彻执行，则有相应的法规、纪律和行政措施来加以约束和保证。例如，《国务院批转财政部等部门关于清理检查预算外资金意见的通知》中，国务院同意财政部、国家计委、审计署、中国人民银行、监察部《关于清理检查预算外资金的意见》，对于清理检查的对象、范围、时限和工作步骤等有了明确的规定：凡有预算外资金收入的地区、部门或单位都必须按照文件的规定与要求，对预算外资金的收取、管理和使用情况进行认真的自清自查，写出书面报告，自觉地接受清理检查……凡是违反上述规定的各单位、各部门都要严肃处理，并追究领导人的责任。

（四）公文有规范的格式

行政公文内容的政令性与效用的权威性，决定了制作公文的严肃性。所以，国家以法规形式对公文的名称、种类、使用范围、行文格式、公文用语等，均作出了严格的规定。各级党政机关、社会团体、企事业单位制发文件时都应当按照规定的体式办理，不能随心所欲，另搞一套。例如，公文的结构要素、附加标记的使用都要符合规定。一般来说，正式公文都有文件版头、公文管理标记、发文字号、公文标题、主送机关、正文、发文机关、机关印章、发文日期、主题词、抄送机关、印发说明等项。

（五）公文有规定的处理程序

公文的制发和办理都必须经过规定的处理程序。例如，公文的制发，一般应经过起草、审核、签发的程序。只有经过领导人签发的文稿才能缮印、用印、分发和传递。几个机关的联合发文必须履行完备的会签程序；重要的政策性文件还须报请上级机关审批或由主管部门批准等。对收文的办理，一般应包括签收、登记、分发、拟办、批办、承办、催办等程序。任何人不能违反公文办理程序擅自处理。只有这样，才能维护公文的严肃性与权威性，才能实现机关文书处理工作的科学化、规范化、制度化，才能提高机关工作的效率。

三、 行政公文的格式

公文的格式是指文件的组成部分和印刷规范。它是公文权威性、严肃性在形式上的体现。公文的格式具有规范性和相对确定性。这在《国家行政机关公文处理办法》中有专门的规定。同时《国家行政机关公文格式》对公文的版头设计、版面安排、字体型号、字行字距间隔、天头地脚、用纸尺寸与规格等也作出了具体要求。

下面，我们就按公文的眉首、主体、版记三部分具体讲述公文的格式。

（一）眉首部分格式

眉首即文件头，包括公文份数序号、秘密等级、紧急程度、发文机关标识、发文字号、签发人、横隔线等项。

（1）公文份数序号，也称公文份号，是指根据同一文稿印制若干份时每份的顺序编号。一般秘密文件才加顺序号。份数序号，一般由六位阿拉伯数字组成，标识在公文首页版心左上角第1行，如果数字不足规定位数的，前面用“0”（零）补齐。

（2）秘密等级。需要保密的公文应根据保密程度注明密级。密级分为绝密、机密、秘密三种。用3号黑体字，顶格标识在版心右上角第1行，两字之间空1字。也有的标于标题的左上角份数序号之下。同一机关发出的文件秘密等级标注位置要一致。

（3）紧急程度，是对文件送达和办理速度的要求。紧急公文应分别注明“特急”或“急件”字样，用3号黑体字，标注在秘密等级之下。

（4）发文机关标识，又称版头，是公文制发机关的标记。由发文机关全称或规范化简称加“文件”二字组成，如“中共中央文件”、“河北省人民政府文件”等。发文机关标识一般使用小标宋体字，用红色标识，人们常把法定公文称为“红头文件”，居中印在文件首页上端。发文机关标识上边缘至版心上边缘为25mm。字号由发文机关以醒目美观为原则酌定，但最大不能等于或大于22mm×15mm。若几个机关联合行文，主办机关排列在前。发文机关标识的主要作用是强调公文法定作者的归属，唤起受文者对公文权威性的警觉。

（5）发文字号，是一个机关同一年度制发公文的顺序号，简称“文号”，位于文件头的正下方。它是由发文机关代字、年份和顺序号三个部分组成，如中共中央2004年发的第10号文件，其发文字号应写成“中发〔2004〕10号”；辽宁省教育委员会2004年所发的第一号文件的发文字号，可写成“辽教字〔2004〕1号”。发文字号应在发文机关标识下空2行，用3号仿宋体字，居中排布。

特别提示

（1）机关代字是机关最有代表性的字，它固定不变，又不能与其他单位的代字重复。例如，“京政”是北京市人民政府，“冀财”是河北省财政局，“京财预”则是北京市财政局预算处的代字。

（2）发文年度号用阿拉伯数字，必须用全称。发文年度号外用六角括号。

（3）序号不编虚位，不加“第”字。

（4）几个单位联合发文，只标明主办机关发文字号。

发文字号的作用是为检索和引用该文件提供专指性很强的代号，并为统计和管理公文提供依据。

（6）签发人供上行文用，标注在发文字号右侧，书写“签发人”和签发者姓名，是表示公文生效并对公文内容郑重负责的一个标志。签发人用 3 号仿宋体字，后标全角冒号，冒号后用 3 号楷体字标识签发人姓名。

（7）横隔线，也称红色反线。在发文字号之下 4mm 处，与版心等宽，用于隔开文头和正文。

（二）主体部分格式

公文的主体部分包括文件标题、主送机关、正文、附件、发文机关、成文日期、公文生效标识、附注等几部分内容。

1. 文件标题

标题用于提示公文的主要内容，是公文主旨的高度概括。公文标题的制作有三种情况：

（1）“三项式”标题。是最基本的标题形式，即由发文机关、事由、文种三部分构成，如“国务院关于颁发《会计人员职权条例》的通知”。

（2）“两项式”标题。或由事由、文种两部分构成，如“关于赴×××省旅游局学习考察的函”；或由发文机关和文种两部分构成，如“北京市人民政府令”、“中华人民共和国主席令”。

（3）只以文种为标题。这种写法往往用于公开张贴的文告，如“通告”、“公告”等。

拟定公文标题时有以下注意事项：

（1）标题起提示作用，应准确、简要、概括。

（2）避免层层套转。

（3）标题中，除批转的法规、规章名称加书名号外，一般不用标点符号。

（4）标题可分一行或多行居中书写，人名、地名不能分割成两行表示。

（5）公文标题应在红色反线下空 2 行，用 2 号小标宋体字排布。

拟定公文标题时，常犯以下三种错误：

（1）三要素不全。有的正式文件只有“通知”二字，缺事由，使人一接到文件不知是什么事。

（2）事由模糊。例如，一名女营业员在下班时拾到一个黑色手包，交该营业所保卫部门后，查包内有支票两张、人民币三万元，后全部还给失主，受到表扬。但该营业所的上级在发通报时，标题为“关于××拾金不昧的通报”，事由模糊，原标题若改为“关于表彰××拾到巨款交还失主事迹的通报”为好。

（3）语言啰唆。主要是写事由没有抓住主要内容，把涉及的事项全放在标题中，使标题冗长、烦琐，不能使人一眼看到文件的实质。

2. 主送机关

主送机关，指发文机关要求对所发公文内容进行答复或处理的对方机关，也称“受文机关”。写在标题之下空 1 行处，靠左顶格用 3 号仿宋体字书写，后加冒号。

3. 正文

正文是公文的主体和核心，用来表述公文的内容，位于主送机关之下，成文日期之上。每一段首行一律空两个字书写，回行时顶格书写。

4. 附件

附件是正文的补充材料或参考材料，是公文的重要组成部分。

常见的附件有两类：一类是发布令和发布通知等发布、印发、转发、批转的公文。附件实质上是主件，而形式上的主件实际上只起报送、发布、按语、转发、函告作用。另一类是对正文的补充、说明或是正文的参考材料。常见的有图表、统计表、凭据等。

公文若带有附件，应在正文之下左空 2 个字用 3 号仿宋体字标注“附件”，然后按顺序完整地写明附件的名称，如不是一件，要在前面标上序号，最后把附件与主件装订在一起。注意不是所有的公文都有附件。

5. 发文机关

公文的发文机关又称落款，是公文的法定作者。在正文之后偏右处，应用机关全称或规范化简称。几个机关联合发文，应将主办机关排列在前。以领导人的名义发文，应在领导人的名义前冠以职务名称。

6. 成文日期

成文日期是公文生效和查考的依据。位于发文机关名称之下，会议纪要、决定、决议等不标注主送机关的公文，成文日期可用括号标注于标题下方居中位置。成文日期要书写完整，不得用阿拉伯数字，需用汉字书写，“零”写为“〇”。成文日期是公文形成与生效的时间标识。

如何确定公文成文日期：

（1）签发的公文以负责人签发的日期为准。

（2）联合行文以最后签发机关负责人签发日期为准。

（3）会议通过的公文以会议通过的日期为准。

（4）需上级机关或立法机关批准的以批准日期为准。

（5）电报发出的公文以发出的日期为准。

（6）一般公文以印发日期为准。

7. 公文生效标识

公文生效标识是公文制发机关对公文生效负责的凭证，即机关印章。要盖在机关名称和成文日期上，做到上不压正文、下要骑年盖月。以印章的下部边缘压盖发文日期，一般以压盖 4～7 个字为准。

8. 附注

附注位于成文日期的左下方，主题词之上。用以说明公文中在其他地方不便说明的各种事项，如需要加以解释的名词术语或用于表示公文的传达范围、使用方法等内容，如“此件发至县团级”、“此件发至各街道、乡”。用 3 号仿宋体字，居左空 2 字加圆括号标识。

（三）版记部分格式

公文版记部分格式主要包括主题词、抄送（含抄报、抄发）机关、印发说明等项目。

1. 主题词

主题词由反映文件内容的规范化名词或名词性词组组成，作为公文主题检索使用，标注在发文机关落款的左下方。主题词一般是在本系统或本单位所编制的主题词表中选取，词与词之间空一个字的位置。正式文件均应标注主题词。主题词的个数一般不限，但最多不超过 7 个，其前后排列次序可根据需要有次序地排列。

2. 抄送机关

抄送机关用以标明需要了解公文内容的机关名称。标注在主题词横格线之下左侧顶格处，注明抄送或抄报、抄发，之后加冒号，后面以机关性质、职权、隶属关系及其他逻辑关系，标注抄送机关的全称或规范化简称。对上级机关用“抄报”，对同级和不相隶属的机关用“抄送”，对下级机关用“抄发”。

3. 印发说明

印发说明又称“印制版记”，标明公文印发部门名称、印发日期。印发部门名称和日期置于文件末页下端。

（四）公文格式其他要求

在《国家行政机关公文格式》中，对机关公文通用纸张尺寸、规格、书写形式和公文各组成部分的排列顺序、区域划分、排版形式与字体字号的选用等方面，均作出了明确规定。

1. 公文用纸规格

国内公文用纸一般采用国际标准 A4 型纸（297mm×210mm）。

2. 书写形式

公文中所涉及的文字符号一律采用从上至下、自左向右的横写横排的形式，正文文字每行长度与图文区宽度相等，字距、行距以便利阅读和庄重为原则，尽量做到匀称、整齐。

正文中数字表示多层结构时，可用如下标识方法：

第一层：一、二、三、四……

第二层：(一)、(二)、(三)、(四) ……

第三层：1、2、3、4……

第四层：(1)、(2)、(3)、(4) ……

3. 公文的排印

一律从左而右横排、横写，少数民族按其习惯书写和排印。横排的公文在左侧装订。每页 22 行，每行 28 个字。

4. 各种字号

秘密等级和保密期限：3 号黑体；
紧急程度：3 号黑体；
版头：不大于“22mm×15mm”的红色宋体；
发文字号：3 号仿宋；
签发人：“签发人”三个字用 3 号仿宋，签名用 3 号楷体；
公文标题：2 号宋体；
公文正文：3 号仿宋（包括主送机关、附件名）；
主题词：“主题词”三个字用 3 号黑体，词目用 3 号宋体；
页码：4 号阿拉伯数码。

学习任务二　通报

知识目标

- 掌握通报的含义、特点、类型；
- 掌握通报拟写的要点、注意事项；
- 掌握不同种类通报的写法。

能力目标

- 能够拟写结构完整的通报；
- 通报语言能够体现公文语体风格；
- 能够在计算机上快速、准确地进行文字的录入、排版。

任务引入

职业情境

青岛市粮食局根据市局《关于举办电子政务大赛的通知》要求，于 2006 年 6 月 22 日在青岛粮食科学研究所干部教育培训基地，举行了由一库、二库、三库、军供站和机关工作人员参加的电子政务大赛。由于各单位领导重视，组织规范严密，参与人员圆满完成了大赛任务，达到了预期目的。

1. 基本情况

本次大赛共有 66 人参加，其中局机关 26 人，一库、二库、三库各 12 人，军供站 4 人。参赛人员围绕电子政务和公文写作等方面的内容，用计算机操作的方式进行了考试，平均成绩在 85 分以上（附成绩单略）。

2. 主要特点

（1）妥善安排，积极参与。各单位领导和机关各处室高度重视这次大赛活动，克服各种困难，积极参加大赛活动，除因公外出的人员外，符合条件的人员都报名参加了这次大赛。

（2）准备工作充分，措施有力，实现了通过比赛促进学习的预期效果。大赛前，市局政工处组织各单位符合条件人员进行了脱产培训，系统学习了电子政务和公文处理等方面的知识；机关各处室主要利用业余时间以自学为主，形成了人人学技术、学业务的良好氛围。对确有特殊情况不能参加大赛的人员，经主要领导批准后，组织统一补考。

（3）领导重视，组织严密。为了保证大赛质量，比出真本事、真水平，聘请了专家封闭出题，设立了专门考场，市局领导亲自到考场巡视检查，确保了大赛落到实处，不走过场。

3. 存在的主要问题

个别单位及处室对大赛认识不到位；个别工作人员有重工作轻学习的现象。

工作任务

根据情境内容，以青岛市粮食局的名义写一份关于电子政务大赛情况的通报，主送给局直各机关、机关各单位。

任务分析

要拟写通报，首先要弄清楚通报的写作内容、写作要求；其次要掌握通报写作的特点和所属种类；最后，掌握通报写作的结构模板，做到快速、准确地拟写通报。

相关理论

一、通报的含义和特点

通报是用于表彰先进、批评错误、传达重要精神与情况的公文。它具有以下特点。

1. 典型性

被通报事件必须具有典型意义，在全局工作中有代表性，才能发挥用典型指导工作的作用。

2. 政策性

表彰与批评都应以有关方针、政策为依据；通报中的指导性意见，也要体现有关的方针政策。

3. 求实性

被通报事件应真实确凿；对通报内容的表述也应准确贴切。

二、通报正文的主要内容

1. 通报事实

事实是通报的依据，将被通报事件的时间、地点、单位、当事人、经过、结果等交代清楚。

2. 分析与评价

从通报事实出发作评析，即指明被通报事件的原因、性质，分析其精神实质，说明其意义和影响等。

3. 通报决定

提出对被通报者的表彰或处理办法。表彰办法指通报表扬，授予荣誉称号或给予一定的物质奖励；批评性通报的处理办法指对主要责任者的处理及改进措施等。

4. 提出希望要求

通报或要求学习先进，做好工作；或要求从有关单位或个人的错误中吸取教训，防止类似事件发生；或针对通报情况提出改进工作的意见。具体到每种通报写法上各有侧重。

三、通报的类型

1. 表彰性通报

表彰性通报用于上级机关表彰下级机关、先进集体或先进个人，以便树立典型，推广经验，鼓励先进，弘扬正气，促进工作。一般分为表彰好人好事和介绍先进典型两类。正文一般包括三项基本内容：一是表扬的对象及事迹；二是典型意义及经验；三是发文单位的态度和意见，或写明表彰的决定并提出希望、要求和号召。有的通报把表彰决定写在前面，事情和分析写在后面。

2. 批评性通报

用于上级机关批评下级机关单位或个人所犯错误或不良倾向，以便揭露问题，引起有关方面注意，引以为戒。具体写法上，以“事”为主，正文主要包括三项内容：一是要写明事故发生的情况，包括简要过程、造成的危害、影响和损失等；二是分析事故产生的原因或是提出应当吸取的教训、改进的措施和要求；三是写明对此的决定。有的通报把决定写在前面，事情和分析写在后面。

3. 情况性通报

通常由情况介绍、情况分析、希望和要求三部分组成。以传达重要情况为主要内容，如中心工作、重大业务活动的进展情况、重要财政信息、财政收支形势等，从而使下级心中有数，了解全面情况和上级的某些意图，在工作中正确把握方向，采取必要措施推动工作开展。写法上与“通知”相似，通过对情况的阐述和分析，有针对性地提出意见、要求和注意事项。

四、 通报写作分析

不论哪种类型的通报，其结构都包括标题、主送机关、正文、落款几部分。

1. 标题

通报的标题。通常有两种形式：一是由发文机关、事由和文种组成，如《××省化工总公司党委关于授予张××“优秀共产党员”荣誉称号的通报》；二是由事由和文种组成，如《关于2003年上半年全国建筑施工事故情况的通报》。

2. 正文

通报的正文因种类不同而写法不同。详见上文通报类型的介绍。

3. 落款

通报的落款由发文机关（署名）和成文日期组成。

五、 通报的写作模板

写作要点	写作模板
①标题：	×××关于×××的通报
②主送机关：	________：
③正文：缘由	根据____________，为____________，现将有关______通报如下：
事项	一、____________ 二、____________ 三、____________
结束语	特此通知
④发文机关：	____________
⑤成文日期：	××××年××月××日

任务实施

（1）通报的标题写作。
（2）明确发文机关、主送机关。
（3）发文缘由。
（4）发文事项。
（5）要求。
（6）结尾。可以自然结尾，也可以用“特此通报”结尾。
（7）落款。发文机关、发文时间。

(8) 拟写发文字号。

(9) 排版打印。

经典例文

南北贸易公司业务部
关于当前市场情况的通报

深圳、珠海、广州各办事处、联络站：

经公司决定，有关市场处置方针两项，通报如下：

一、目前内地市场饼干、罐头及各种调味品销路疲软，本地和附近城市生产的同类新产品增加，市场呈饱和状态。至上月月底止，公司仓库已有大量积压。务必停止对上项商品的订购业务，正在洽谈中的立即停止，已准备签约供货的如能减少，亦请与供货厂家商洽，争取尽量减少，以免运来后积压，造成资金周转困难及仓储损失。

二、上月以来，各种高档化妆品销势转旺，尤以“××”美容系列产品订单多，据市场信息，此类化妆品可望有较长期的销售生命力。现公司存货不多，希望尽可能争取货源。与厂家洽谈时，付款条件可略有优惠，以加强竞争力量。

以上两项，请查照办理。

南北贸易公司业务部（盖章）
××××年××月××日

实训练习

1. 实训内容

(1) 职业情境

2010年4月8日，全省国土资源系统信息化工作会议以后，各级国土资源部门认真贯彻落实《关于进一步加强安徽省国土资源信息化建设工作的意见》文件要求，高度重视并积极稳妥地推进信息化机构建设，取得明显成效。但是，从各地上报的情况来看，全系统发展很不平衡，尤其是县（市、区）国土资源信息化机构建设进展迟缓的问题较为突出，需要引起高度重视。各级国土资源部门要进一步加大工作力度，采取积极措施，切实加快全省国土资源系统信息化机构建设的步伐，全面提升国土资源管理和服务社会水平。

截至目前，全省十七个省辖市国土资源局中，已有合肥、芜湖、宣城等十四个市局成立了专门的信息化机构，其中，滁州市局信息中心为局机关内设机构，宿州市国土资源信息中心为副处级事业单位。尚未成立的三个市局中，淮南市局信息化机构已经申请市编办批复，亳州市局申请已提交市编委会研究，巢湖市局正积极向市编办申请待批（附详见表一）。

根据各地汇总上报的情况，全省国土资源系统县（市、区）级国土资源局已有18个单位信息化机构获得当地编办批复并挂牌，其中绩溪县国土资源信息中心为副科级事业单位（附详见表二）。

各级国土资源部门要从贯彻落实科学发展观的高度，充分认识加快信息化机构建设是推进全省国土资源信息化建设、创新国土资源管理工作方式的重要基础。各地要结合本地实际，采取切实有效措施，积极汇报，主动争取，尽快建立健全信息化工作机构，为推进信息化建设提供强有力的组织保障；已成立机构的地方要进一步理顺关系，加强内部机构和队伍建设，为构建国土资源保障和促进科学发展新机制，为加强国土资源管理，提供科学化、标准化、规范化的信息技术支撑，努力开创全省国土资源信息化建设新局面。

附件一：全省国土资源系统市国土资源局信息化机构建设情况表

附件二：全省国土资源系统县（市、区）国土资源局信息化机构建设情况表

（2）实训任务

请以国土资源部办公室秘书身份写一份关于全省国土资源信息化机构建设情况的通报。主送机关为各市国土资源局、厅机关各处（室、局）。

2. 实训要求

（1）实训条件

① 本实训可在秘书办公自动化实训室进行。

② 本实训应具备齐全的办公设备：计算机、打印机、网络连接。

③ 教师在实训前应提前告知学生实训资料。

④ 每人一台计算机。

（2）实训方式与手段

本实训学生分组讨论操作，每组 3～4 人。

（3）实训要求与标准

① 本项目主要为文字写作，2 课时完成。

② 通报结构合理，语言通顺。

③ 要符合公文的格式和语言特点。

（4）实训考核

对完成的每一项进行单独打分，最后综合评定小组成绩。

学习任务三　决定

知识目标

- 掌握决定的含义、特点、类型；
- 掌握决定拟写的要点、注意事项；
- 掌握处分决定与批评通报的区别。

能力目标

- 能够拟写结构完整的决定；
- 决定语言能够体现公文语体风格；
- 能够在计算机上快速、准确地进行文字的录入、排版。

任务引入

职业情境

某高职学院计算机系一年级学生王某在校一年年旷课节数达到 60 节，学习成绩不及

格门数超过10门，鉴于王某在校的表现和无法完成学业的事实，经院领导研究决定，建议王某退学。

工作任务

根据情境内容，以院办的名义写一份关于建议王某退学的决定。发文时间自拟。

任务分析

要拟写决定，首先要弄清楚决定的写作内容、写作要求；其次要掌握决定写作的特点和所属种类；最后，掌握决定写作的结构模板，做到快速、准确地拟写决定。

相关理论

一、 决定的含义及特点

决定是党政机关用来对重要事项或者重大行动做出安排，奖惩有关单位及人员，变更或者撤销下级机关不适当的决定事项的公文文种。

决定具有以下特点：

（1）权威性。决定是对重要事项和重大行动，经过会议认真讨论或领导班子反复研究才做出的安排。决定属于比较严肃、庄重的文种。一经作出，在所属范围或所属系统内具有很强的约束力，任何机关和个人，甚至包括发文机关在内，都必须遵照执行，不得违抗、抵制或阳奉阴违。

（2）广泛性。决定的使用范围比较广泛，不仅党政机关使用，群众团体、基层企事业单位也可以使用。

（3）单一性。决定的内容一般只涉及某一事项或某一方面的问题，比较单一、具体，便于贯彻执行。

（4）决断性。决定是发文机关在自己的职权范围内根据党和国家的方针政策及实际情况对有关事项或行动做出的安排，在作出决定的过程中，不受其他因素的制约，因而具有很强的决断性。

二、 决定的类型

根据内容和发文机关的意图，决定分为两类：即周知性决定和指挥性决定。周知性决定是发文机关就某个问题做出安排，使受方单位知晓即可。因此内容比较单一，文字简短。指挥性决定，具有纲领性、规定性、规范性和指示性。一般内容较多，篇幅较长，带有说理性质，有较强的约束力。常见的决定有：①法规性决定；②重大事项决定；③处理重大事件决定；④表彰英模的决定；⑤机构设置的决定；⑥人事安排的决定；⑦接受辞职的决定等。

三、 决定写作分析

决定是党政机关及其他部门对某些重大问题或重要事项，经过一定会议讨论研究表决通过后要求贯彻执行的文体。决定除会议作出外，也可以由领导机关制发。决定一般由标题和日期、正文、结尾三个部分组成。

1. 标题和日期

决定的标题要完整地写出发文机关、决定事由和文种三项内容。在决定事由前一般以“关于”开始。决定的日期即会议通过或领导签发此项决定的日期，写在标题之下，外用括号。重大法规性的决定，还需注明通过该决定的机关、日期和生效日期。文末不再注明。

2. 正文

决定的主体部分也就是正文。其篇幅长短由内容多少决定。一个篇幅较长的决定，其内容通常包括两层意思：一层是说明形势和有关情况，作出决定的目的与意义；另一层是说明决定的具体事项，落实决定的政策、措施和要求等。

篇幅较长的决定，正文在结构上可分为开头、主体、结语三部分。

(1) 开头。这一部分一般用一个自然段落，用“特决定如下”或“特作如下决定”与主体部分衔接。“开头”主要用以说明目前形势，分析或阐述作此决定的原因目的及意义。其语言要求简洁、概括性强。

(2) 主体。表达决定的具体内容。因为它是下级机关、相关单位及所属个人必须执行的准则，所以要求写得明确、具体、详尽。这一部分的表达方式常采用条文式写法，在这些表现具体内容的“条”、“项”之间可以是明显的并列关系，也可以是明显的递进关系，无论何种关系，都一定要形成完整、严谨、清晰的整体。主体部分也可用简述式写法，对所决定的事项直接公布。

(3) 结语。在这一部分中提出希望、号召和要求。

3. 结尾

在决定的正文之后，可写“本决定自发布之日起施行”，通常不写成文日期和发文单位。见诸报刊时，可在文末署发文机关名。

四、 决定的写作要求

1. 标题要完整、规范

决定的标题，一般应写明发文机关、事由、文种，而且要规范、准确，特别是事由要准确概括出来。

2. 时间标注要准确

决定的时间标注要注意两个问题：一是成文日期要以会议通过的日期或领导人签发日期为准，不能以起草或打印的时间为成文时间。二是决定的时间一般要标注在标题下方，可用括号括起来。决定的时间不能标在文尾，因为决定一般不写抬头和落款。

3. 缘由要准确、合理

决定的缘由是事项的依据、理由。写作时要注意交代清楚，简明扼要，有理有据，令人信服。泛泛而谈，根据不足，说理不清的缘由没有说服力，不可取。

4. 事项要明确、清楚

一般来说，内容比较复杂的决定，事项要一条一条地表述，把主要的、重要的放在前面，次要的放在后面。结构要合理，层次要分明，内容要合乎逻辑。

五、 处分决定与批评通报的区别

（1）制发公文的目的不同。批评通报是为了教育当事人，更是为了教育更多的人，指导和推动有关工作；处分决定则主要是为了正式确认有关的错误事实和合法有效的处分意见。

（2）对象不同。批评通报的对象必须是具有典型性的人或事，处分决定则是针对所有给予处分的人及事。

（3）内容性质不同。批评通报说明错误事实时概括而注重原则，以能得出结论为度，处分决定中的这部分内容则具体而微；批评通报中常需有希望其他有关人员吸取教训，采取有关措施的基本要求，处分决定则无此内容，处分决定中必须有明确的纪律处分意见，批评通报则不一定有。

（4）发送范围不同。批评通报的发送范围广泛，处分决定则一般只面向当事人及有关方面。

六、 决定的写作模板

写作要点	写作模板
①标题：	×××关于×××的决定
②成文时间：	××××年××月××日
③正文：缘由	根据____________，为____________，经研究，特作如下决定：
事项	一、____________ 二、____________ 三、____________
结束语	本决定自发布之日起施行

任务实施

（1）决定的标题写作（发文时间）。
（2）明确发文机关。
（3）发文缘由。
（4）发文事项。
（5）要求。
（6）结尾。
（7）拟写发文字号。
（8）排版打印。

经典例文

中共中央关于深化文化体制改革推动社会主义文化大发展大繁荣若干重大问题的决定
(2011年10月18日中国共产党第十七届中央委员会第六次全体会议通过)

中国共产党第十七届中央委员会第六次全体会议全面分析形势和任务，认为总结我国文化改革发展的丰富实践和宝贵经验，研究部署深化文化体制改革、推动社会主义文化大发展大繁荣，进一步兴起社会主义文化建设新高潮，对夺取全面建设小康社会新胜利、开创中国特色社会主义事业新局面、实现中华民族伟大复兴具有重大而深远的意义。全会作出如下决定。

一、充分认识推进文化改革发展的重要性和紧迫性，更加自觉、更加主动地推动社会主义文化大发展大繁荣（略）

二、坚持中国特色社会主义文化发展道路，努力建设社会主义文化强国（略）

三、推进社会主义核心价值体系建设，巩固全党全国各族人民团结奋斗的共同思想道德基础（略）

四、全面贯彻“二为”方向和“双百”方针，为人民提供更好更多的精神食粮（略）

五、大力发展公益性文化事业，保障人民基本文化权益（略）

六、加快发展文化产业，推动文化产业成为国民经济支柱性产业（略）

七、进一步深化改革开放，加快构建有利于文化繁荣发展的体制机制（略）

八、建设宏大文化人才队伍，为社会主义文化大发展大繁荣提供有力人才支撑（略）

九、加强和改进党对文化工作的领导，提高推进文化改革发展科学化水平（略）

中华民族伟大复兴必然伴随着中华文化繁荣兴盛。全党要紧密团结在以胡锦涛同志为总书记的党中央周围，满怀信心带领全国各族人民在坚持和发展中国特色社会主义的伟大实践中进行文化创造，为把我国建设成为社会主义文化强国而努力奋斗!

实训练习

1. 实训内容

（1）职业情境

党的十一届三中全会以来，我国乡镇企业异军突起，为农村发展和国民经济增长做出重大贡献，成为我国社会主义市场经济生机勃勃的力量。但是，由于多种原因，乡镇企业发展的区域分布很不平衡，占全国人口约三分之二的广大中西部地区只拥有乡镇企业产值的三分之一，已成为我国中西部与东部地区经济发展差距的重要原因。党的十四大指出：“继续大力发展乡镇企业，特别要扶持和加快中西部地区和少数民族地区乡镇企业的发展。”这对于逐步缩小东西部地区差距，振兴少数民族地区经济，改变贫穷落后面貌，巩固和发展团结稳定的大局，实现共同富裕，具有十分重要的经济意义和政治意义。为此，国务院对于加快发展中西部地区乡镇企业作出以下决定：

① 提高认识，加强领导，把加快发展乡镇企业作为中西部地区经济工作的一个战略重点。（略）

② 实行适应中西部地区经济发展要求的产业政策。（略）
③ 提倡不同组织形式的乡镇企业共同发展。（略）
④ 鼓励和支持各类人才走上开发乡镇经济的主战场。（略）
⑤ 走因地制宜、合理布局、集中连片发展路子。（略）
⑥ 积极在中西部地区培育和发展市场体系。（略）
⑦ 多渠道增加中西部地区乡镇企业的资金投入。（略）
⑧ 抓住机遇，推进东西横向经济联合和城乡联合。（略）
⑨ 各有关部门通力合作，为促进中西部地区乡镇企业上新台阶做出贡献。（略）

（2）实训任务

请你以国务院的名义写一份关于加快发展中西部地区乡镇企业的决定的公文，此件发至省（市）及中央各部委。

2. 实训要求

（1）实训条件

① 本实训可在秘书办公自动化实训室进行。
② 本实训应具备齐全的办公设备：计算机、打印机、网络连接。
③ 教师在实训前应提前告知学生实训资料。
④ 每人一台计算机。

（2）实训方式与手段

本实训学生分组讨论操作，每组 3 人或 4 人。

（3）实训要求与标准

① 本项目主要为文字写作，2 课时完成。
② 决定结构合理，语言通顺。
③ 要符合公文的格式和语言特点。

（4）实训考核

对完成的每一项进行单独打分，最后综合评定小组成绩。

学习任务四　请示

知识目标

- 掌握请示的含义、特点、类型；
- 掌握请示拟写的要点、注意事项；
- 掌握不同种类请示的写法。

能力目标

- 能够拟写结构完整的请示；
- 请示语言能够体现公文语体风格；
- 能够在计算机上快速、准确地进行文字的录入、排版。

任务引入

职业情境

××食品店是××市的一家百年老字号商店，此店由于经营有传统特色的食品，加之经营有方，又地处市中心繁华街面上，故生意好，常年的资金利润率都高出同行业70%～80%。现在该店即将实行租赁经营，为避免无形资产损失，此店向该市国有资产管理部门提出意见要求，在资产评估时考虑这一因素，提出租赁方每年应多交4万元，以避免无形资产损失。

工作任务

根据情境内容，请你以该店名义向××市国有资产管理局写一个请示。写作时可采用本地某一家老字号商店的实名进行模拟写作。

任务分析

要拟写请示，首先要弄清楚请示的写作内容、写作要求；其次要掌握请示写作的特点和所属种类；最后，掌握请示写作的结构模板，做到快速、准确地拟写请示。

相关理论

一、 请示的含义和特点

请示是用于向上级机关请求指示、批转的公文。具有以下特点。

1. 行文主体的组织性

组织性指请示的行文主体只能是组织行为，不能以个人名义向上级机关和组织发请示类公文。

2. 行文内容的单一性

单一性指一件请示公文，只能提出请求就某一方面工作作指示、请求批准某一件事项或请示解决某一个问题。如果请示几件事，必须是与同一个问题密切相关的几个方面，同时还是受文机关能给予一次性批复和解决的，否则，上级机关便不好批复。

3. 行文关系的直接性

直接性指下级机关只能按照隶属关系向直接的主管机关发文请示，不得向无隶属关系的机关发文请示或越级请示。

4. 行文时限的紧迫性

因为所请示的问题一般是急需办理和解决的，所以很注重对时间方面的要求。

二、 请示的类型

请示按其内容性质，可分为三类。

1. 请示性的请示

这是请求上级给予指示、裁决的请示。下级机关本身工作遇到问题，由于缺乏政策依据，无力解决；或虽有政策规定，但出现新情况，政策上有不适应之处，无所适从，需上级给予明确指示；或虽有章可循，但下级实施前按规定需上级审批后才能办理，这些情况下，都要用请求指示的请示。

2. 请准性的请示

这是请求上级审核、批准的请示。下级机关工作中遇到困难，如涉及人员、经费、机构设置等超出本单位职权范围需上级帮助解决问题，或因情况特殊需变通处理的事项，请求上级审核后批准、答复。

3. 请批性的请示

这是请求上级批准并转发的请示。职能部门对具有全局性或普遍性的问题，提出解决办法、处理意见，并需有关单位协同办理，但又不能直接要求这些单位执行，通过上级机关批准后，使请示中提出的意见、办法具有规定性，再转给有关部门执行。

三、 请示写作分析

不论哪种请示，其结构包括标题、主送机关、正文、制发机关及成文日期五部分。

1. 标题

请示的标题应是规范的公文标题，由发文机关、事由、文种构成。

2. 主送机关

一般只写一个主管上级机关的名称。受双重领导的机关在报送请示时，可同时抄报另一领导机关。

3. 正文

请示的正文包括四部分：

（1）请示缘由。它是正文的开头，也是对整个请示的精炼概括，用两三句语句简要说明请示的事项和请示的原因，使批阅人员有一个明确清晰的概念。

（2）请示事项。主要写要求上级指示或批准的具体问题和具体事项。要着重写清基本情况和理由。但阐述要扼要，文字要简短，事实、数字要准确。对于比较复杂的问题，应当把上级机关审核时需要了解的有关情况写清或附在请示之后，为上级审定提供可靠依据。

（3）具体意见。这是对所请示的问题提出解决意见或处理的设想、要求。意见要明确，切实可行，使上级机关一目了然，便于迅速决断。

（4）请示结尾。一般常用“妥否，请批示”、“当否，请批示”或“请予审批”、“请批复”等习惯用语。

4. 制发机关

在正文之后的右下方，写明制发机关名称，要用全称。如果标题中已有制发机关名称，落款处也可省略。但无论采用哪种形式，均要有公章。

5. 成文日期

在制发机关下方，标明成文具体时间。

四、 请示的写作要求

1. 要坚持一事一请示

如果“一文数事”，不同的事有不同的主送机关，使文件传来传去，误时误事。

2. 事实准确、建议恰当

事实和建议是请示的主体部分，必须认真写好。阐明情况要实事求是，切忌弄虚作假。提的意见或建议要恰当明确，切忌模棱两可。

3. 标题要规范

请示是国家法定的公文，其标题要符合公文标题拟写规范，不应带主观随意性。常见的错误是将“请示”这一文种写成“请示报告”。

4. 用语要得体

请示的语言要谦恭、庄重，结尾应用约定俗成的专用尾语，用“要求”、“必须”等带有命令口气的词语或用书信末尾的祝颂语，都不妥当。

5. 要严格按照隶属关系行文

一是不要多头主送。如果属于受双重领导的单位，主送负主要责任的上级机关。二是避免越级请示。如因特殊情况需越级行文，应抄报越过的机关。三是一般不直接报送领导者个人。四是不要抄送下级机关。

五、 请示的写作模板

写作要点	写作模板
①标题：	×××关于×××的请示
②主送机关：	________：
③正文：缘由	根据____________________，为____________________，现将有关________请示如下：

续表

写作要点	写作模板
事项	一、________________ 二、________________ 三、________________
结束语	以上请示，妥否，请批示
④发文机关：	________________
⑤成文日期：	××××年××月××日

任务实施

(1) 请示的标题写作。
(2) 明确发文机关、主送机关。
(3) 发文缘由。
(4) 发文事项。
(5) 要求。
(6) 结尾。请批语。
(7) 落款。发文机关、发文时间。
(8) 拟写发文字号。
(9) 排版打印。

经典例文

国家旅游局关于
成立中国旅游饭店协会的请示

国务院办公厅：

随着党的对外开放、对内搞活经济政策的实施，我国旅游事业蓬勃发展，饭店、宾馆数量迅猛增加。据不完全统计，仅用于接待国外旅游者的饭店即达887个，床位652 100张，而且各地还在不断兴建。用于接待国内旅游者的饭店更是大量增加。为了加强饭店工作，有必要成立一个行业性的组织（国际上也多是这样做的），目的在于维护本行业的合法权益；交流饭店经营管理经验；提高经营管理水平，更好地为发展我国旅游事业服务，并开展国际同行间的联系。

一、中国旅游饭店协会拟以全国各地旅游饭店系统的人员为主体。(略)

二、协会将聘请有关方面和热心于饭店管理的专家、学者担任领导、顾问或理事。(略)

三、拟请×××同志担任协会名誉会长。

四、旅游饭店协会挂靠国家旅游局，办公地点也设在国家旅游局内。

以上意见妥否，请予指示。

国家旅游局（公章）
××××年××月××日

实训练习

1. 实训内容

（1）职业情境

自2003年开展仓储管理以来，在经历了标准化、规范化等几个阶段以后，某市级粮食仓库仓储管理水平明显提高，仓储面貌发生了根本性的变化。但在硬件建设达到一流的同时，存在着软件与硬件建设发展不相配套的问题。为切实提高仓库仓储职工的业务技术素质，全面解决软硬件建设不相配套的问题，经库党委研究，某库拟组织选派部分人员到武汉粮食管理学院进行培训。为切实组织好此次培训，某库准备安排库副主任×××同志带队参加培训，全面负责解决培训过程的问题。

此次培训拟从库全体职工中选拔仓储业务骨干20人参加培训学习。培训费用为1 000元/人。培训时间初步定于2006年7月6日～20日。拟培训内容包括国内外储粮新技术的应用、储粮害虫防治、储粮四项新技术的应用、粮食物流方面的业务知识、储粮生态系统知识及其他相关问题。

（2）实训任务

请你以某市市级粮食仓库办公室秘书的身份写一份关于组织人员到武汉培训的请示，主送单位为某市粮食局。

2. 实训要求

（1）实训条件

① 本实训可在秘书办公自动化实训室进行。

② 本实训应具备齐全的办公设备：计算机、打印机、网络连接。

③ 教师在实训前应提前告知学生实训资料。

④ 每人一台计算机。

（2）实训方式与手段

本实训学生分组讨论操作，每组3人或4人。

（3）实训要求与标准

① 本项目主要为文字写作，2课时完成。

② 请示结构合理，语言通顺。

③ 要符合公文的格式和语言特点。

（4）实训考核

对完成的每一项进行单独打分，最后综合评定小组成绩。

学习任务五　批复

知识目标

- 掌握批复的含义、特点；
- 掌握批复拟写的要点；
- 掌握批复的写作要求。

能力目标

- 能够拟写结构完整的批复；
- 批复语言能够体现公文语体风格；
- 能够在计算机上快速、准确地进行文字的录入、排版。

任务引入

职业情境

某学院为贯彻党和国家全面推进素质教育的精神，满足学院建设和发展需要，推动学院信息化建设，决定建设校园网。需要配备计算机、服务器、空调及其他网络设备，预计约需资金100万元，学校自有资金20万元，尚差80万元，缺口部分需市教育局拨款。

工作任务

根据情境内容，先以学院的名义写一份关于拨款的请示，主送给某教育局，然后以教育局的名义写一份同意或不同意的批复。

任务分析

要拟写批复，首先要弄清楚批复的写作内容、写作要求；其次要掌握批复写作的特点和所属种类；最后，掌握批复写作的结构模板，做到快速、准确地拟写批复。

相关理论

一、 批复的含义和特点

批复是用于答复下级机关请示事项的公文。它是机关应用写作活动中的一种常用公务文书。

批复具有以下特点。

1. 行文具有被动性

批复的写作以下级的请示为前提，它是专门用于答复下级机关请示事项的公文，先有上报的请示，后有下发的批复，一来一往，被动行文，这一点与其他公文有所不同。

2. 内容具有针对性

批复要针对请示事项表明是否同意或是否可行的态度，批复事项必须针对请示内容来答复，而不能另找与请示内容不相关的话题。因此批复的内容必须明确、简洁，以利下级机关贯彻执行。

3. 效用的权威性

批复表示的是上级机关的结论性意见，下级机关对上级机关的答复必须认真贯彻执行，不得违背，批复的效用在这方面类似命令、决定，带有很强的权威性。

4. 态度的明确性

批复的内容要具体明确，不能有模棱两可的语言，否则会使请示单位不知道如何处理。

二、 批复的类型

根据批复的内容和性质不同，可以分为审批事项批复、审批法规批复和阐述政策的批复等三种。还有肯定性批复、否定性批复和解答性批复三种。

三、 批复写作分析

批复一般由标题、主送机关、正文、落款构成。

1. 标题

标题的写法最常见的是完全式的标题，即由发文机关、事由和文种构成。在事由中一般将下级机关及请示的事由和问题写进去；还有一种完全式的标题是“发文机关＋表态词＋请示事项＋文种”，这种标题较为简明、全面和常用。也有的批复只写事由和文种。

2. 主送机关

主送机关一般只有一个，是报送请示的下级机关。其位置同一般行政公文，写于标题之下，正文之前，左起顶格。批复不能越级行文，当所请示的机关不能答复下级机关的问题而需要向更上一级机关转报“请示”时，更上一级机关所作批复的主送机关不应是原请示机关，而是“转报机关”。如果批复的内容同时涉及其他的机关和单位，则要采用抄送的形式送达。

3. 正文

正文包括批复引语、批复意见和批复要求三部分。

批复引语要点出批复对象，一般称收到某文，或某文收悉。要写明是对于何时、何号、关于何事的请示的答复，时间和文号可省略。

批复意见是针对请示中提出的问题所作的答复和指示，意思要明确，语气要适当，什么同意，什么不同意，为什么某些条款不同意，注意事项等都要写清楚。

批复要求（其实可以单独算做结尾），是从上级机关的角度提出的一些补充性意见，或是表明希望、提出号召。如果同意，可写要求；不同意，亦可提供其他解决办法。

4. 落款

这部分写在批复正文右下方，署成文日期并加盖公章，成文日期用汉字，标全年月日，“零”写为“〇”。

四、 批复的写作要求

（1）要紧紧围绕请示事项来写，针对所问作答、所求作复，不能答非所问，也不能只答复其中一部分，要全部答复。

（2）批复意见要明确，态度要明朗，是肯定还是否定，是同意还是不同意，是即办还是缓办，什么理由和原因都要明确表示，不能模棱两可，含糊其辞。

（3）表达要准确，措辞要严谨，语气要肯定，不产生歧义和疏漏。

（4）批复必须有针对性的一文一批复，请示要求解决什么问题，批复就答复什么问题。

五、 批复的写作模板

写作要点	写作模板
①标题：	×××关于×××的决定
②主送机关：	________：
③正文：引语	____________________请示悉，现批复如下：
意见、要求	一、________________________________ 二、________________________________ 三、________________________________
结束语	此复
④发文机关：	____________________
⑤成文日期：	××××年××月××日

任务实施

（1）批复的标题写作。

（2）明确发文机关、主送机关。

（3）发文依据。

（4）批复意见。

（5）要求。

（6）结尾。可以自然结尾，也可以用“此复”结尾。

（7）落款。发文机关、发文时间。

（8）拟写发文字号。

（9）排版打印。

经典例文

国家旅游局关于对国旅、中旅、青旅
三总社申请补办旅行社登记请示的批复

国旅、中旅和青旅三总社：

国旅××××16号、中旅××××175号和青旅××××2号关于申请补办经营第一类旅行社的请示收悉。经审查，中国国际旅行总社、中国旅行总社和中国青年旅行总社，均符合《旅行社管理条例》的有关规定，具备成立第一类旅行社的各项条件，准予经营第一类旅行社的各项业务。在旅游业务上，三家旅行社总社受国家旅游局领导。希望加强科学管理，提高服务质量，维护本组织的信誉。

特此批复

国家旅游局（盖章）
××××年××月××日

实训练习

1. 实训内容

（1）职业情境

自2003年开展仓储管理年以来，在经历了标准化、规范化等几个阶段以后，某市级粮食仓库仓储管理水平明显提高，仓储面貌发生了根本性的变化。但在硬件建设达到一流的同时，存在着软件与硬件建设发展不相配套的问题。为切实提高仓库仓储职工的业务技术素质，全面解决软硬件建设不相配套的问题，经库党委研究，某库拟组织选派部分人员到武汉粮食管理学院进行培训。为切实组织好此次培训，某库准备安排库副主任某某某同志带队参加培训，全面负责解决培训过程的问题。

此次培训拟从库全体职工中选拔仓储业务骨干20人参加培训学习。培训费用为1 000元/人。培训时间初步定于2006年7月6日至20日。拟培训内容包括国内外储粮新技术的应用、储粮害虫防治、储粮四项新技术的应用、粮食物流方面的业务知识、储粮生态系统知识以及其他相关问题。某粮库为此写了请示给某粮食局。

（2）实训任务

请你以某市粮食局办公室秘书的身份写一份同意《关于组织人员到武汉培训的请示》的批复，主送单位为某市市级粮食仓库。

2. 实训要求

（1）实训条件

① 本实训可在秘书办公自动化实训室进行。

② 本实训应具备齐全的办公设备：计算机、打印机、网络连接。

③ 教师在实训前应提前告知学生实训资料。

④ 每人一台计算机。

（2）实训方式与手段

本实训学生分组讨论操作，每组3人或4人。

（3）实训要求与标准

① 本项目主要为文字写作，2课时完成。

② 批复结构合理，语言通顺。

③ 要符合公文的格式和语言特点。

（4）实训考核

对完成的每一项进行单独打分，最后综合评定小组成绩。

学习任务六　报告

知识目标

- 掌握报告的含义、特点、类型；
- 掌握报告拟写的要点、注意事项；
- 掌握报告与请示的区别。

能力目标

- 能够拟写结构完整的报告；
- 报告语言能够体现其语体风格；
- 能够在计算机上快速、准确地进行文字的录入、排版。

任务引入

职业情境

红星棉花加工厂是一个位于天津郊区的明星企业，成立于2001年，隶属于该县纺织有限公司，现有职工200人。该厂常年收购优质籽棉，生产2～5级皮棉和优质棉籽，年生产量1 500吨左右，产品销往山东、河南、江苏、上海、辽宁等地。2008年10月20日，红星棉花加工厂发生一起特大火灾事故，烧毁皮棉1 080担，污染990担；烧毁籽棉4 331担；污染612担；烧毁部分棉短绒、房屋、机器等。造成直接经济损失2 400余万元，加上误工费用等，共损失38 700余万元。火灾发生后，虽然调集了当地的消防人员和车辆参加灭火，保住了主要的生产厂房、设备，抢救出部分棉花，但由于该厂领导组织指挥不力，加上风大、垛密，缺乏消防水源，致使火灾蔓延，给厂里造成了巨大损失。事故发生后，厂领导立即赶赴现场，采取紧急措施，调查处理这一事故，做好善后工作。经过上下通力合作，该厂于10月30日正式恢复生产。

从调查核实的情况看，这次火灾是一起重大责任事故，其直接原因是该厂临时工李××违反劳动纪律，擅自扭动籽棉上垛机上的倒顺开关，放出电火花引燃落地棉所致。但这次火灾的发生，领导也负有重大责任。一是长期以来，厂领导无人过问安全工作。从去年棉花收购以来，该厂有记录的火情就有十二次，并因仓储安全工作不到位，消防组织不健全，消防设施失灵等，多次受到通报批评。厂长张××严重丧失事业心和责任感，对火险隐患听之任之，对上级部门的批评置若罔闻，直至得知发生火灾消息后，也没有及时赶到现场组织抢救。因此，张××对这次火灾应负主要责任。分管安全生产工作的副厂长黄××，工作不负责任，该厂发生的多次火情，从未研究、采取措施，对造成这次火灾负有重大责任。二是该厂的领导班子建设抓得不紧。自建厂以来，一直没有成立党的组织，班子涣散，管理混乱。这次火灾发生后，分管安全生产的副厂长黄××，忙于参加商品展销招待会，直至招待会结束才到火灾现场，严重失职，对火灾蔓延、扩大损失负有重要领导责任。三是这次事故虽然发生在基层，但也反映出在经济体制改革的新形势下，厂领导对安全生产工作中出现的新情况、新问题认识不足，抓得不力。另外，近几年来，本地区棉花生产发展较快，收购量大幅度增加，储存现场、垛距、货位都不符合防火安全规定的要求。再加上资金缺乏，编制不足，消防队伍的建设跟不上，消防设施不配套，也给及时扑救、控制火情带来了困难。为了认真吸取这次特大火灾的沉痛教训，该厂采取了以下处理措施：对肇事者李××已依法逮捕，负有直接责任的厂长张××、副厂长黄××依法处理；厂办公室于10月下旬发出了《关于加强安全生产工作的紧急决定》，要求各部门认真学习有关安全工作的规定，牢固树立"安全第一，预防为主"的思想，迅速制定安全措施，建立健全安全生产、安全管理、安全监察等各项制度；在公司内通报批评了红星棉花加工厂发生的火灾事故；公司要求在全厂开展安全生产大检查，及时消除事故隐患，从11月上旬开始，确定由一名副厂长负责，组织特别检查组，到各车间进行重点安全检查。对这起特大火灾事故，红星棉花加工厂厂部责成副厂长刘××抓紧做好善后工作，责成肇事人员写了检查报告，并整顿了领导班子，决心吸引这次事故的教训。

工作任务

根据情境内容，以红星棉花加工厂的名义写一份关于整个火灾事故情况的报告，主送给××县纺织有限公司。

任务分析

要拟写报告，首先要弄清楚报告的写作内容、写作要求；其次要掌握报告写作的特点；最后，掌握报告写作的结构模板，做到快速、准确地拟写报告。

相关理论

一、报告的含义和使用范围

报告是各级各类机关汇报工作、反映情况、答复询问时使用的上行公文。

报告的使用范围广泛，是各级各类机关、团体、企事业单位都可以使用的法定文种。

《国家行政机关公文处理办法》规定：报告适用于向上级机关汇报工作，反映情况，答复上级机关的询问。

理解报告的使用范围要注意三点：

（1）行政机关的报告没有提出意见和建议的功能。

（2）人民法院"报告"的对象是同级人民代表大会及其常务委员会和上级机关；最高人民检察院机关"报告"的对象是全国人民代表大会及其常务委员会。

（3）报告不能夹带请示事项。

二、报告的特点

1. 广泛性

报告的广泛性，是指使用范围的广泛，是各级各类机关、团体、企事业单位的常用文种。同时，具有典型性或推广性的报告，经上级机关的批转或转发，即成为应用广泛的指导性公文。例如，如果经典例文中的报告被国务院批转执行，则标题是《国务院批转劳动保障部等部门关于辽宁省完善城镇社会保障体系试点情况报告的决定》（国发

〔2003〕6号）。

2. 陈述性

报告的陈述性，是指报告的语言表达方式是陈述式。报告的这一特点是由其内容决定的，向上级机关汇报工作、反映情况、答复询问，无论篇幅长短，只有采用陈述和说明的方式。

3. 沟通性

报告的沟通性，是指下级机关通过报告得到上级机关的支持和帮助，是“下情上传”的主要手段；上级机关则可以通过报告获取信息、了解下情。

三、报告的类型

1. 工作报告

工作报告，是汇报工作情况和问题，并提出改进的意见和措施的报告。工作意见或建议部分，要从实际出发，符合政策精神，使之用得上，行得通。

2. 情况报告

情况报告，以反映社会动态、倾向及工作中正反两方面的情况为主的报告。反映情况要讲清事情的来龙去脉，防止问题交代不清；讲问题要揭示事物的本质，避免被表象迷惑。

3. 答复性报告

答复性报告，是对上级机关所提问题或询问事项的回复，要求有针对性地回答来文中提出的问题，文字力求简要。

四、报告写作分析

1. 标题

报告的标题可以使用完全型标题，即“发文机关＋事由＋文种”形式，也可以使用省略型标题，即“事由＋文种”形式。

2. 正文

（1）开头：交代报告缘由，要开门见山，高度概括。

（2）主体部分：陈述有关工作或情况，提出解决问题的办法或今后的目标、方向等。要注意突出重点，有调查，有分析，绝不能面面俱到，堆砌材料。

（3）结尾：报告一般采用自然结尾，也可以用结束语“特此报告”作为结尾。

3. 落款

报告的落款由署名和成文日期组成。

五、 报告的写作模板

写作要点	写作模板
①标题：	×××关于×××的报告
②主送机关：	________：
③正文：缘由	根据________________，为________________，现将________情况报告如下：
事项	一、________________ 二、________________ 三、________________
结束语	特此通知
④发文机关：	________________
⑤成文日期：	××××年××月××日

六、 报告与请示的区别

1. 行文目的不同

请示要求上级机关就请示的问题给予明确的答复，因为上级机关的答复就是即将要做的工作或解决问题的依据；而报告则是对完成的工作或解决问题的汇报，对某一情况的陈述，并不要求上级机关给予明确的答复。

2. 行文时间不同

请示是请求上级机关批准、答复，必须要事前行文，一般情况下不得“先斩后奏”；报告是反映情况、汇报工作，答复问题，通常是在事后或事情进行中行文。

3. 行文内容不同

请示应一文一事，必须提出明确的请示事项。而报告中综合性报告，内容往往涉及许多方面，但不能在报告中夹带请求事项，也不能请求上级批准。

4. 收文处理不同

上级机关收到请示后，要尽快研究，及时给予答复。而收到报告，主要是了解下级机关工作的情况，为以后的决策做参考，不需要作出答复。因此，与请示相对应的另一文种是批复，即有请示必定有批复，批复一定是针对某一请示，报告一般不作批复。

5. 结尾用语不同

请示的结尾用语，一般使用“妥否，请批示”，“当否，请批复”，“可否，请批准”等需要上级机关明确回复的语句。

报告的结尾用语，对上级机关没有明确的肯定回复性的要求，如“以上报告，如有不妥，请指示”，“特此报告”等。

任务实施

（1）报告的标题写作。
（2）明确发文机关、主送机关。
（3）火灾事故情况。
（4）火灾事故发生的原因。
（5）火灾事故的处理及防范措施。
（6）结尾。可以自然结尾，也可以用“特此报告”结尾。
（7）落款。发文机关、发文时间。
（8）拟写发文字号。
（9）排版打印。

经典例文

××市××区环保局关于学习科学发展观的整改报告

党的十八大把建设资源节约型、环境友好型社会写入党章，把建设生态文明作为一项战略任务首次明确下来。在全党深入学习实践科学发展观活动动员大会暨省部级主要领导干部专题研讨班上，胡锦涛同志的重要讲话中5次提到了生态文明建设、环境保护和节能减排工作，特别是把生态文明建设与经济建设、政治建设、文化建设、社会建设并列，作为全面建设小康社会的宏伟目标。温家宝同志在深入贯彻落实科学发展观若干重大问题的专题报告中，也突出强调了环境保护工作，是继年初“两会”政府工作报告后，又一次全面、深刻地论述了环境保护与经济社会发展的关系。习近平同志在学习实践活动工作会上，也多次强调加强生态文明建设。中央领导的讲话充分表明，生态文明建设是科学发展观的主要标志，是环保部门在学习实践活动要着力推进的一项重要任务。深入开展学习实践活动为推进生态文明建设提供了新的机遇，虽然我们在生态文明建设上已经有了一些初步探索，正在收到积极成效，但从深层次来看，还缺乏对生态文明建设内在规律的把握、发展蓝图的规划和全社会力量的共同参与。我们要在这次学习实践活动中，对生态文明建设从发展战略上深入思考，从规划体系上大胆探索，从综合推进上加大力度，从制度建设上不断完善，努力开创生态文明建设的新局面。

一、加强环境保护、建设生态文明的重大意义

建设生态文明是中国特色社会主义理论体系的又一重大创新成果，是党执政兴国理念的新发展，是对深入贯彻落实科学发展观、拓展全面建设小康社会目标而提出的更高要求，必将对发展中国特色社会主义伟大进程产生重大而深远的影响。

（一）建设生态文明是深入贯彻落实科学发展观、全面建设小康社会和实现社会和谐的必然要求

科学发展观要求我们必须坚持走生产发展、生活富裕、生态良好的文明发展道路。只有实现了生态良好，全面建设小康社会才有坚实的生态基础；只有人与自然和谐，社会和

谐才能得以实现。其一，建设生态文明是以人为本发展理念的体现。坚持以人为本，既是科学发展观的本质和核心，也是加强生态文明建设的理论前提。这就要求经济社会发展应着眼于人的发展和进步，不能只把眼睛盯在经济总量的增长上，而忽视人的生存状态的完美和生活质量的提高。其二，建设生态文明是可持续发展的内在要求。可持续发展战略的核心是经济发展与保护环境的协调一致，让子孙后代能够享有充足的资源和良好的环境。其三，近年来××市委市政府高度重视生态文明建设，将建设生态市列为国民经济和社会发展第十一个五年规划的重要内容，借以加快实现中央对××的城市定位，推动××更好更快地发展。适应上述要求，迫切要求我们审时度势、把握机遇，大力推进生态文明建设、加强环境保护，增强可持续发展的能力。

（二）建设生态文明是武清发挥优势、实现跨越发展的重要途径

建设生态文明、加强环境保护既是发展的重要内容，更是发展的有力支撑。从本质上讲，环境问题就是发展问题，环境的好坏直接影响到经济社会发展的质量。当前，武清正面临调整产业结构、寻找新的经济增长点和加速城市化进程的重要任务。加强环境保护，建设生态文明，可以促进房地产业、休闲观光业、商业服务业的发展；促进高效生态农业、循环型工业、高新技术产业及物流业等行业发展；促进新农村建设、提高城市化程度；提高人民的文明意识和整体素质。总之，加强环境保护，建设生态文明，有助于武清已有的区位和交通优势转化为经济优势，促进“加快大开发、提升大环境、达到高水平”发展目标的实现。

（三）建设生态文明是提高人民群众的生活质量和健康水平的迫切需要

生态环境的好坏，直接关系到人民群众的生活质量和身心健康。在良好的环境中生产生活，是人民群众生存最基本的要求，也是人民群众的根本利益所在。这些年，武清的经济发展取得了较快增长，有效改善了人民生活，但是水源污染、噪声污染、食品污染等问题依然存在，由环境污染引发的信访也呈上升趋势。今后随着人民生活水平的提高，广大群众对环境质量的要求也会越来越高。这就提醒我们：在发展经济的同时，一定要加大环境保护力度，着力解决影响人民群众生活质量和健康水平的各类环境问题，以对人民身体健康、对子孙后代高度负责的精神，切实做好环境保护工作，实现人与自然、社会经济与生态环境的和谐发展。

二、当前我区环境保护和生态文明建设中存在的主要问题

近年来，武清区委、区政府把环境保护作为贯彻落实科学发展观，实现经济、社会和环境持续协调发展的重大举措来抓，环保工作总体来看势头很好，但也必须看到，随着全区抢抓战略机遇，加快推进以城市化为主导的率先发展战略的实施，经济社会的高速发展，环境保护也面临着巨大的压力和挑战，一些制约环境保护发展的根本性矛盾和问题仍然存在。

（一）全区主要污染物排放总量已经基本接近环境承载能力，环境容量非常有限，资源、环境对经济发展的约束进一步加剧

近年来，武清区国民生产总值一直保持两位数增长，工业化发展速度进一步加快。但认真分析起来，我们的经济发展仍是以资源、原材料为支撑和主导，高投入、高消耗、高排放、低效率的粗放型经济增长方式并没有得到明显转变。目前，全区共有各类污染企业500多家，每年排放的化学需氧量（COD）4 000多吨，二氧化硫（SO_2）9 000多吨，环

境容量已接近饱和。

（二）全区环境质量保持稳定难度很大

虽然我区空气环境质量达到国家二级标准，但是由于运河以东城区平房较多，各乡镇经济小区燃煤锅炉呈递增趋势等原因，空气质量很不稳定；随着城市化进程的加快，污水处理厂的配套管网建设还比较滞后，环境基础设施还有许多不完善之处；我区四条一级河道（龙凤河、北运河、青龙湾河、永定河）和两条二级河道（机排河、凤河西支）全部为V类水质，水环境污染问题仍相当严重

（三）一些企业经营者生态文明意识淡薄，环境法律观念差

表现在新上项目不履行环保审批手续，擅自开工建设；不执行“三同时”管理规定，不落实环保措施；有环保设施的，受经济利益驱动擅自闲置处理设施，直接排放污染物；有的拒绝环保部门执法检查，瞒报谎报排污量，逃避应尽的环保义务，以至造成环境信访，引起周围群众的不满。

三、坚定不移地走建设生态文明的特色发展之路

加强环境保护，建设生态文明，就是以提高全区人民的生态意识和整体素质为基础，以发展具有武清特色的生态经济为核心，以改善环境质量为重点，以构建资源节约型、环境友好型社会为目标，充分发挥武清的生态与资源优势，推动武清经济社会与环境的协调发展。

（一）以推进结构调整、转变经济发展方式为抓手，大力发展生态经济

大力推进产业结构优化升级，加快改造传统产业，广泛推行清洁生产和环境认证，发展循环经济，促进节能降耗，构建低消耗、少污染的现代经济体系。

认真贯彻实施《清洁生产促进法》，实施企业清洁生产创建工程，对清洁生产实施效果良好企业给予一定的物质奖励。争取到2015年全区实施清洁生产企业的比例达到70%。

推动工业园区和有条件的企业建立ISO 14000环境管理体系，引导企业改进生产技术，淘汰落后产能，最大限度地回收利用生产过程中的废弃物和副产品，减少生产过程中物料和能源的使用量及垃圾排放量。

借助京津两地的科技力量，以市场需求为导向，重点发展潜力较大的功能陶瓷、新能源材料等产品，完善新材料产业链，逐步建立完整的产业体系。

发挥自行车产业优势，抓住中华自行车王国落户武清的机会，建立设计、生产、组装、销售、废弃自行车回收的一体化体系，减少污水和固体废物的产生，打造完善的自行车循环经济产业链。

（二）以实现污染减排，解决突出环境问题为重点，努力改善生态环境

继续开展“碧水”工程，结合天狮健康产业园建设，加速推进第一污水处理厂扩建工程，加快第四污水处理厂建设，逐步完善城区污水处理体系；在梅厂、黄庄、上马台、大王古等乡镇工业小区污水处理厂试点建设的基础上，在全区各经济小区全面推广污水处理厂建设，为当地的可持续发展奠定了坚实的基础。

扎实推进蓝天工程，依法推进大气污染防治工作；加强燃煤污染防治，引进脱硫除尘治理技术，对现有区内集中供热站进行技术改造；在乡镇工业区和重点乡镇实行集中供热；控制工业废气排放，重点防治化工、医药等行业有害气体排放；确保城市空气质量达到二级以上标准。

严厉查处环境违法行为和案件。深入开展整治违法排污企业、保障群众健康专项行动，对老化废水处理设施进行整改，淘汰落后的处理工艺和设施；建立环保部门与其他部门的联合执法机制，建立案件移送制度，堵截环保违法行为查处的漏洞，形成打击环境违法行为的合力。

（三）以引导公众参与，提高全民生态素养为依托，积极培育生态文化

充分利用广播、电视、网络等媒介，培育和倡导生态文明理念，利用世界环境日、地球日、水日、保护母亲河日、科技周、植树节等时机，组织开展论坛、讲座和竞赛等活动，在全社会普及节约资源，保护生态环境的宣传教育，增强公众生态环境意识和责任感。

大力宣传建设新农村为农民带来的各种好处，切实让农民感受到环境改变所带来的发展机遇，使农民积极参与到各种环境治理和生态村建设的工作中。

积极开展创建“绿色社区”、“绿色学校”活动，通过改善、优化、美化、绿化人居环境，倡导生态文化，鼓励绿色消费，逐步在社区、学校中形成良好的绿色文明生活、道德氛围和社会文化。

二○一三年二月二十八日

实训练习

1. 实训内容

（1）职业情境

天龙国际旅行社是成都市旅游局批准，工商局注册的专营国内旅游业务的股份制企业。该旅行社拥有自己的旅游车队、酒店和票务中心，主要从事国内旅游、汽车租赁、企业出游、商务旅游、会议考察、度假疗养等业务，本社坐落于成都市，具有食、住、行、游、购、娱一条龙服务设施，在全国各地已经形成一条龙的综合服务网，满足不同游客的需要。曾多次成功组织千人以上的大型团队游，被众多大型企业指定为定点服务单位。该社拥有一批精通旅游业高素质的专业管理人员及服务热情的优秀专职导游人员，奉行“高效、优质、安全、信誉第一”的服务宗旨。

三岔湖位于四川省简阳市简阳龙泉山东麓三岔镇。北距成都 45km，东北距简阳市 32km，以三岔水库为中心的风景区，是四川省拥有岛屿数量最多的人工湖泊，有 113 个岛屿，现已开发的有花岛、鸟岛、月亮岛和天鹅山庄等。三岔湖蓄水达 2.23 亿 m^3，湖周长 240km，南北长 18km，东西宽 7km，湖水总面积 $110m^2$。简阳三岔湖湖区雨量充足，气温宜人，三岔湖形态秀丽，湖水清澈，登高眺望，犹如一个巨大的碧玉珊瑚，其西南湖汊迂回蜿蜒，西北重峦迭嶂，东岸有玉带般长堤十九道，将湖光水色装点得十分壮美，若值冬春，岛屿附近聚居的数千只水鸟，此起彼落，使三岔湖充满生机与活力。

三岔湖长岛国际旅游度假区项目位于三岔湖合作区域起步区北端，东、西两侧临三岔湖水域。参考美国长岛规划建设的理念，定位以国际会议中心为主题，同时作为中国西部国际博览会高端论坛配套活动举办场所，是一个集会议、度假、休闲、旅游、水上游乐、户外运动、生态人居为一体的国际会议旅游度假区。距离成都新国际会展中心 34km，由

三岔湖旅游快速通道连接，交通便捷，可有效整合、互补两个区域的功能，提高会议、旅游接待能力。

2010 年 3 月 10 日，投资 30 亿元的三岔湖长岛国际旅游度假区项目开工典礼在简阳市新民乡隆重举行，标志着“两湖一山”现代化、国际化开发正式拉开序幕，进一步把“两湖一山”推向全国、推向世界。四川省人大常委会副主任杨志文宣布项目开工。省国土资源厅厅长宋光齐，省旅游局局长张谷，省水利厅副厅长朱兵，省建设厅党委委员、总规划师邱健，中国进出口银行成都分行行长王园园，省农田水利局局长王华，成都市政府副秘书长师江应邀出席开工典礼。市委书记、市人大常委会主任李佳出席开工典礼并讲话，市委副书记、市长罗勤宏主持开工典礼，市政协主席罗雪松，市人大常委会党组书记、副主任郭云放，市委副书记、秘书长苟正礼，市委常委、常务副市长王占良，市委常委、副市长陈能刚，副市长杨庆龙出席开工典礼。成都会展旅游集团董事长邓鸿致欢迎辞并介绍项目情况，成都文化旅游集团有限公司董事长尹剑华，成都会展旅游集团副董事长、总裁赵凯出席开工典礼。出席开工典礼的省、成都市和资阳市领导共同为项目开工奠基。李佳代表市四套班子和全市人民向项目开工建设表示热烈祝贺，向为项目落地建设付出心血和汗水的各界人士表示衷心感谢。她说：“在推动资阳发展进程中，我们始终把‘充分开放、融入成渝’作为加快发展的重要路径，推动与成都区域合作全面、深入开展，共同打造‘两湖一山’国际旅游休闲度假目的地，‘路、园、湖’合作项目加快推进，一批重大项目纷纷入驻，‘两湖一山’开发呈现崭新发展局面。成都会展旅游集团入驻资阳，倾力实施长岛国际旅游度假区项目，打造中国‘长岛’旅游度假品牌，对‘两湖一山’的开发具有引爆性、示范性、带动性意义，必将引领‘两湖一山’高水平开发，助推区域合作新增长极的形成。希望各有关方面继续加强协作、共同努力，加快项目建设步伐，努力把长岛国际旅游度假区项目打造成现代化、国际化精品工程，带动‘两湖一山’开发迈上新水平。”

邓鸿在致辞中表示，该项目的开工，预示着“两湖一山”尤其是三岔湖旅游开发进入一个快速建设时期，对整个三岔湖旅游开发将起到极大的促进和提升作用。该项目中的国际会议中心、五星级酒店等配套设施在 2011 年 7 月建成并投入使用后，每年将引入几百个国际大中型会议，会迅速提升整个三岔湖旅游区的知名度和品质，并带动三岔湖湖区老百姓生活品质的改善。集团对该项目将全力以赴，在人力和财力上给予充分保证，努力推动开发，三岔湖的明天必将越来越好，群众的生活必将越来越幸福、越来越红火。市级相关部门和简阳市四套班子主要负责同志参加开工典礼。

（2）实训任务

请你以天龙国际旅行社办公室秘书的身份写一份关于三岔湖长岛国际度假旅游项目奠基仪式工作的报告，主送机关是成都市旅游局。

2. 实训要求

（1）实训条件

① 本实训可在秘书办公自动化实训室进行。

② 本实训应具备齐全的办公设备：计算机、打印机、网络连接。

③ 教师在实训前应提前告知学生实训资料。

④ 每人一台计算机。

（2）实训方式与手段

本实训学生分组讨论操作，每组 3 人或 4 人。

（3）实训要求与标准

① 本项目主要为文字写作，2 课时完成。

② 报告结构合理，语言通顺。

③ 要写出报告呈请性的特点。

（4）实训考核

对完成的每一项进行单独打分，最后综合评定小组成绩。

学习任务七　函

知识目标

- 掌握函的含义、特点、类型；
- 掌握函拟写的要点、注意事项；
- 掌握不同种类函的写法。

能力目标

- 能够拟写结构完整的函；
- 函的语言能够体现公文语体风格；
- 能够在计算机上快速、准确地进行文字的录入、排版。

任务引入

职业情境

××省旅游高职高专教育研究会准备于 2004 年 3 月 25 日～30 日在省会××市召开“全省旅游高职高专教育研讨会”，与会代表 90 人。需租用××宾馆双人间 42 间，单人间 6 间，大会议室 1 间，小会议室 4 间。

工作任务

根据情境内容，以某省的旅游高职高专教育研究会名义写一份关于解决会议用房的函，主送给××省旅游局。

任务分析

要拟写函，首先要弄清楚函的写作内容、写作要求；其次要掌握函写作的特点和所属种类；最后，掌握函写作的结构模板，做到快速、准确地拟写函。

相关理论

一、函的含义和特点

函是不相隶属机关之间互洽工作、询问和答复问题，或者向有关主管部门请求批准事项时所使用的公文。函有以下特点：

（1）沟通性。函对于不相隶属机关之间互洽工作、询问和答复问题，起着沟通作用，充分显示平行文种的功能，这是其他公文所不具备的特点。

（2）灵活性。一是行文关系灵活。函是平行公文，但是它除了平行行文外，还可以向上行文或向下行文，没有其他文种那样严格的特殊行文关系的限制。二是格式灵活。除了国家高级机关的主要函必须按照公文的格式、行文要求行文外，其他一般函比较灵活自便，也可以按照公文的格式及行文要求办。可以有文头版，也可以没有文头版，不编发文字号，甚至可以不拟标题。

（3）单一性。函的主体内容应该具备单一性的特点，一份函只宜写一件事项。

二、 函的分类

（1）按性质分，函可以分为公函和便函两种。公函用于机关单位正式的公务活动往来；便函则用于日常事务性工作的处理。便函不属于正式公文，没有公文格式要求，甚至可以不要标题，不用发文字号，只需要在尾部署上机关单位名称、成文时间并加盖公章即可。

（2）按发文目的分，函可以分为发函和复函两种。发函即主动提出了公事事项所发出的函；复函则是为回复对方所发出的函。

（3）按内容和用途分，还可以分为洽事宜函、决定事宜函、催办事宜函、邀请函、请示答复事宜函、转办函、催办函、报送材料函等。

三、 函的写作分析

函的格式一般包括标题、受文单位、正文、落款。

1. 标题

一般由发文机关、事由和文种构成。去函的标题一般是“×单位（发函机关）关于××事给×单位（收函机关）的函或“×单位关于××事的函”；复函的标题一般为“×单位（发函单位）关于××事的复函”。

2. 受文单位

受文单位即函的送达对象。

3. 正文

（1）开头。交代写函的根据。发函要写清发函的起因，复函一般只写“××（指单位）××××（批年号）××字××号函悉。”

（2）主体部分。提出要商洽、询问、答复、周知的事项。发函要将商洽、询问的事项交代清楚，语言要注意分寸，讲究礼貌。复函要针对来函，简短、扼要、明确地给予答复。

（3）结尾。一般用礼貌性语言向对方提出希望。或请对方协助解决某一问题，或请对方及时复函，或请对方提出意见或请主管部门批准等。

（4）结语。通常应根据函询、函告、函或函复的事项，选择运用不同的结束语，如“特此函询”、“请即复函”、“特此函告”、“特此函复”等。有的函也可以不用结束语，如属便函，可以像普通信件一样，使用“此致”、“敬礼”。

4. 落款

一般包括署名和成文时间两项内容。署名机关单位名称，写明成文时间（年、月、日），并加盖公章。

四、 函的写作要求

（1）开门见山。尽快点明主题，力戒漫无边际，故意绕弯子。

（2）叙事简洁，要求明确。发函要将商洽、询问的事项写得具体、明白，以便对方能准确回复。复函要有的放矢，不能偏离来函的要求。

（3）用语得体，注意分寸。用于商洽、询问事务的函，措辞要得体，掌握分寸，语气力求平和、礼貌，不能生硬地强迫对方按自己意见办事。用于答复问题的函，要有问有答，语气肯定，不能模棱两可。

五、 函的写作模板

写作要点	写作模板
①标题：	×××关于×××的函（复函）
②主送机关：	________：
③正文：缘由	根据______________（收悉），为______________，现提出（回答）有关问题如下：
事项	一、______________ 二、______________ 三、______________
结束语	特此函告（函复）
④发文机关：	______________
⑤成文日期：	××××年××月××日

任务实施

（1）函的标题写作。

（2）明确发文机关、主送机关。

（3）发文缘由。

（4）发文事项。

（5）要求。

（6）结尾。可以自然结尾，也可以用“特此函达”等结尾。

（7）落款。发文机关、发文时间。

（8）拟写发文字号。

（9）排版打印。

经典例文

××市旅游集团公司关于委托
××旅游学院举办管理人员培训班的函

××旅游学院：

为了培养新世纪的旅游管理高级人才，我集团公司拟委托你院举办一期管理人员培训班，时间一年，人数30人，采取脱产学习的形式。学费按你院有关规定支付。能否接受，请予研究函复。

××市旅游集团公司（盖章）
二〇〇三年二月十二日

××旅游学院关于为××市旅游集团公司
举办管理人员培训班的复函

××市旅游集团公司：

你集团公司2003第021号来函已于2月15日收悉。

关于为你公司举办管理人员培训班的问题，经研究答复如下：

一、同意为你公司举办管理人员培训班，人数30人，时间一年，脱产学习，开学时间：2003年3月15日。

二、有关学籍管理及实习、收费标准等问题，请参照《××旅游学院关于举办管理人员脱产培训班的规定》中有关条款另议。

特此函复

××旅游学院（盖章）
二〇〇三年二月十八日

附：《××旅游学院关于举办管理人员脱产培训班的规定》（略）。

实训练习

1. 实训内容

（1）职业情境

××省××公司汽车队于2012年6月6日向广东省汽车贸易中心原业务一科购买附有商检合格证的日野fc16sa型六吨卡车15辆，发票两张，号码为0671012和0671022，于××××年6月23日交货，9月中旬正式投入营运使用。该批车使用后，陆续发现前、后轮内侧胎不规则锯齿形磨损，以内侧内边缘为甚。经有关技术专家及××市公安局第七检测站检验，认定此批车存在严重质量问题，与原供货资料标准不符。该公司已于11月初暂停使用此批卡车。为此，该公司向××省汽车贸易中心请求：

① 于本月30日前，派人员前来检验质量问题；

② 重新按质论价，赔偿经济损失，或退货。

（2）实训任务

请你以××省××公司汽车队的名义，写一份关于日野fc16sa大卡车存在严重质量问题要求赔偿损失的函。

2. 实训要求

(1) 实训条件

① 本实训可在秘书办公自动化实训室进行。

② 本实训应具备齐全的办公设备：计算机、打印机、网络连接。

③ 教师在实训前应提前告知学生实训资料。

④ 每人一台计算机。

(2) 实训方式与手段

本实训学生分组讨论操作，每组 3 人或 4 人。

(3) 实训要求与标准

① 本项目主要为文字写作，2 课时完成。

② 函的结构合理，语言通顺。

③ 要符合公文的格式和语言特点。

(4) 实训考核

对完成的每一项进行单独打分，最后综合评定小组成绩。

学习任务八　意见

知识目标

- 掌握意见的含义、特点、类型；
- 掌握意见拟写的要点、注意事项；
- 掌握不同种类意见的写法。

能力目标

- 能够拟写结构完整的意见；
- 意见语言能够体现公文语体风格；
- 能够在计算机上快速、准确地进行文字的录入、排版。

任务引入

职业情境

2003 年 6 月 3 日，中共厦门市集美区委、厦门市集美区人民政府为了认真贯彻国务院召开的“开展爱国卫生运动，推动卫生防病工作”电话会议精神，扎实开展集美区爱国卫生工作，巩固集美区抗击非典工作的基础，逐步建立疾病预防控制的长效机制，清除疾病传播的场所和条件，提高广大人民群众的身体健康水平，区委、区政府决定在全区范围内进一步掀起群众性爱国卫生运动新高潮，制定的三条工作意见：①提高认识，加强领导；②全民动员，重在整治；③强化督察，层层落实。

工作任务

根据情境内容，以中共厦门市集美区委、厦门市集美区人民政府名义写一份关于深入开展爱国卫生运动推动卫生防病工作的意见，主送给各党委（党组、党工委）党总支，各镇人民政府，街道办事处，区直各部、委、办、局，各人民团体，各有关单位。附件名称是《关于开展“洁净家园、卫生防病”爱国卫生运动实施方案。

任务分析

要拟写意见，首先要弄清楚意见的写作内容、写作要求；其次要掌握意见写作的特点和所属种类；最后要掌握意见写作的结构模板，做到快速、准确地拟写意见。

相关理论

一、 意见的含义和特点

意见是对重大问题提见解，对重要事项提出解决办法，或上级机关对重要问题、重要工作提出意见和建议时使用的公文文种。

意见的指导性很强，有时是针对当时带有普遍性的问题发布的，有时是针对局部性的问题而发布的，因此针对性强，并具有较强的原则性。意见往往在特定的时间内发生效力。意见可以是下行文，可以是上行文，也可以是平行文。

二、 意见的类型

（1）意见作为下行文，一般是上级机关对重大问题、重要事项、重要工作提出指导性、指示性的意见，对重要工作部署做出安排，即指导性意见。

（2）意见作为上行文，一般应是下级机关对重大问题提出见解或解决问题的办法，即建议性意见。

（3）意见作为平行文，如《××省人民政府关于××河边界走向的意见》、《国家环境保护局关于××河流域污染治理的处理意见》。这类意见一是提出见解，带有商榷的意思；二是提出解决的办法，带有建议的性质。

三、 意见写作分析

意见的行文格式，目前还没有规范的统一要求。常见的有四种格式要求。

（1）上下行文均抬头，有受文单位。上行文作为建议报上一级机关，抬头直书直接上级机关名称；下行文下发指导性意见，与决定一样，受文单位为听属下一级机关、单位。凡抬头的“意见”，行文中落款一般应放在文尾。与其他上下行文同。

（2）行文不抬头。与公报、公告同。一般应将制发机关、制发时间放在标题之下。也有的把落款时间放在文尾。由于“意见”内容一般涉及重大事项、重大政策，制发机关、时间放在标题之下，一目了然，以示庄重。

（3）批转、转发意见。行文形式上是决定，内容是意见。被批转、转发的意见以上两种情况都有。一般来说应采取抬头的形式，如部门要求党委、政府批转的意见，应有抬头，即意见呈报机关。且在文尾有以上意见如无不妥，建议批转各地各部门执行”字样，呈报机关、时间在文尾。少数情况也有意见不抬头，制发机关在意见标题之下，文尾没有请求批转的字样。

（4）意见在行文格式上也具有较大的灵活性或者称之为不确定性。即意见可以抬头，也可以不抬头。可以直接行文，也可以要求上一级机关批转。成文时间、落款可以放在文尾，也可放在标题之下。这种行文格式上的特点也是其他文种所没有的。实践中直接上行文、直接下行文应抬头，成文时间、落款应在文尾。印发或批转的意见成文时间和单位往往放在标题之下。

意见的格式内容包括以下三部分。

（1）标题。标题必须把发文机关、事由、文种写清楚。

（2）发文时间。一般以定稿时间为准。

（3）正文。开头提出意见的目的和依据，主体包括明确工作任务，提出原则性要求或措施、处理办法或步骤等。篇幅较长的意见通常以提出号召、希望、督查要求为结尾。局部性意见大多没有专设的结尾，而是自然结束的正文。

四、 意见的写作模板

写作要点	写作模板
①标题：	×××关于×××的意见
②成文时间：	××××年××月××日
③主送机关：	（主送机关）：
④正文：缘由	根据＿＿＿＿＿＿＿＿，为＿＿＿＿＿＿＿＿，特制定如下意见：
⑤意见与要求：	一、＿＿＿＿＿＿＿＿ 二、＿＿＿＿＿＿＿＿ 三、＿＿＿＿＿＿＿＿

任务实施

（1）意见的标题写作。

（2）明确发文机关、成文时间和主送机关。

（3）发文缘由。

（4）发文事项。

（5）要求。

（6）结尾。自然结尾。

（7）落款。发文机关、发文时间可有可无。

（8）拟写发文字号。

（9）排版打印。

经典例文

农业部关于加强农村经营管理体系建设的意见

二〇一〇年七月十九日

农村经营管理工作体系（以下简称农经体系）是贯彻落实党的农村基本政策的重要力

量，担负着稳定完善农村基本经营制度、维护农民合法权益的重大任务。当前和今后一个时期，贯彻落实党的十七届三中全会《中共中央关于推进农村改革发展若干重大问题的决定》精神和中央一系列决策部署，推进农村改革发展，农经体系肩负的责任更大、承担的任务更重。近些年来，在各地党委政府的高度重视下，经过各级农业部门的不懈努力，农经体系建设取得积极进展，农经职能得到加强，队伍素质不断提升，农经工作成效显著，为农村改革发展做出了重要贡献。但是，与新形势新任务要求相比，农经体系还存在一些不适应和薄弱环节，突出表现在：体系不够健全，机构性质与承担职责不匹配，队伍素质与履职要求有差距，工作手段与承担任务不相称。为切实做好新形势下的农经工作，现就加强农经体系建设提出以下意见。

一、加强农经体系建设的总体要求和基本原则

（一）总体要求

当前和今后一个时期，农经体系建设要以邓小平理论和“三个代表”重要思想为指导，深入贯彻落实科学发展观，按照中央推进农村改革发展和深化行政管理体制改革的总体部署，以强化基层农经体系建设为重点，以确保农经职能有效履行为关键，以加强农经队伍能力建设为支撑，加快建设系统健全、责权统一、运转顺畅、充满活力的农经体系，为做好新形势下的农经工作提供有力保障。

（二）基本原则

加强农经体系建设，必须把服务“三农”作为推进农经体系建设的出发点，立足农村改革发展的中心任务和党委政府的中心工作，积极谋划推动农经工作，不断提高服务能力和水平。必须把有效履行职能作为推进农经体系建设的关键点，围绕深化行政管理体制改革，科学设置机构，合理配置职权，加强队伍建设，强化条件保障，不断提高履职能力和水平。必须把改革创新作为推进农经体系建设的着力点，准确把握农村改革发展的新形势新要求，开拓进取，积极作为，努力破解体制机制难题，不断提高创新能力和水平。

二、全面落实乡镇农经职能，积极参与事业单位分类改革

（一）确保乡镇农经职能履行

乡镇农经工作处在整个农经系统的最前沿，是将农经任务落到实处的关键。按照现行法律政策规定，农村土地承包及合同管理、土地流转管理和服务、土地承包经营纠纷调解，农民负担及村民一事一议筹资筹劳监管，农村集体资产财务管理和审计监督，指导农民专业合作组织发展等是政府的职责，也是农经机构的日常工作。在乡镇要按照确保履行好职能的要求，切实把农经职责落到实处，确保有机构管事，有专人理事，有经费办事。支持鼓励乡镇办好经管站（中心），明确岗位职责，改善工作条件，强化职能履行，加强农经工作。

（二）推进农经事业单位改革

事业单位改革是推进政府职能转变、建设服务型政府的重要举措。按照中央关于事业单位分类改革的有关精神，主要承担行政职能的事业单位将逐步转为行政机构或将行政职能划归行政机构。已经部署事业单位分类改革的地方，农业部门要根据农经事业单位主要承担行政职能的实际和有关法律法规文件授权，加强与有关部门沟通协调，正确划分农经事业单位的类别，争取转为行政机构。尚未部署事业单位分类改革的地方，继续争取农经事业单位参照公务员法管理，为分类改革打下良好基础。

三、扎实推进农经工作，切实加强法制建设

（一）抓好工作促体系

做好农经工作，既是农经体系建设的前提，也是农经体系建设的目的。要把加强农经体系建设与开拓创新农经工作紧密结合，在加快发展农经事业中壮大农经体系。扩大土地承包经营权登记试点范围，加快健全土地承包经营权登记制度，加强土地承包经营权登记管理工作力量。加快建立村有站点、乡镇有中心、县市有市场的土地流转服务体系，规范土地承包经营权流转秩序，加强土地承包经营权流转管理和服务工作力量。贯彻落实《农村土地承包经营纠纷调解仲裁法》，依法指导设立农村土地承包仲裁委员会，加强土地承包经营纠纷调解仲裁工作力量。加强农民负担监督管理，完善一事一议筹资筹劳办法，积极推进财政奖补试点，探索建立村级公益事业建设有效机制，巩固农民负担监管工作力量。加强农村集体资金资产资源管理和审计监督，稳步推进农村集体产权制度改革，规范村会计委托代理制，夯实农村集体资产财务管理工作力量。大力发展农民专业合作社和农业产业化经营，推进农业社会化服务体系建设，创新农业经营体制机制，强化指导扶持服务农民专业合作社、农业产业化龙头企业等工作力量。

（二）全面推进依法行政

加强法制建设是依法行政的必然要求，也是农经体系建设的重要保障。认真学习法律知识，增强法律意识，强化法治观念，坚持依法行政、依法办事。加强法律宣传，普及法律知识，将农经相关法律列入“六五”普法计划，采取多种形式开展法律宣传教育活动。当前，要认真贯彻落实《中华人民共和国农村土地承包法》、《中华人民共和国农村土地承包经营纠纷调解仲裁法》、《中华人民共和国农民专业合作社法》和《农民承担费用和劳务管理条例》等法律法规，加强执法检查监督，推进农经工作规范化、法制化建设。加快制定相关地方配套法规，积极推进有关法律法规修订完善，加强其他领域农经立法，不断健全农经法律体系。

四、加强农经队伍建设，健全内部管理制度

（一）创建学习型组织

建设学习型组织是农经体系建设的一项战略任务。用中国特色社会主义理论武装头脑，深入学习实践科学发展观，开展社会主义核心价值体系学习教育，努力掌握“三农”工作必备知识，形成重视学习、崇尚学习、坚持学习的良好氛围。加强组织领导，健全学习制度，创新学习形式，突出学习重点，不断增强学习的计划性、针对性和实效性。围绕农经工作面临的突出矛盾和问题，选择一些重大课题，深入开展调查研究，认真总结实践经验，注重从群众创造中汲取营养，努力创新工作思路，积极提出政策建议。

（二）加强农经干部培训

培训是提高干部素质的有效途径。围绕建设一支政治素质高、业务能力强、专业知识精的农经队伍，切实加强农经干部培训。贯彻落实《国家中长期人才发展规划纲要（2010—2020年）》，加强农村经营管理人才培养，实施现代农业人才支撑计划。结合编制“十二五”规划，组织制定农经干部五年培训规划，建立健全农经干部培训制度。按照分级负责原则，大力开展业务培训，丰富培训内容，创新培训方式，完善培训教材，提高培训质量和水平。充分利用农业系统培训项目和资源，加强与有关单位协作配合，采取联合培训、委托代培、直接承办、交流考察等方式，拓展农经干部培训渠道。充分利用社会教育资源，积极争取有关方面支持，加强农经专业人才培养。

（三）健全内部管理制度

加强内部管理是农经体系建设的内在要求。完善岗位责任制，明确任务分工，加强目标管理。健全绩效考核制度，充分运用考核结果，采取表扬、奖励等多种形式鼓励先进，营造积极向上的农经工作氛围。按照属地管理、分级负责的原则，加强督查督办，提高工作效能。深化部门协作，创新合作方式，加快形成内部充满活力、外部密切配合，分工协作、齐抓共管的农经工作落实机制。

五、加强组织领导，强化履职保障

（一）加强组织领导

党中央、国务院在《关于做好2000年农业和农村工作的意见》（中发〔2000〕3号）中指出，农村经营管理工作面广量大，政策性强，要建立健全有权威的工作机构，造就一支熟悉农村政策、热心为群众办事的专职队伍。2006年，国务院在《关于深化改革加强基层农业技术推广体系建设的意见》中明确要求，农村经营管理行政职能列入政府职责，确保履行好职能。各级农业部门要高度重视，把农经体系建设摆上重要工作日程。对农经体系建设中的重大问题，特别是涉及机构、编制、经费、项目等，主要领导要加强沟通协调，积极争取党委政府及有关部门的支持，妥善解决改革和建设中的难题。在工作布局、力量配备和项目安排上，统筹生产经济发展和体制机制创新工作，创造有利于农经职能履行的工作手段和环境。认真总结交流经验，通过表扬先进、典型引路、工作带动、协同推动等促进农经体系建设良性发展。采取多种形式，通过多种渠道，加大农经工作宣传力度，营造支持农经体系建设的良好外部环境。

（二）强化履职保障

做好新形势下的农经工作，既要提高履职能力，也要强化履职保障。各级农业部门要积极争取财政、发展改革等部门的支持，将农经工作经费列入当地财政预算予以保障。当前，按照中央要求和有关法律规定，要抓紧落实土地承包经营权登记试点经费、土地承包经营纠纷仲裁工作经费、一事一议财政奖补试点工作经费等。着眼于“十二五”农经事业发展，围绕稳定完善农村基本经营制度，创新农业经营体制机制，提高农业生产经营规模化、集约化和组织化程度，按照公共财政和预算管理的要求，组织编制农经专项规划，明确扶持重点，确定具体项目，争取纳入当地发展规划和部门年度预算。严格项目规范管理，确保资金使用安全，提高资金使用效益。

实训练习

1. 实训内容

（1）职业情境

随着承包经营责任制的推行，某公司的生产、加工业有了很大发展，工业产值和利润都比上年同期水平有所提高，广大职工的生产积极性空前高涨，这是某公司发展的重要优势之一。但是，由于长期以来人们对服务业的认识不足，一些基层单位在调整产业结构时，甚至任意砍掉服务业，致使公司内部职工需办的事情无人去办，服务网点少、面窄，大量的待业青年得不到安置，公司的压力很大。为了迅速改变这种局面，拓展就业门路，发挥服务业在公司的重要作用，某公司总公司领导经研究，特制定如下意见：

① 确立发展服务业的指导方针，积极发展集体服务业，鼓励和支持待业青年开办个体服务业。

② 搞好网点建设，鼓励优质服务，实行价格统一管理，反对和禁止违法违章经营。

③ 实行自主经营，自负盈亏，国家统一纳税，不搞统负盈亏，推行责、权、利相结合的经营承包责任制。

④ 公司将加强对服务业的领导和管理，加快人才培养，提高服务质量。

要求上述各条请各基层单位根据实际情况具体组织实施，并将实施情况及时上报总公司。

（2）实训任务

请你以总公司办公室秘书的身份写一份关于发展服务业的意见，时间自拟。

2. 实训要求

（1）实训条件

① 本实训可在秘书办公自动化实训室进行。

② 本实训应具备齐全的办公设备：计算机、打印机、网络连接。

③ 教师在实训前应提前告知学生实训资料。

④ 每人一台计算机。

（2）实训方式与手段

本实训学生分组讨论操作，每组 3 人或 4 人。

（3）实训要求与标准

① 本项目主要为文字写作，2 课时完成。

② 意见结构合理，语言通顺。

③ 要符合公文的格式和语言特点。

（4）实训考核

对完成的每一项进行单独打分，最后综合评定小组成绩。

学习任务九　通告

知识目标

- 掌握通告的含义、类型；
- 掌握通告拟写的要点、注意事项；
- 掌握通告和公告的不同。

能力目标

- 能够拟写结构完整的通告；
- 通告语言能够体现公文语体风格；
- 能够在计算机上快速、准确地进行文字的录入、排版。

任务引入

职业情境

经有关部门批准，海淀区杏石口路将进行道路施工。为保证施工期间的道路交通安全与畅通，根据《中华人民共和国道路交通安全法》及《中华人民共和国道路交通安全法实施条例》的有关规定，决定自2009年5月9日起至9月30日止，海淀区杏石口路（黑塔南街至旱河路）禁止车辆和行人通行。途经此路段的机动车可绕行旱河路、闵庄路、田村路、阜石路；非机动车、行人可绕行东平村内道路。

工作任务

根据案例内容，以北京市公安交通安全管理局的名义写一份通告。

任务分析

要拟写通告，首先要弄清楚通告的写作内容、写作要求；其次要掌握通告写作的特点和所属种类；最后，掌握通告写作的结构模板，做到快速、准确地拟写通告。

相关理论

一、 通告的含义和类型

通告适用于在一定范围内公布应当遵守或者周知的事项。通告是行政机关、企事业单位及社会团体通常使用的公布性公文。包括制约性通告和告知性通告。

制约性通告是指公布社会各有关方面应当遵守的事项的通告。告知性通告是指公布社会各有关方面应当周知的事项的通告。

二、 通告写作分析

通告由标题、正文、署名和日期等部分组成。

1. 标题

标题由发文机关、事由、文种构成。

根据具体情况，也可使用发文机关加文种、事由加文种或只写“通告”二字。

2. 正文

正文由缘由和通告事项两部分组成。

缘由为发布通告的原因和根据，事项为须知和遵守的内容。用“特通告如下”转承连接。通告事项是面对大众的，应简洁明了，叙述清楚，通俗易懂，便于掌握。结尾部分可提出要求、希望，并用“特此通告”作结束，或公布实施期：“本通告自××××年××月××日起实施”，“本通告自发布之日起实施”，有时也可不写，形式比较灵活。

3. 署名和日期

正文后签署发布通告的机关名称和日期。

三、 通告写作的注意事项

（1） 避免滥用通告，通告不同于决定、启事、广告。
（2） 避免公告与通告混淆。

四、 通告的写作模板

写作要点	写作模板
①标题：	通告
②正文：缘由	根据__________，为__________，现将有关______通知如下：
事项	一、__________ 二、__________ 三、__________
结束语	特此通告
③发文机关：	__________
④成文日期：	××××年××月××日

任务实施

（1） 通告的标题写作。
（2） 明确发文机关。
（3） 发文缘由。
（4） 发文事项。
（5） 要求。
（6） 结尾。用“特此通告”结尾。
（7） 落款。发文机关、发文时间。
（8） 拟写发文字号。
（9） 排版打印。

经典例文

河南省交通厅
关于继续做好公路养路费等交通规费征收工作的通告

根据交通部决定，在国家交通和车辆税费改革方案正式公布实施之前，各地必须严格按照《国务院办公厅转发交通部等部门关于继续做好公路养路费等交通规费征收工作意见的决定》（国办发〔2000〕2号）精神，继续做好公路养路费等交通规费征收工作。特决定如下：

一、各级交通主管部门要清醒地认识到交通规费征收工作对交通基础建设的重要性、必要性乃至于对河南经济建设产生的重大影响，切实加强对公路养路费等交通规费征收工作的领导，积极主动与当地财政、公安等部门取得联系，密切协作，及时解决征收工作中出现的问题，维护正常的征费秩序，为交通基础设施建设筹集更多的资金。

二、各缴费义务人要严格按国家和省现行征缴政策、办法和标准，自觉到当地征稽机构缴纳各项交通规费。对目前社会上仍然存在偷、逃、漏、欠规费的行为，各级交通规费征稽机构和人员将继续进行稽查、追缴并依法收取滞纳金和罚款，对故意妨碍征缴人员执行公务的，要依法严肃查处，情节严重的，移交司法机关追究刑事责任。

三、各级交通规费征稽机构要认真学习、领会和坚决贯彻执行全国人大、国务院及交通部、财政部等国家有关部委法规、文件，以及《河南省人民政府关于加强公路养路费等交通规费征收工作的通告》，加强领导、加强宣传、稳定思想、稳定队伍，充分认识税费改革的重大意义，以国家利益为重，顾全大局，坚守岗位，恪尽职守，照章收费，只要交通和车辆税费改革方案还没有正式开始实施，就要坚决做到公路养路费等交通规费征收稽查工作有条不紊进行。

二〇〇〇年十一月八日

实训练习

1. 实训内容

(1) 职业情境

春阳市人民政府于 2004 年 7 月 7 日针对违法占路生产经营、乱摆乱卖行为，作出“未经批准，任何单位和个人不准在道路上摆摊设点从事各种经营和加工作业活动”等规定，对违反规定的行为，要求“由各级公安交管、市容管理部门或者城市管理综合执法组织按照各自职责权限，依据有关法律、法规和规章的规定进行处罚”等，还对各区、县人民政府，各级工商、公安、城管、环卫、园林等行政管理部门及街道办事处的职责，对违法占路行为的单位和个人，作出了规定。

(2) 实训任务

请你以春阳市人民政府办公室秘书的身份写一份关于禁止违法占路的通告，这份通告自发布之日起施行。

2. 实训要求

(1) 实训条件

① 本实训可在秘书办公自动化实训室进行。

② 本实训应具备齐全的办公设备：计算机、打印机、网络连接。

③ 教师在实训前应提前告知学生实训资料。

③ 每人一台计算机。

(2) 实训方式与手段

本实训学生分组讨论操作，每组 3 人或 4 人。

（3）实训要求与标准

① 本项目主要为文字写作，2 课时完成。

② 通告结构合理，语言通顺。

③ 要符合公文的格式和语言特点。

（4）实训考核

对完成的每一项进行单独打分，最后综合评定小组成绩。

学习任务十　公告

知识目标

- 掌握公告的含义、特点、类型；
- 掌握公告拟写的要点、注意事项；
- 掌握公告与通告的不同。

能力目标

- 能够拟写结构完整的公告；
- 公告语言能够体现公文语体风格；
- 能够在计算机上快速、准确地进行文字的录入、排版。

任务引入

职业情境

2003 年 7 月 31 日，根据国家旅游局关于“非典”之后我国旅游业恢复与振兴工作计划，依据中华人民共和国国家标准《旅游区（点）质量等级的划分与评定》，共计 28 家旅游区（点）和 3 家旅游区分别被评为 2003 年第一批国家 2A 级和 1A 级旅游区（点）。国家旅游局公布了名单。

工作任务

根据情境内容，以国家旅游局的名义写一份公告，公告编号为 2003 年 13 号。

任务分析

要拟写公告，首先要弄清楚公告的写作内容、写作要求；其次要掌握公告写作的特点和所属种类；最后，掌握公告写作的结构模板，做到快速、准确地拟写公告。

相关理论

一、 公告的含义、 特点和类型

公告，是向国内外宣布重要事项或者法定事项的公文。公告常常通过广播、电视、报刊等新闻传媒向国内外发布。它具有发布内容重大、发布内容广泛、发文机关级别高的特点。

公告的类型包括重要事项公告和法定事项公告，重要事项公告包括：①用于国家政府机关的重要决策；②用于需要大家周知的重要事项（包括国内外有重大影响的庆吊礼仪活动等事项）。

二、 公告写作分析

1. 标题

标题有两种形式：①发文机关＋事由＋文种；②发文机关＋文种。

2. 编号

（1）采用流水号：第2号。
（2）采用年份与流水号组成：2003年13号。
（3）采用行政公文发文字号，前提是该公文采用正式公文形式下发。

3. 正文结构

正文结构包括发文缘由＋公告事项＋尾语。

（1）发问缘由通常说明发布公告的意义、根据或背景，之后，用“特此公告如下”、“现决定”等承启语，引出公文事项。

（2）公告事项为文中主体文部分，内容如果单一，可直陈事项。内容较多，可分条列项。

（3）尾语有三种形式：①公告专用语有特此公告、现予公告（公布、公布实施）；②提出希望、要求或其他说明；③秃尾。

注：尾语书写位置既可尾随文末，也可单独置段。

4. 落款

落款需注明发文机关和成文时间。

三、 公告与通告的区别

（1）使用范围不同：公告范围大于通告范围。
（2）公布事项不同：公告内容重于通告内容。
（3）制发者不同：公告制发者职位高于通告制发者职位。

四、 公告的写作模板

写作要点	写作模板
①标题：	×××关于×××的公告
②编号：	第×号
③正文：缘由	根据________________，为________________，现决定：

续表

写作要点	写作模板
事项	一、______ 二、______ 三、______
结束语	特此公告
④发文机关：	______
⑤成文日期：	××××年××月××日

任务实施

（1）公告的标题写作。
（2）明确发文机关、主送机关。
（3）发文缘由。
（4）发文事项。
（5）要求。
（6）结尾。可以自然结尾，也可以用“特此公告”结尾。
（7）落款。发文机关、发文时间。
（8）拟写发文字号。
（9）排版打印。

经典例文

百年树人桃李满天下　俊采星驰共襄庆典年
复旦大学百年校庆公告
第4号

旦复旦兮，俯仰间百年。

2005，复旦大学建校一百周年。

百年复旦，百年树人。百年前中国第一所民间私立大学，复旦筚路蓝缕走来，复旦惊天动地开启，发蒙中国近代教育，滋养民族现代理性，弘扬科学，光大文明，造就了一代又一代救国兴邦的栋梁干臣，桃李满天下。复旦的校庆，是全体师生的节日；复旦的华诞，是中国教育的盛事。

复旦的庆典年，以“庆典为体，学术为魂”，燕曦园弦歌四季不辍，相辉堂高朋逸兴遄飞。百年华诞，天时、地利、政通、人和；世纪庆典，隆重、热烈、简朴、难忘。2005的复旦，将是日新月异的气象，将是语笑人喧的海洋，更将是睿思砥砺、学术精进的动力场。

庆典年的复旦，藉世纪厚积之力，承百年进取之魂，发扬蹈厉，继往开来。校庆被赋予的，是对中国百年教育的温故回望，是对科教兴国国家战略的领会实践，是对历久弥新的复旦精神再塑升华，是对复旦教科研大发展契机的坚实把握。意气风发的新百年，壮怀激越的新起点，复旦，又将奔赴建设世界一流大学的远大前程。

百年校庆，母校等待您，四海的学子，五洲的校友！

百年校庆，复旦欢迎您，各界的友好，天下的宾朋！

复旦大学百年校庆庆典年主要活动一览（略）

春

元旦之晨，明珠塔下，发令枪响起跑线，健儿奔涌，朗空万里，复旦百年校庆庆典年拉开帷幕。

一元伊始，万物勃发，层林尽染绿意；百年学府，青春复旦，东风鼓荡青衿。

春在复旦。这一季，庆典年隆重启动；这一季，校区建设工程相继告捷；这一季，学术峰会次第召开。庆典年校园如春日暖阳，似春风风人。

新锐，生动，蓬勃，温熙。满园新绿的复旦之春，掀开了校庆大典的一年之计。

夏

青春的学子，青春的五月，为祖国唱响最真挚的心声。“文化艺术月”演出笙歌未歇，两岸四地青年盛会又启。用青春与激情大写新一个世纪的复旦人，碧血赤诚，映红复旦这一夏。

校志卷问世，薪尽火传；纪念邮首发，芳泽延衍；校史馆揭幕，后来景仰。修史扩馆逢盛世，百年佳酿，醉红复旦这一夏。

光华楼竣工、正大体育馆落成，捷报频传，兴会淋漓；数十个国际学术会议相继召开，群贤毕至，锦云天章。五月艳阳，染红复旦这一夏。

热烈，明艳，繁盛，激越。庆典年之夏，五月复旦别样红。

秋

金秋，这是一季金色的盛会。九月大典，胜友如云；千里逢迎，高朋满座。诗社朗诵，经天行地；大学合唱，风生云遏；华诞酒宴，逸兴遄飞。庆典日大会，天下宾朋济济一堂，共襄复旦盛世业；庆典日晚会，师生联袂火树银花，同唱母校卿云歌。9 月 24 日，庆典年达至最高潮。

金秋，这是一季金色的收获。金质勋章授予为国为校增光添辉的宗师人杰；颁予复旦学术之中坚砥柱；赠予贡献复旦的社会名士贤达。俊采星驰，于斯为盛。

金秋，这是一季金色的回馈。百年大典，一代代怀抱超旷的校友，千万里重归母校。煌煌学术著作，累累科研硕果，题书绘画，捐款赠物，寸草相报三春晖。

辉煌，高朗，厚重，隽永。九月金秋，光耀复旦庆典年。

冬

是尾声，不是落幕。

是收梢，没有结束。

承办中国高校“挑战杯”赛事，召开“挑战杯”高峰论坛，布置“挑战杯”作品巡展，主持“挑战杯”学术研讨，举办“挑战杯”成果转让……庆典年岁末依然如火如荼。

“挑战杯”关键语：“创新凝聚人才，挑战积聚力量”。

复旦凝聚着，复旦积聚着，为开启又一个百年辉煌，去引领另一番世纪风采！

特此公告。

复旦大学
二〇〇四年十二月三十一日

实训练习

1. 实训内容

(1) 职业情境

2010 年 9 月 6 日，根据国家和北京市有关法律法规的规定，经北京市人民政府批准，北京市国土资源局决定在北京市土地交易市场公开出让以下宗地的国有建设用地使用权。

① 宗地基本情况见表 10.1。

表 10.1 宗地基本情况

序号	交易编号	项目名称	位置	用地性质	土地面积/m²	建筑控制规模/m²	开发程度	出让方式	交易地点	保证金/万元	交易起始价/万元
1	京土整储招（通）〔2010〕088 号	北京市通州区运河核心区 IV-05 多功能用地	通州区运河核心区西岸	F3 其他类多功能用地	15 632（其中建设用地 9 147m²）	7 2000	七通一平	招标	市土地交易市场	13 000	—
2	京土整储招（通）〔2010〕089 号	北京市通州区运河核心区 IV-08 多功能用地	通州区运河核心区西岸	F3 其他类多功能用地	25 598（其中建设用地 12 372m²）	121 000	七通一平	招标	市土地交易市场	21 000	—
3	京土整储招（通）〔2010〕090 号	北京市通州区运河核心区 IV-02 多功能用地	通州区运河核心区西岸	F3 其他类多功能用地	17 913（其中建设用地 11 222m²）	88 000	七通一平	招标	市土地交易市场	16 000	—
4	京土整储招（通）〔2010〕091 号	北京市通州区运河核心区 IV-03 多功能用地	通州区运河核心区西岸	F3 其他类多功能用地	27 429（其中建设用地 16 520m²）	163 000	七通一平	招标	市土地交易市场	28 000	—
5	京土整储招（通）〔2010〕092 号	通州区运河核心区 IV-09 多功能用地	通州区运河核心区西岸	F3 其他类多功能用地	22 305（其中建设用地 9 259m²）	71 200	七通一平	招标	市土地交易市场	12 200	—

续表

序号	交易编号	项目名称	位置	用地性质	土地面积/m²	建筑控制规模/m²	开发程度	出让方式	交易地点	保证金/万元	交易起始价/万元
6	京土整储招（通）〔2010〕093号	通州区运河核心区IX-01、IX-02、IX-03、IX-04 多功能用地	通州区运河核心区西岸	F3其他类多功能用地、G1公共绿地	104 476（其中建设用地64 886m²）	441 100	七通一平	招标	市土地交易市场	77 600	—
7	京土整储招（通）〔2010〕094号	通州区运河核心区V-01、V-02多功能用地	通州区运河核心区	F3其他类多功能用地	159 516（其中建设用地104 517m²）	82 600	七通一平	招标	市土地交易市场	17 500	
8	京土整储招（通）〔2010〕095号	通州区运河核心区V-04、V-06多功能用地	通州区运河核心区	F3其他类多功能用地	204 158（其中建设用地100 744m²）	60 200	七通一平	招标	市土地交易市场	13 100	

② 中华人民共和国境内外的企业均可参加本次招标项目投标，可以独立投标或联合投标，法定代表人相同或者控股股东相同的公司不能同时参加同一项目的投标（国家控股公司除外）。

③ 本次招标出让宗地预登记时间为2010年9月25日上午9:00～12:00，下午14:00～15:30，投标时间为2010年9月28日上午9:30～10:30，投标截止后当即开标。

④ 本次招标不接受电话、邮寄及口头投标。

⑤ 本次招标出让宗地的详细资料请参阅有关招标文件。招标文件于2010年9月6日起（节假日除外）在市土地交易市场销售。详细地址及联系电话如下：

网址：http：//www. bjtd. com

北京市土地交易市场

地址：北京市东城区和平里北街2号2层

电话：010－64409500

（2）实训任务

请你以北京市国家土地资源局办公室秘书的身份写一份北京市国有建设用地使用权出让公告。

2. 实训要求

（1）实训条件

① 本实训可在秘书办公自动化实训室进行。

② 本实训应具备齐全的办公设备：计算机、打印机、网络连接。

③ 教师在实训前应提前告知学生实训资料。

④ 每人一台计算机。

（2）实训方式与手段

本实训学生分组讨论操作，每组 3 人或 4 人。

（3）实训要求与标准

① 本项目主要为文字写作，2 课时完成。

② 公告结构合理，语言通顺。

③ 要符合公文的格式和语言特点。

（4）实训考核

对完成的每一项进行单独打分，最后综合评定小组成绩。

学习任务十一　会议纪要

知识目标

- 掌握会议纪要的含义和类型；
- 掌握会议纪要拟写的要点、注意事项；
- 掌握不同种类会议纪要的写法。

能力目标

- 能够拟写结构完整的会议纪要；
- 会议纪要语言能够体现公文语体风格；
- 能够在计算机上快速、准确地进行文字的录入、排版。

任务引入

职业情境

2009 年 5 月 26 日，县委常务副书记、县信访工作领导小组组长×××主持召开了今年第二季度县信访领导小组会议，会议内容包括：

（1）通报了县第一季度来访情况、集体访情况、案件查办情况及信访工作存在的问题。对第二季度信访动态进行了分析，排查了村务公开、退耕还林、企业改制、清退代课教师、交通治理等群众关心的热点问题。与会人员一致认为，一季度我县信访工作由于各级各部门高度重视，采取了积极有效措施，加大了案件查办力度，一些多年缠访问题、影响投资环境问题、久拖未决的经济纠纷得到妥善解决，保证了县域经济的健康发展。但与去年同期相比，信访总量明显增大，集体访批次人数成倍增长，信访形势不容乐观。这些问题的存在与少数单位不重视信访工作、不讲原则、不讲大局、遇事推诿扯皮而产生矛盾，与部分干部工作作风漂浮、工作方法简单粗暴有直接关系。因此，各级各部门要端正认识，增强责任意识，改进工作方法，化解矛盾，维护社会稳定。

（2）强调了信访工作是一项长期性的工作，随着经济社会的发展，会不断产生新的矛盾，引发新的信访。但只要我们努力工作，牢固树立“权为民所用，情为民所系，利为民所谋”的思想，不断改进工作作风、工作方法，主动化解矛盾，信访是可以减少的。指出了二季度信访工作要以化解矛盾、减少集体访、解决长期缠访为核心，以二季度信访总量比去年同期下降为目标，认真履行职责，按“分级负责，归口办理”原则，各自做好工作，确保一方平安。

（3）提出几点要求：

① 抓“热点”，维护群众利益。群众反映的“热点”问题，实际上也是党和政府工作的难点。切实解决好群众反映的“热点”、“难点”问题，是我们各级各部门义不容辞的责任。因此各乡镇各部门要按照“三个代表”的要求，带着对人民群众的深厚感情，处理好群众关心的“热点”、“难点”问题。一是认真关注“热点”，认真排查本单位本辖区内的“热点”、“难点”，采取措施，制订预案。二是及时处理“热点”，不回避矛盾，不一拖了之，及时予以解决，坚决杜绝激化矛盾引发集体访或越级访。三是避免引发新的“热点”，进一步改进工作作风，改善工作方法，坚持依法行政，按政策做好群众思想工作，处理好干群关系，绝不能因工作不到位等原因引发新的“热点”问题。

② 抓领导，落实责任。信访问题落实得实不实，信访工作水平高不高，单位领导是关键。一是信访机构要健全。落实分管领导和专兼职信访干部，保证来访有人接，案件有人查。二是工作责任要落实，要把信访工作作为一项重要工作抓实抓好，尤其是重点涉访单位至少每季度专题研究一次信访工作，排查本辖区本部门职能权限内可能触及群众利益、引发信访的问题，并制定解决问题的措施，把矛盾解决在基层。三是加大案件查办力度，严格按照“五定”原则进行落实，即定责任单位、定包案领导、定办案责任人、定办结时限、定办案质量。一定要做到办结一案，解决一事，减少一访，稳定一方。

③ 抓协调，讲大局。一是加强同上级主管部门的联系，尤其是涉及政策法规等相关问题的答复上要统一，要灵通信息，及时向上级汇报本县信访工作情况，争取主动。二是加强部门之间的团结协作，在涉及下岗职工、清退计划外用工、安置职工、工资待遇等热点问题上，各相关部门要相互通气，耐心答复上访人，做好政策解释、思想疏导工作，减少群众上访。三是加强对乡镇部门信访室的业务指导，加强信息沟通，掌握信访动态，发现苗头及时超前化解。四是要发挥治保调解组织的作用，积极化解矛盾，报告信息，齐抓共管，构筑大信访格局。

④ 抓制度，严明纪律。严格按“分级负责，归口办理”的原则解决信访问题。一是要纠正怕负责任的思想，要敢于负责，正视信访问题，不推诿扯皮，确保一方稳定。二是要纠正不负责任的做法，牢固树立责任意识，切实履行信访工作职责，不回避矛盾，把问题解决在基层。三是严肃工作纪律，对重大会议、重大节庆期间的集体上访、越级上访，需要接人的，涉访单位在接到决定后必须无条件服从，在规定时间内赶到指定地点，做好接人工作。

⑤ 抓督查，促工作。县信访局要切实履行部门职能作用，按照县信访领导小组的要求，抓好各级各部门的信访指导和督查工作。县上对信访工作建立信访督查通报制度，对信访工作重视不够、工作不力，信访增加、信访问题久拖不决的乡镇和部门要通报批评，

严重的，追究主要领导责任。对重视信访工作，化解矛盾及时，稳定工作做得好的乡镇和部门进行表彰奖励。

（4）作出如下决定：

① 会议决定6月中旬对信访工作进行半年检查，检查结果将在全县进行通报，并纳入年终考核。

② 林业局要加强对退耕还林信访问题的研究，建立健全退耕还林监管处理工作机制，并迅速拿出工作方案报信访领导小组。

与会人员包括信访小组全体人员。

工作任务

根据情境内容，以某县信访小组秘书的名义写一份某县信访小组领导小组会议纪要

任务分析

要拟写会议纪要，首先要弄清楚会议纪要的写作内容、写作要求；其次要掌握会议纪要写作的特点和所属种类；最后，掌握会议纪要写作的结构模板，做到快速、准确地拟写会议纪要。

相关理论

一、 会议纪要的含义和类型

会议纪要是在会议记录的基础上，对会议的主要内容及议定的事项，经过摘要整理的、需要贯彻执行或公布于报刊的具有纪实性和指导性的文件。

根据适用范围、内容和作用，会议纪要分为两种类型：工作会议纪要和协商交流性会议纪要。

二、 会议纪要写作分析

会议纪要由标题、成文日期、正文和尾部四部分组成。

1. 标题

由会议名称和文种组成，如“全国高校大学语文教学研讨会纪要”。

2. 成文日期

成文日期通常写在标题之下，位置居中，并用括号括起。也可在文末右下角标明日期。

3. 正文

正文可写三部分，也可只写前两部分。

（1）在开头部分应扼要地叙述会议概况，如会议的名称、目的、时间、地点、人员、议程及主要收获等。

（2）主体部分主要写会议研究的问题、讨论中的意见、作出的决定、提出的任务要求等。

正文主体内容一般有三种写法：

一是概述法。即把会议上的发言内容、讨论情况总结到一起，概述出来。这种写法适用于小型会议。

二是发言记录式写法。按照会上发言顺序，摘录每个人发言的主要内容。此写法主要用于座谈会纪要。

三是归纳法。就是把会议中研究、讨论的内容归纳成几个问题来写。适用于规模较大、内容复杂的会议。写作时，可根据表达内容的需要，分条列项写或拟小标题分部分、分层次写。

总之，无论是哪种写法，都要围绕会议中心和目的选材、剪裁，突出重点。

（3）结尾的内容通常是提出希望、号召，要求有关单位认真贯彻会议精神。也可以在写完主体部分后即全文结尾。

4. 尾部（包括署名和成文时间两项内容）

署名只用于办公会议纪要，写明召开会议的机关单位名称。一般会议纪要则不需要署名，不加盖公章。至于成文时间，如果在首部已注明，就不再写。

写会议纪要应当注意的三个问题：一是概括要全面，要如实反映会议精神。不得随意取舍，不得以偏概全，不能是自己赞同的就多写，不赞同的就略写或不写。二是要具备一定的分析、综合能力和表达能力。这样，表述上才能做到重点突击，条理清晰，文字简练。三是采用第三人称，一律采用“会议”称谓，即会议认为、会议强调、会议决定等。

三、 会议纪要的写作模板

写作要点	写作模板
①标题：	×××会议纪要
②成文日期：	××××年××月××日
③正文：会议概况	会议时间：　　会议地点：　　参加人员： 现将会议主要精神纪要如下：
会议内容	一、会议认为________ 二、会议强调________ 三、会议决定________
结束语	希望、号召（自然结束）
④发文机关： （办公会议）	________

任务实施

（1）会议纪要的标题写作。

（2）明确发文时间。

(3) 会议概况。
(4) 会议内容。
(5) 结束语：提出希望号召，也可以自然结尾。
(6) 发文机关。办公会议写，如在标题中写明可不写。
(7) 排版打印。

经典例文

抓住机遇　扩大开放
沿长江五市对外开放研讨会议纪要
一九九六年七月

沿长江五市（重庆、岳阳、武汉、九江、芜湖）对外开放研讨会，于1996年7月15～16日在庐山经纬宾馆举行。这次会议是在党中央和国务院作出以上海浦东为龙头，进一步开放长江沿岸城市的战略决策之后，由《求是》杂志社经济部、江西省体改委、九江市人民政府联合召开的，来自五市的领导和有关方面的负责同志及部分新闻单位的代表共40余人参加了会议。与会代表围绕着如何搞好沿长江对外开放的问题，进行了热烈发言和深入讨论。

与会代表一致认为，搞好沿长江的对外开放意义深远重大。过去13年，我们的开放政策主要是向沿海地区倾斜，这是完全必要的，它为全国的对外开放起了先行探索和示范的作用。现在，中央提出进一步扩大沿长江和沿边的对外开放，这对于在沿海开放的基础上，形成“沿海—沿江—沿边”的整体开放格局，实现我国对外开放“全方位、多元化”的战略目标，推动对外开放向内地深入，促进沿江经济的发展有重要意义。长江在我国国民经济和社会发展中占有重要地位。长江流域占国土面积的1/5，人口近4亿，工农业总产值占全国的40%多。这里资源丰富，交通方便，城市密布，市场发达，人才荟萃，是我国最具自然地理优势和社会经济发展综合优势的地方，开发潜力巨大，前景良好。扩大沿长江的对外开放，通过利用外资、引进技术和人才，开拓国际市场，可增大开发长江的力度，加快开发步伐，从而为国民经济发展增添后劲。

扩大沿长江的对外开放，对五市来说是机遇和挑战并存。为此，代表们指出，搞好沿长江的对外开放，首先要解放思想、破除迷信，联系实际找差距，真正解决和克服长期束缚人们手脚的认识问题，要增强以经济建设为中心的观念，形成齐抓经济工作的合力；要进一步认识对外开放的重要性和迫切性，开拓对外开放的新思路、新办法和新途径；要强化商品经济意识，克服温饱即满、不愿冒风险、不敢迈大步和小农思想，自觉按照经济规律办事，要树立全局观念，防止和克服狭隘的部门利益，树立一盘棋的战略思想。

扩大开放，必须深化改革。代表们提出，与沿海地区相比，沿长江城市在对外开放方面已滞后了一步，旧的体制严重阻碍着对外开放的步伐。因此，应通过深化改革，克服“左”的思想和守旧观念，给企业以更大自主权，使各项政策措施相互配套，逐步完善。改革需要探索，要敢想、敢干、敢闯、勇于实践，对的就大胆推广，错的就加以纠正。

开放是促进和带动一切的重要途径和手段，代表们认为，应围绕开发抓开放，通过开放促开发。通过开放，要开发新产品、新技术、新行业，解决内陆城市产业单调、技术陈旧、产品老化的问题，使经济发展具有新的活力；通过开放，不断开发利用资源，提高资源的综合利用率，提高经济效益；通过开放，把利用外资和老企业嫁接起来，加速技术改造和产品更新换代。

搞好长江的开放开发，必须走联合协作的路子。代表们认为，长江流域自然地理条件的多样性和社会经济发展的综合优势，决定了要通过联合协作的方式来搞好开放开发，如果化整为零，搞区域割据、市场封闭，长江的优势就发挥不出来，开放开发就会事倍功半，甚至会有负效应。因此，希望国家有关部门尽快拿出长江开发的总体规划，各省、各中心城市、各中小经济区域要在总体规划的基础上，通力合作，加强横向联系；要以上海浦东为龙头，加强政策的对接和连贯，使龙头、龙身、龙尾一起摆动，努力在生产力布局、产业结构、交通运输、资源开发利用、长江生态环境保护、市场开发等方面，做到协调一致。

投资环境建设是对外开放的重要内容，代表们认为应把它放在对外开放的重要地位，作为一项持久的基础性工作来抓。既要搞好投资硬环境的建设，努力使“七通一平”符合国际标准，又要加强各项软环境的建设，使有关政策措施符合国际规范。还要大力发展第三产业，培养大批懂业务、善经营、敢开拓的外向型经济人才。

实训练习

1. 实训内容

（1）职业情境

××××年2月2日上午，广州市政府办公厅×××主任主持召开会议，协调解决沙面大街56号首层房屋使用权问题。参加会议的有省政府办公厅交际处、广东胜利宾馆、市商委、市国土房管局、二商局、市外轮供应公司等有关部门的负责同志。

会议认为，沙面大街56号首层房屋使用权的问题，是在过去计划经济和行政决定下形成的历史遗留问题。早几年曾多次协调，虽有进展，但未有结果。最近，按照省、市领导同志“向前看”、“了却这笔历史旧账”的批示精神，在办公厅的协调下，双方本着尊重历史、面对现实、互谅互让的原则，合情合理地提出解决这宗矛盾的方案。

经过协商、讨论，双方达成了一致的认识。会议决定如下事项：

① 市外轮供应公司应将沙面大街56号房屋的使用权交给胜利宾馆。

② 考虑到市外轮供应公司在56号经营了30多年，已投入了不少资金，退出后，办公地方暂时难以解决，决定给予其商品损耗费、固定资产投资和搬迁费等一次性补偿费用共95万元。其中省政府办公厅和广东胜利宾馆负责80万元；考虑到省政府领导曾多次过问此事和省、市关系，另15万元由广州市政府支持补助。

③ 省政府办公厅和胜利宾馆的补偿款于1994年2月7日前划拨给市外轮供应公司。市政府的补助款于3月5日左右划拨，市外轮供应公司应于2月15日开始搬迁，2月20日前搬迁完毕并移交钥匙。

④ 市外轮供应公司原搭建的楼阁按房管部门规定不能拆迁。空调器和电话等2月20日前搬迁不了的，由胜利宾馆协助做好善后工作。

会议强调，双方在房屋使用权移交中要各自做好本单位干部群众的工作，团结协作，增进友谊，保证移交工作顺利进行。

(2) 实训任务

请你以广州市政府办公厅秘书的身份写一份会议纪要。

2. 实训要求

(1) 实训条件

① 本实训可在秘书办公自动化实训室进行。

② 本实训应具备齐全的办公设备：计算机、打印机、网络连接。

③ 教师在实训前应提前告知学生实训资料。

④ 每人一台计算机。

(2) 实训方式与手段

本实训学生分组讨论操作，每组 3 人或 4 人。

(3) 实训要求与标准

① 本项目主要为文字写作，2 课时完成。

② 会议纪要结构合理，语言通顺。

③ 要符合公文的格式和语言特点。

(4) 实训考核

对完成的每一项进行单独打分，最后综合评定小组成绩。

项目二

事务管理文书写作

学习任务十二　计划

知识目标

- 掌握计划的含义、特点、类型；
- 掌握计划拟写的要点、注意事项；
- 掌握计划的用途和重要性。

能力目标

- 能够根据工作内容拟写结构完整的计划；
- 能够做到条理清楚、语言通顺；
- 能够在计算机上快速、准确地进行文字的录入、排版。

任务引入

职业情境

北京信息职业技术学院慧通超市是财经管理系学生实训基地，超市的工作如进货、理货、卖场布置陈列、收银、财务等都是由教师带领学生完成，超市地处学院内，受地理位置的限制，每学期末的促销任务显得十分重要。学生放假期间超市不营业，因此超市的大部分货物如饮料、食品等保质期短的商品需要清仓甩卖，尽量减少消耗，为下学期的超市运营打下好的基础。

工作任务

根据情境内容，以慧通超市名义写一份关于期末促销的工作计划。

任务分析

要拟写计划，首先要弄清楚计划的写作内容、写作要求；其次要掌握计划写作的特点；最后，掌握计划写作的结构模板，做到快速、准确地拟写计划。

相关理论

一、 计划的含义和用途

计划是国家机关、企事业单位、社会团体及个人，在工作、生产、学习及日常生活中，为完成某项任务，预先拟定的目标、措施、步骤、要求及规定完成期限，并加以书面化或表格化的预先安排。

计划的用途是可以提高工作预见性和自觉性，为日后检查工作进度，总结、评价和考核工作的完成情况提供依据。

二、 计划的特点

（1）预测性：是为未来工作目标或实践活动做的一种预想性的部署和安排。

（2）具体可行性：各项措施、办法和要求必须具体明确，切实可行，符合实际。目标要适当，过高，难于实现、完成；过低，起不到指导、激励作用。

三、 计划的类型

（1）按计划内容分：有学习计划、工作计划、教学计划、营销计划。

（2）按计划性质分：有指导性计划、指令性计划。

（3）按计划范围分：有国家计划、地区计划、公司计划、部门计划等。

（4）按计划时间分：有远景规划、五年计划及年度、季度、月度计划等。

（5）按计划写法分：有条文式计划、图表式计划、条文图表结合式计划。

四、 计划写作分析

1. 标题

计划的标题一般有三种写法：一是由计划单位名称、计划时限、计划内容、计划名称四要素组成的完整式标题，如“××市公司××××年营销工作计划”。二是省略式，即视实际需要省略某些标题要素，省略时限，如“××公司营销方案”；省略单位，如“2005年工会工作要点”；省略单位和时限，如“毕业生就业工作计划”；凡省略单位的标题必须在正文后署名。三是公文式，即由发文机关名称、事由、文种组成，如“××总公司关于××××年机构改革工作的部署”。不成熟或未经批准的计划，在标题后或正下方注明“草案”或“讨论稿”。

2. 正文

计划正文一般由前言、主体和结语构成。

（1）前言。一般简明扼要写以下四方面的内容：

① 说明制订计划的依据。

② 概述本单位的基本情况，分析完成计划的主、客观条件。

③ 提出总的任务和要求，或完成计划指标的意义。

④ 指出制订计划的目的。

以上四方面的内容可根据实际作出适当选择。前言以“为此，特制订计划如下”类语为过渡语，引出主体部分。

（2）主体。一般必须写清以下三方面的内容：

① 目标任务——“做什么”，即某一时段内要完成的工作任务。

② 措施——“怎么做”，写清楚采取何种办法，利用什么条件，由何单位何人具体负责，如何协调配合完成任务。

③ 步骤程序——“何时完成”，即写明实现计划分几个步骤或几个阶段。

主体部分处理方式包括：

① 目标、措施、步骤程序可分开写，也可措施和步骤程序放在一起写。

② 根据计划的内容和表述需要，选择写条文式、图表式，或条文图表结合式。

③ 在正文不便表述的内容，另作“附件”。

（3）计划的结语可以说明计划的执行要求；也可以提出希望或号召。也有的计划不写结语。

（4）计划的注意事项：

① 要把预测性和可行性很好地结合起来。

② 计划的目标、任务、措施、步骤程序等都要写得明确具体，切忌含糊不清、模棱两可。

③ 要走群众路线，以保证计划的认同度和可行性。

④ 语言要准确、明晰。

五、 计划的写作模板

写作要点	写作模板
①标题：	×××时限××单位××计划
②前言：	根据______情况，为实现____目标，现制订______计划如下：
③主体：	一、目标与要求 1. 2. 二、措施与方法 1. 2. 三、完成步骤
④结语：	
⑤成文日期：	××××年××月××日

任务实施

(1) 计划的标题写作。

(2) 明确计划的背景和依据。

(3) 明确计划的目标和任务。

(4) 促销的措施和方法。

(5) 促销工作步骤、人员安排及注意事项。

(6) 工作的完成与检查。

(7) 落款、发文时间。

经典例文

××公司新职工培训指导计划

第一章 教育目的与内容

1. 教育目的

向本企业新录用的职工介绍企业的经营方针，传授本企业职工所必备的基本知识和业务技能，提高其基本素质，使之在较短时间内成为符合要求的职工。

2. 教育内容

(1) 明确本企业的生产目的和社会使命。

(2) 明确本企业的历史沿革、现状、在产业中的地位和经营状况。

(3) 了解本企业的机构设置和企业组织。

(4) 掌握本企业的规章制度和厂规厂法。

(5) 掌握本企业各部门的业务范围和经营生产项目。

(6) 了解本企业的经营风格和职工精神风貌。

(7) 了解本企业对职工道德、情操和礼仪的要求。

(8) 通过教育培训考查学员的个人能力和专业特长。

第二章 教育实施要领

1. 教育指导者

(1) 企业主要领导全面负责教育指导工作，其他领导应参与。

(2) 计划的编制和组织实施由总务部或人事部负责。

(3) 企业全体职工都应协助教育培训工作。

2. 培训时间

一般为 3 个月，根据实际情况可适当延长或缩短。

3. 编班

为便于组织培训，根据学员学历，可分成不同的班组，并指定一名班组长。外出参观或实习时，可根据实际需要，重新编班。

4. 时间安排

集中培训的时间安排为“上午：×时×分到×时×分；下午：×时×分到×时×分”。实习时间同企业工作时间一致。参观时间视情况而定。

5. 教育方法

(1) 专业知识传授采取集中授课的方式。

(2) 实习则采取到实习工厂或企业车间部门实际操作的方式。

(3) 参观。根据教员的布置，实地考察，并由学员提交参观报告。

(4) 培训日记。培训期间，要求学员对培训感想和认识做出记录，以提高学员的观察和记录能力。

(5) 在培训过程中，尽量让学员接触生产实践，尽量提供更多的参考资料和视听教材。

第三章　模拟安置

1. 目的

在新职工教育培训期间，根据企业的组织设置，将学员模拟安排到不同部门，以考查其能力和适应的部门，为正式安排提供依据；同时也使新职工尽快地了解企业情况。

2. 时间

模拟安置时间从培训正式开始起，到正式安排止。以15天为一周期，全体学员轮流更换工作。

第四章　教育培训实施要领

1. 基础理论教育（略）

2. 实习教育（略）

3. 注意事项

(1) 对企业的机构设置、规章制度、生产经营管理系统要作重点介绍。

(2) 对各部门的职权范围、工作内容等要作详尽介绍。

(3) 要让学员清楚地掌握工作性质和责任。

(4) 要使学员真正掌握业务知识。

(5) 要重点培养学员的责任心和效率意识。

(6) 培养学员的礼仪修养，养成礼貌待人的习惯。

(7) 使学员意识到校园生活与企业生产的差别，感知到自己新的责任与地位。

(8) 培养学员尊重知识、严肃认真的工作态度。

(9) 注意培养学员的集体精神和企业意识。

(10) 不应把新职工的教育培训任务仅局限于企业领导，要使全体企业职工参与教育培训工作。

××××年××月××日

实训练习

1. 实训内容

(1) 职业情境

2012年，××公司在市场拓展、新客户开发等方面取得了显著的成绩，×品牌产品在国内市场已经占有了一定份额。产品销售额逐月增长，客户数额稳步增加，市场已由原来的华东地区扩展到东北地区，并已着手向西南、西北地区拓展。在总结某产品年度工作的基础上，特以“内抓管理、外拓市场”的方针，坚持创新求实的指导思想，开拓国内市场。制定今年的销售年度目标如下：

① 全年实现销售收入2 500万元，利润100万～150万元。

② 某产品在（同行业）国内市场占有率大于10%。

③ 各项管理费用同步下降10%。

④ 设立产品开发部，在总公司的指导下，完成下达的开发任务。

⑤ 积极配合总公司做好上海盛天开发区的相关事宜及交办的其他事宜。

为了完成目标，公司准备采取以下措施：统一市场形象；健全销售网络；细分销售区域；充实代理商队伍；增强研发能力；加强内部管理，提高经济效益。

（2）实训任务

请你以某公司销售部门经理的身份写一份今年某产品的销售计划。

2. 实训要求

（1）实训条件

① 本实训可在秘书办公自动化实训室进行。

② 本实训应具备齐全的办公设备：计算机、打印机、网络连接。

③ 教师在实训前应提前告知学生实训资料。

④ 每人一台计算机。

（2）实训方式与手段

本实训学生分组讨论操作，每组3人或4人。

（3）实训要求与标准

① 本项目主要为文字写作，2课时完成。

② 计划结构合理，语言通顺。

③ 要符合计划的格式和语言特点。

（4）实训考核

对完成的每一项进行单独打分，最后综合评定小组成绩。

专业拓展

一、应用文书的含义

所谓写作，是人们用语言符号把感受、认识主观世界和客观世界的思维结果有选择地记录、表述出来的精神活动。

应用写作，是写作学科的一个重要分支。应用写作以应用文书为学习和研究对象。

应用写作，是以实用性为明确目的的写作。

应用文书是应用写作的文字表现形态。

应用文书是国家党政机关、企事业单位、社会团体或个人在工作、学习和生活中使用的，用以处理公或私事务、传播信息、表述意愿而撰写的具有一定的惯用体式的实用性文章。

二、 应用文书的特点

1. 实用性

实用性是应用文书最大、最本质的特点，是区别于文学作品和其他文体的主要标志。

2. 真实性

文学作品的真实是艺术的真实。应用文书写作对真实性的基本要求：从实际出发，按照客观规律行文；事实确凿可信，统计数据准确无误，有根有据。

3. 思维的逻辑性

思维的逻辑性体现在文章的结构上：

（1）条理清楚，段落之间具有明显的逻辑关系；

（2）陈述的事项界限清晰，不交叉；

（3）内容前后讲究因果，材料能够证明观点。

（4）以具体的事件（或问题）为中心，阐述观点，分析前因后果、现象和本质时，多用逻辑思维的方式。

4. 格式的稳定性

格式，如果被大家接受，约定俗成，就成为惯用格式；如果格式被法定固化，就称为规范格式。

应用文书多数有惯用格式，其中国家行政机关公文具有规范格式。

格式稳定性的作用：使不同的文种清晰醒目；便于写作、阅读、承办、归档、查询，达到行文的目的。

三、 应用文书的分类

标准不同，应用文书的分类结果也不尽相同。一般分为行政公文、规章文书、会务文书、事务文书、财经文书、经济仲裁文书、经济诉讼文书、礼仪信函、职业文书、科技文书。

四、 应用文主旨的概念和作用

主旨就是通过文章的具体材料所表达的中心思想、基本观点或要说明的主要问题，是作者对客观事物的评价和态度。

主旨的作用，主要表现在两个方面：①主旨是文章的灵魂和生命；②主旨对行文产生制约作用。主旨制约材料取舍、布局谋篇、技巧运用，乃至拟订标题、遣词造句等。

没有确定主旨就写作，难免“手忙脚乱”，甚至无法成篇。

五、 对应用文主旨的要求

1. 正确

主旨正确的体现：符合国家的法律、法规，符合党和国家的路线、方针、政策；符合客观实际情况，能反映客观事物的本质规律，经得起实践和时间的检验。

2. 鲜明

应用文书的主旨不能像文学作品的主题那样含蓄隐晦，必须清楚、明白、突出。赞成或反对、提倡或禁止、肯定或否定，都一目了然。

3. 集中

应用文书不可多中心，要求主旨集中单一，内容单一，一文一事。

4. 体现领导意图

领导意图，是领导确立的工作指导思想和具体要求。领导不会签发不能体现自己意图的文稿。

六、 材料处理的常用方法

(1) 筛选法。对材料进行鉴别、筛选，从纷繁复杂的材料中找到最切合主旨的材料的方法。

(2) 类化法。指将材料进行梳理归类的方法。

(3) 截取法。选用完整事件的片断，或部分。如简报、通报、调查报告以及应用文书中叙事性较强的部分，常用此法。

(4) 撮要概述法。对材料加以概括压缩，使精华部分更为突出；对叙述性的事实材料，往往保留主干，抓住要点；理清线索，剔除细节，变描写、详述为略述、概述；只要求简要交代事件的概貌和实质，而不求像文学作品那样细腻传神，形象感人。

七、 材料与观点的组织形式

1. 先列材料，后亮观点

(1) 先介绍事实，说明论据，或列举数字，然后归纳观点、推出结论。

(2) 由事到理，说服力强。

(3) 常用于叙事性较强的片断。

2. 先亮观点，后列材料

(1) 常用层、段、条首句先概括亮出观点或问题，然后列举事例、陈述观点。

(2) 或用理论材料和事实材料论述这个观点。

(3) 这种写法，观点鲜明，头绪清楚，先声夺人，引人注目。

3. 边列材料，边亮观点

以夹叙夹议的方式，既摆事实又讲道理，层层深入，便于理解。

学习任务十三　总结

知识目标

- 掌握总结的含义、特点、类型；
- 掌握总结拟写的要点、注意事项；
- 掌握总结的用途和重要性。

能力目标

- 能够根据工作内容拟写结构完整的总结；
- 能够做到条理清楚、语言通顺；
- 能够在计算机上快速、准确地进行文字的录入、排版。

任务引入

职业情境

某高职学院财经管理系慧通超市作为学生实训超市，在教学中发挥着重要作用，培养了学生的实际工作能力，在真实工作场景中，专业教育完成了教、学、做一体化的过程。经过本学期的学习和专业实训，学生们的理论知识和实践能力都得到提升和提高。

工作任务

根据情境内容，以个人名义写一份关于专业学习的总结。

任务分析

要拟写总结，首先要弄清楚总结的写作内容、写作要求；其次要掌握总结写作的特点；最后，掌握总结写作的结构模板，做到快速、准确地拟写总结。

相关理论

一、 总结的含义和用途

总结是单位、部门或个人对前一段的实践活动进行回顾、检查、分析和研究，从中找出经验教训和规律性的认识，以指导今后实践而写成的应用文书。总结主要是指工作总结。

总结的作用：制定总结的重要依据；检查上阶段实践活动的成败好坏，找出经验教训，以便更好地指导下一阶段的工作。

二、 总结的特点

1. 实践性

总结以回顾实践或工作的全过程为前提。

2. 理论性

通过总结，将实践中获得的感性认识上升为理性认识。能否找出带有规律性的认识，用以指导今后的工作，是衡量总结质量好坏的标准。

三、 总结的类型

按性质分，总结有综合性总结及专题性总结。

1. 综合性总结

综合性总结，又称全面总结，内容包括基本情况、过程、成绩、经验、缺点、教训等诸多方面，是单位、部门对一定时限内所做的各方面的工作进行的综合性分析、总结。例如，《××学院 2005 年工作总结》，就是对学院在该年度的教学工作、科研工作、学生工作、后勤工作、财务工作等进行的全面总结。

2. 专题性总结

专题性总结，一般理论性较强，是对某方面的单项工作如生产、思想等某项特定的任务完成之后所进行的总结，如一个公司抓好产品质量方面的总结。

四、 总结写作分析

（一） 标题

标题的常见形式有三种。

（1） 公文式标题：多用于综合性总结，由单位名称、时限、事由、文种构成，如“××公司关于××××年度的工作总结”。

（2） 文章式标题：多用于专题总结，即概括文章的内容或基本观点的标题。标题中不出现文种“总结”两字，如“股份制使企业走上成功之路”。

（3） 双标题：这种标题的正题揭示主题或概括经验体会，副题标明单位、时限、事由和文种等，如“一本书一页纸一句话——职业技能考证学习方法浅谈”。

（二） 正文

正文由开头、主体两部分组成。

1. 开头

开头，也称前言，通常简述工作或任务是在什么形势下，遵循什么思想或方针完成的，有哪些主要成绩，存在哪些主要问题。

2. 主体

主体一般有以下三个方面的内容。

（1） 基本做法、成绩和经验。在什么思想指导下，做了哪些工作，采取了哪些措施，取得了哪些成绩，主客观原因是什么，有哪些体会。成绩、做法是基础材料，经验体会是重点。

（2）问题与教训。写工作中存在的问题与不足，不同的总结可以有不同的侧重。反映问题的总结，这部分重点分析其主客观原因，及由此得出的教训；典型经验总结，这部分不写。也可以把这部分内容合并到“努力方向”中去写。常规工作总结，则概括写存在的主要问题。

（3）今后的工作和努力的方向。这部分内容需写得简单明了。

主体部分内容很多，要以合适的方式来安排结构。有以下三种结构方式。

（1）分部式结构。按“情况—成绩—经验体会—问题—今后设想”写作；或按“做法—效果—体会”分成几部分写。每部分可用序号列出，也可恰当地运用小标题，或采用段旨句表示。

（2）阶段式结构。按时间顺序，把工作的整个过程，划分成几个阶段来写。各个部分以块式结构来安排内容。这种形式适合写时限较长而又有明显阶段性的工作总结。

（3）观点式结构（较适合写专题经验总结）。将内容归纳为几个观点，每个观点就是一个大层次，以“一、二、三……”序号排列，逐条叙述这种结构条文间的逻辑关系较严密。

（三）落款

在正文右下方署上单位名称，名称下面标明时间。如果单位名称已署在标题下面，则可不再落款。

（四）总结的注意事项

（1）要实事求是。如实总结工作中的成绩、缺点和不足。注意点面结合，观点和材料要统一。

（2）要找出规律。从分析研究客观实际问题和事实入手，发掘出事物的本质特点，找出取得成绩的原因和存在问题的根源，从而找出事物的本质规律，以指导今后的工作。

（3）要叙议得当。一般在交代工作的过程、列举典型事例时，以叙述为主，在分析经验教训、指明努力方向时，则多发议论。

五、 总结的写作模板

写作要点	写作模板
①标题：	××时限××单位××总结
②前言：	在领导和同志们的努力下，本部门完成______工作，现________将工作中的体会总结如下：（概述情况）
③主体：	一、基本做法、成绩和经验 1. 2. 二、问题与教训 1. 2. 三、今后的工作和努力的方向

续表

写作要点	写作模板
④结尾： ⑤成文日期：	 ××××年××月××日

任务实施

（1）总结的标题写作。
（2）概述总结的内容，包括主要成绩、总体情况等。
（3）分项具体说明做法、经验。
（4）不足和教训。
（5）今后工作的方向。
（6）落款、发文时间。

经典例文

实行“三化”，提高工作质量

办公室工作的被动性、从属性、事务性和服务性特点，常常导致办公室在忙、乱、杂中运转。如何从被动中求得主动，提高办事效率、办公质量？现将我们岳阳石化总厂储运公司的一些做法介绍出来，以期抛砖引玉。

我们采取“抓住重点，带动一般”的办法，在重点项目上建立健全工作程序、标准和制度，实现工作程序化、标准化和制度化，从被动中求主动。具体来说就是：抓住文件、会议、小车管理和接待协调三大项目，带动其他日常工作，对各项工作都要求绘出程序图，制定出制度和标准，在规定目标的同时，也规定达到目标的方法。

首先，我们根据三个重点项目各自的特点，绘制了《经理办公程序》、《行政会议组织程序》、《公文审稿工作程序》、《客人接待工作程序》、《小车安排工作程序》等24个工作程序图，制定和完善了《草拟公文工作标准》、《秘书日常工作标准》、《文稿修改工作标准》、《复印文件工作标准》等12个工作标准和《关于复印文件暂行规定》、《关于保密工作的暂行规定》、《关于印信使用的暂行规定》等八项工作制度，使各项工作有程序、标准和制度可依。

其次，在严格执行上下功夫。例如，我们要求在办文中严把“四关”，即：一把拟办单位关，要求拟办单位草拟文件时不草率；二把文字关，即看是否要行文和以什么形式行文，是否符合党和国家的政策法规，文字表达是否准确、简练、通顺，涉及几个部门时是否协商一致，和本单位前后文件是否有矛盾，体例格式是否规范；三把打字、校对、印刷、装订、分发关；四把文件发出后的催办关。通过严把“四关”，使文件的草拟、审核、审批、打印、校对、印刷、装订、分发与催办形成一条龙，从而保证了文件整体质量的提高。再如，在提高会议质量时，我们根据所规定的工作程序、标准和制度，主要抓了会前的准备工作，会中的记录和提醒，会后的记录整理和有关事项的催办和反馈四个环节。会前填写会议议题单，会后下发会议决定单或会议纪要，严格控制会议，认真整顿会风，提高了会议质量。

经过几年的实践，我们体会到，实行工作程序化、标准化和制度化，可以使复杂的工作条理化、规范化和责任化，使每个人都明确自己的责任和权限，达到了用时少、效率高的目的。

××××年××月××日

实训练习

1. 实训内容

1）职业情境

××厂在上级领导部门的正确领导和各职能部门的大力支持下，通过全厂员工的共同努力，较好地完成了总公司下达的生产任务和经营承包指标。各项指标完成情况如下：1～12月编织袋生产实际完成 1 500 万条，内袋实际完成 700 万条。1～12 月内部销售收入完成 700 万元。1～12 月完成利润 300 万元。

主要做法如下：

第一，强化生产经营管理基础工作，建立完善各项考核管理制度，为推动我厂的深化改革夯实基础。

① 提高产品质量，维护企业形象。（略）

② 强化安全意识，落实安全生产工作。（略）

③ 加强设备维护管理，积极开展修旧用废工作，切实降低生产成本。（略）

第二，规范和加强劳务用工管理，稳定劳务工队伍。

对于未来的工作，提出以下意见：

① 强化内部管理，以改制为契机，进一步推进我厂的深化改革，抓好安全、优质、高产、低耗等工作，调整生产流程和布局，确保产品质量，积极开拓社会市场，拓展市场空间。

② 根据企业实际情况，制定出适合企业生产特点的劳动用工制度和劳资分配方案，建立健全各项管理制度。积极推进制度创新、管理创新。

③ 稳定员工队伍，做好员工思想工作，加强对劳务工的管理。增强对员工竞争意识、危机意识的引导和教育，确保改制的顺利实施和进行。

④ 加强对员工业务技能素质的培训，建立长期的培训考核制度。增强对年轻骨干队伍及管理人员的培养、锻炼，提高员工队伍整体素质。

（2）实训任务

请你以某厂办公室秘书的身份写一份工作总结。

2. 实训要求

（1）实训条件

① 本实训可在秘书办公自动化实训室进行。

② 本实训应具备齐全的办公设备：计算机、打印机、网络连接。

③ 教师在实训前应提前告知学生实训资料。

④ 每人一台计算机。

（2）实训方式与手段

本实训学生分组讨论操作，每组 3 人或 4 人。

（3）实训要求与标准

① 本项目主要为文字写作，2 课时完成。

② 总结结构合理，语言通顺。

③ 要符合总结的格式和语言特点。

（4）实训考核

对完成的每一项进行单独打分，最后综合评定小组成绩。

学习任务十四　调查报告

知识目标

- 掌握调查报告的含义、特点、类型；
- 掌握调查报告拟写的要点、注意事项；
- 掌握调查报告的用途和重要性。

能力目标

- 能够根据工作内容拟写结构完整的调查报告；
- 能够做到条理清楚、语言通顺；
- 能够在计算机上快速、准确地进行文字的录入、排版。

任务引入

职业情境

某高职院校针对近年来学生中出现心理问题增多的情况进行了调查。主要调查了以下几个方面：①调查对象的家庭情况；②调查对象的心理问题症状；③调查对象的生活和学习情况等。并针对调查结果采取了措施：一是加大心理咨询的力度，二是开设相关的课程，三是定期观察重点对象，早发现、早处理，及时就医。

工作任务

根据情境内容，以心理老师的身份写一份关于本校高职生心理健康的调查报告。

任务分析

要拟写调查报告，首先要弄清楚调查报告的写作内容、写作要求；其次要掌握调查报告写作的特点；最后，掌握调查报告写作的结构模板，做到快速、准确地拟写调查报告。

相关理论

一、调查报告的含义和用途

调查报告是对某项工作、某个事件、某个问题，经过深入细致的调查后，将调查中收集到的材料加以系统整理，分析研究，以书面形式向组织和领导汇报调查情况的一种文书。

调查报告的作用：①为上级机关全面了解情况提供真实材料；②为制定出切实可行的科学政策提供依据；③介绍先进经验的手段。

二、 调查报告的特点

1. 写实性

调查报告是在占有大量现实和历史资料的基础上，用叙述性的语言实事求是地反映某一客观事物。充分了解实情和全面掌握真实可靠的素材是写好调查报告的基础。

2. 针对性

调查报告一般有比较明确的意向，相关的调查取证都是针对和围绕某一综合性或是专题性问题展开的。所以，调查报告反映的问题集中而有深度。

3. 逻辑性

调查报告离不开确凿的事实，但又不是材料的机械堆砌，而是对核实无误的数据和事实进行严密的逻辑论证，探明事物发展变化的原因，预测事物发展变化的趋势，提示本质性和规律性的东西，得出科学的结论。

三、 调查报告的类型

(1) 情况调查报告。是比较系统地反映本地区、本单位基本情况的一种调查报告。这种调查报告是为了弄清情况，供决策者使用。

(2) 典型经验调查报告。是通过分析典型事例，总结工作中出现的新经验，从而指导和推动某方面工作的一种调查报告。

(3) 问题调查报告。是针对某一方面的问题，进行专项调查，澄清事实真相，判明问题的原因和性质，确定造成的危害，并提出解决问题的途径和建议，为问题的最后处理提供依据，也为其他有关方面提供参考和借鉴的一种调查报告。

四、 调查报告写作分析

一般由标题和正文两部分组成。

1. 标题

标题可以有两种写法。一种是规范化的标题格式，即“发文主题＋文种”，基本格式为“××关于××××的调查报告”、“关于××××的调查报告”、“××××调查”等。另一种是自由式标题，包括陈述式、提问式和正副题结合使用三种。陈述式如“东北师范大学硕士毕业生就业情况调查”，提问式如“为什么大学毕业生择业倾向沿海和京津地区”，正副标题结合式，正题陈述调查报告的主要结论或提出中心问题，副题标明调查的对象、范围、问题，这实际上类似于“发文主题”＋“文种”的规范格式，如“高校发展重在学科建设——××××大学学科建设实践思考”等。作为公文，最好用规范化的标题格式或自由式的正副题结合式标题。

2. 正文

正文一般分前言、主体、结尾三部分。

（1）前言。有几种写法：第一种是写明调查的起因或目的、时间和地点、对象或范围、经过与方法，以及人员组成等调查本身的情况，从中引出中心问题或基本结论来；第二种是写明调查对象的历史背景、大致发展经过、现实状况、主要成绩、突出问题等基本情况，进而提出中心问题或主要观点来；第三种是开门见山，直接概括出调查的结果，如肯定做法、指出问题、提示影响、说明中心内容等。前言起到画龙点睛的作用，要精练概括，直切主题。

（2）主体。这是调查报告最主要的部分，这部分详述调查研究的基本情况、做法、经验，以及分析调查研究所得材料中得出的各种具体认识、观点和基本结论。

（3）结尾。结尾的写法也比较多，可以提出解决问题的方法、对策或下一步改进工作的建议；或总结全文的主要观点，进一步深化主题；或提出问题，引发人们的进一步思考；或展望前景，发出鼓舞和号召。

五、调查报告的写作模板

写作要点	写作模板
①标题：	关于××的调查报告
②前言：	前言 1. 调查时间、地点、对象、起因和目的。 2. 提出问题、概述观点和结果。
③主体：	基本情况和分析 （分析研究材料得出的认识、观点和基本结论）
④结尾：	结论 （归纳、建议、鼓舞）
⑤落款：	姓名 时间

任务实施

（1）调查报告的标题写作。

（2）概述调查报告的前言。

（3）调查情况概述。

（4）研究对策。

（5）结尾归纳全文主要观点。

（6）落款、发文时间。

经典例文

房地产存量市场状况调查报告

房地产作为一种耐用消费品，其使用寿命可达几十年甚至上百年，具有保值增值的功能，是一种常见的投资品，因此，其存量供给与需求必须引起重视。房地产存量市场又称二手房市场，指存量房屋再次上市交易，是房屋重新调整和配置的市场。结合深入学习实践科学发展观活动，笔者近日先后到××市房地产产权产籍监理（市场）处、××市房屋置业担保公司和其他房地产中介机构进行了存量房（二手房）市场调研。

近两年，由于房地产增量市场和存量市场的联动效应、人们住房消费观念的转变及各商业银行对住房消费贷款的大力支持，我市的二手房交易量不断攀升，呈现强劲增长势头。特别是二手房贷款市场也呈现快速成长的态势。二手房贷款市场的健康发展对二手房市场的发展有着举足轻重的作用，对整个房地产金融市场的稳定也会产生很大影响。一般来说，二手房贷款要涉及评估公司、房地产产权交易中心、银行、房屋中介、专业贷款服务公司等多个机构，贯穿整个二手房交易过程。其中，任何一个环节的疏漏都可能导致银行信贷资金的损失或无法收回。二手房贷款市场的融资问题和金融风险一旦扩大，就会严重影响整个二手房市场的健康发展。目前，我市二手房贷款市场刚刚起步，市场准入门槛比较低，二手房贷款服务机构的资质水平及从业人员的职业服务水平良莠不齐。因此，针对我市二手房贷款市场现状，有关管理部门应抓紧找出其隐藏的风险和潜在的问题，尽快研究防范与改进对策，确保我市房地产市场健康快速地发展。

一、我市二手房市场的现状及原因分析

2009 年 1～2 月，我市二手房市场受宏观经济影响，仍处在调整阶段，市场观望气氛依然浓厚。尽管房地产开发企业或代理机构利用节日纷纷制定并实施了一些促销措施，但从整体来看，收效甚微。除个别数据发生了一些积极变化外，其他各项均无明显改观。

（一）1～2 月我市二手房交易情况

2009 年 1～2 月我市存量房共成交 498 套，同比下降 18%；其中存量住房成交 407 套，同比下降 8%。存量房成交总面积为 4.32 万平方米，同比下降 14%；其中存量住房量成交总面积为 3.33 万平方米，同比下降 14%。

（二）1～2 月我市二手房价格情况

2009 年 1～2 月，我市二手房住房平均价格为 2 480 元/平方米，同比增长 7.6%。

（三）我市二手房贷款市场所面临的风险和问题

1. 还款风险。（略）

2. 二手房贷款服务机构的诚信风险。（略）

3. 各商业银行内部风险管理和控制机制尚未完善。（略）

二、应对策略

（一）进一步加大政府及主管部门对我市房地产市场调控的力度。（略）

（二）尽快建立完备的个人信用档案和信用等级制度。（略）

（三）继续推行存量房（二手房）交易资金托管业务。（略）

（四）建立二手房服务机构和从业人员的经营标准和职业规范。（略）

实训练习

1. 实训内容

（1）职业情境

某高职院校为了充分了解毕业生就业市场的状况，更广泛地搜集毕业生需求信息，为本校毕业生开拓新的就业渠道，组织部分学生成立了三个调查小组，于××月××日～××月××日，利用网络、问卷、电话询问等方式对某地区的就业市场进行了调研。

此次毕业生市场调研的区域主要有（略）。调研组共走访了××家用人单位，访问了××家招聘网站，涵盖××等行业，搜集毕业生需求信息××××余条。调查期间，得到了本校校友的大力支持。

调查组基本掌握了2011年毕业生就业市场的基本情况，并作了分析（主要采用国家官方公布的相关数据，对总体就业形势、大学毕业生就业情况进介绍，并简要分析对高职毕业生就业的影响。具体内容从略）。调查组还对就业市场宏观形势作了分析（可以从中国经济发展前景、世界性金融危机对就业的影响，国家经济刺激政策、重点行业发展等若干方面评析就业市场宏观情况，尤其应着重分析对高职毕业生的就业影响。具体内容从略）。

根据调查材料分析，得出了以下结论：

① 对毕业生就业市场基本认识与分析（主要侧重于对就业机制的分析，如市场在人才配置中的作用、经济制度改革对人才的需求、毕业生择业观念的变化、用人单位用人观念的变化等。具体内容从略）。

② 本校往届毕业生的就业与工作情况（可以对本校毕业生的就业情况进行统计，说明本校毕业生的就业特点、主要去向、发展状况、优势与不足等。具体内容从略）。

③ 对人才培养工作和毕业生择业的建议。

④ 根据调查结果和用人单位需求，对学校的教育教学工作提出建议；根据就业形势、用人单位要求，对毕业生择业的观念、方法提出建议。

（2）实训任务

请你以该校调查小组成员的身份写一份高职毕业生就业市场调查报告。

2. 实训要求

（1）实训条件

① 本实训可在秘书办公自动化实训室进行。

② 本实训应具备齐全的办公设备：计算机、打印机、网络连接。

③ 教师在实训前应提前告知学生实训资料。

④ 每人一台计算机。

（2）实训方式与手段

本实训学生分组讨论操作，每组3人或4人。

（3）实训要求与标准

① 本项目主要为文字写作，2课时完成。

② 调查报告结构合理，语言通顺。

③ 要符合调查报告的格式和语言特点。

（4）实训考核

对完成的每一项进行单独打分，最后综合评定小组成绩。

学习任务十五　启事

知识目标

- 掌握启事的含义、特点、类型；
- 掌握启事拟写的要点、注意事项；
- 掌握启事的用途和重要性。

能力目标

- 能够根据工作内容拟写结构完整的启事；
- 能够做到条理清楚、语言通顺；
- 能够在计算机上快速、准确地进行文字的录入、排版。

任务引入

职业情境

某高职学院学生会需要在新生中招聘学生干事若干名，要求：①学习成绩良好；②有责任心；③有较好沟通能力。招聘截止时间为2012年9月20日。面试地点在1号楼102教室，时间为每周三晚上7点开始。

工作任务

根据情境内容，以学生会主席的身份写一份招聘启事。

任务分析

要拟写启事，首先要弄清楚启事的写作内容、写作要求；其次要掌握启事写作的特点；最后，掌握启事写作的结构模板，做到快速、准确地拟写启事。

相关理论

一、 启事的含义和用途

启事是单位或个人将需要向大众公开说明并希望获得关心、理解、支持和协助的事情简写成文，通过传媒公开的应用文种。

启事的特点如下：

（1）公开性。通过传媒向社会发布。

（2）事项单一性。事项要单一，不掺杂无关内容。

（3）期望性。期望得到人们的了解、支持和协助，没有强制读者承担责任和义务。

二、 启事的类型

根据内容划分，启事的种类大致可以分为12类：①找寻启事；②招领启事；③征集启事；④招聘启事；⑤开业、庆典启事；⑥迁址启事；⑦庆典启事；⑧遗失、作废启事；⑨征婚启事；⑩征订启事；⑪致歉启事；⑫更正启事。

三、 启事写作分析

启事结构一般由标题、正文和落款组成。

1. 标题

通常在标题中写出事由，如“开业启事”、“招领启事”。有的“启事”前冠单位名称，如“××公司招聘技术员启事”。若事项重要或紧急，可加“重要”或“紧急”字样，如“××公司紧急启事”等。

2. 正文

用明晰、简练的语言说清楚启事的目的、原因、具体事项、要求、通联方式和联系人等。内容较多时，可分条列项写。

(1) 开业启事的写法：一般写明企业性质、宗旨、经营范围及地址、电话、电报挂号等，写上“欢迎惠顾”一类词语。有的还写上负责人的姓名，也有的另列祝贺单位名称。

(2) 搬迁启事的写法：一般要写清迁移日期、新址、电话及方便联系的有关事项。

(3) 聘请法律顾问启事的写法：一般写明某单位聘请××律师担任法律顾问这一事实即可，也可说明聘请目的，以及法律顾问的职权。

(4) 招聘启事和招工启事的写法：写明招聘人员的职别和工种、应具备的条件、报名事项、考场及录用办法，有的还需说明待遇。

(5) 征集设计启事的写法：一般要说明征集目的、有关背景、设计要求、奖励办法及截稿日期。有的还写明通联方式。

3. 落款

落款处写启事单位名称或个人姓名及日期。如果标题或正文中已写明单位名称，此外可略。以机关、团体、单位名义张贴的启事，一般应加盖公章。

4. 注意事项

(1) 内容要真实。

(2) 标题要能揭示事由，简短醒目，吸引公众。

(3) 内容单一，一事一启，便于公众迅速理解和记忆。

(4) 文字通俗、简洁、集中，态度庄重、平易，而又不失热情、文明，给公众以信任感。

四、 启事的写作模板

写作要点	写作模板
①标题：	××启事
②正文：	事情时间、地点、对象、起因和目的。(可分条列项)
③联系方式：	电话、地址
④结尾：	
⑤落款：	名称或姓名 时间

任务实施

(1) 启事的标题写作。
(2) 概述招聘的原因。
(3) 招聘情况概述(招聘时间、地点、要求等)。
(4) 表明期限。
(5) 联系方式。
(6) 落款、发文时间。

经典例文

征集标志启事

“广州××科技专修学院”已正式升格为“广州××理工职业学院”，同时，今年8月8日，欣逢学院建校20周年。为了利于宣传，广州××理工职业学院面向社会征集学院标志，诚请社会精英参与设计。

学院将组织专家对所有来稿进行评选，将分别评出“设计奖”1名和“入围奖”3～5名。要求作品能体现学院的办学宗旨，并富有时代气息。作品请附不超过1 000字的“释义”稿。

截稿日期：2005年6月5日。

联系地址：(略)

联系人：×××　　邮政编码：××××××

电话：××××××××

电子邮箱：××××××××

学院网址：(略)

实训练习

1. 实训内容

(1) 职业情境

某公司为适应业务发展需要，经市人才服务中心批准，诚聘电工3名。要求：

① 男性，35 岁以下。

② 持电工证和上岗证，有深圳户口者优先。

③ 需责任心强，有两年以上相应工作经验，熟悉制冷和供水。

④ 有意者请备简历、电工证复印件、身份证复印件、相片，在见报之日起第三天到华强北路市人才智力市场面试，或与本公司工程部联系。

⑤ 本公司地址为立新路罗湖商业大厦六楼，联系电话为××××××××，联系人为周先生。

（2）实训任务

请你以该公司秘书身份写一份招聘启事。

2. 实训要求

（1）实训条件

① 本实训可在秘书办公自动化实训室进行。

② 本实训应具备齐全的办公设备：计算机、打印机、网络连接。

③ 教师在实训前应提前告知学生实训资料。

④ 每人一台计算机。

（2）实训方式与手段

本实训学生分组讨论操作，每组 3 人或 4 人。

（3）实训要求与标准

① 本项目主要为文字写作，2 课时完成。

② 启事结构合理，语言通顺。

③ 要符合启事的格式和语言特点。

（4）实训考核

对完成的每一项进行单独打分，最后综合评定小组成绩。

学习任务十六 介绍信

知识目标

- 掌握介绍信的含义、类型；
- 掌握介绍信拟写的要点、注意事项；
- 掌握介绍信的用途和重要性。

能力目标

- 能够根据工作内容拟写结构完整的介绍信；
- 能够做到条理清楚、语言通顺；
- 能够在计算机上快速、准确地进行文字的录入、排版。

任务引入

职业情境

××职业技术学院与××铁路工程局建立了长期的校企合作关系，每年工程局都要接收该校铁路工程技术专业的应届毕业生进行顶岗实习。为安排2012届学生的实习工作，定于2010年年底派教务处分管实践教学的李××副处长及铁路工程技术系王×主任前往该工程局洽谈此项工作。

工作任务

根据情境内容，以校办秘书的身份为李××、王×二人开具介绍信。

任务分析

要拟写介绍信，首先要弄清楚介绍信的写作内容、写作要求；其次要掌握介绍信写作的特点；最后，掌握介绍信写作的结构模板，做到快速、准确地拟写介绍信。

相关理论

一、介绍信的含义、类型与写法

介绍信是一种用来介绍联系接洽事宜的应用文体，它具有介绍、证明的双重作用。

介绍信主要有普通介绍信和专用介绍信两种形式。

普通介绍信一般不带存根，正中写上“介绍信”三个字，内容包括称呼、正文、结尾、署名、日期，并注上有效日期。正文包括以下内容。

（1）被派遣人员的姓名、人数、联系事由，涉及重要或保密性事项时，如果需要，还应该注明被派遣人员的职务、性别、年龄、政治面貌等情况。

（2）请求语和礼貌用语。结尾通常用“请接洽”、“请予以协助”等用语。另外介绍信结束时用“此致敬礼”礼貌用语。

专用介绍信共有两联，一联是存根，另一联是介绍信的本文；两联正中间有缝，同时编有号码。

二、介绍信的写作模板

写作要点	写作模板
①标题：	介绍信
②正文：	称谓： 　　　　兹介绍我公司　　　　同志等　人（系我公司　　　　），前往贵处联系，请接洽。
③礼貌用语：	此致 敬礼
④结尾：	（有效期　天）
⑤落款：	××公司（盖章） ××××年××月××日

任务实施

（1）介绍信的标题写作。
（2）称谓即对方单位名称。
（3）被派遣人员的姓名、人数、事由。
（4）请求语。
（5）礼貌用语。
（6）落款、发文时间。

经典例文

专用介绍信 （存根）

××介字第　　号

李××等两人前往×省职业技能鉴定中心联系增设鉴定考点事宜。

2009 年 10 月 20 日

××介字第　　号（盖章）

介绍信

××介字第　　号

省职业技能鉴定中心：

兹介绍我校李××等两人，前往贵处联系增设鉴定考点事宜。请予接洽为盼。

此致

敬礼

×职业技术学院（公章）

2009 年 10 月 20 日

附名单

李××　　　　　××处副处长

王×　　　　　　　系主任

（限两天有效）

实训练习

1. 实训内容

（1）职业情境

某日报编辑部意欲与某大学中文系合作开设一期写作培训班，特派编辑部编辑王红和李俊前去商洽相关事宜。时间为 2012 年 12 月 12 日。

（2）实训任务

请你以该日报编辑部主任身份写一份介绍信。

2. 实训要求

（1）实训条件

① 本实训可在秘书办公自动化实训室进行。

② 本实训应具备齐全的办公设备：计算机、打印机、网络连接。

③ 教师在实训前应提前告知学生实训资料。

④ 每人一台计算机。

(2) 实训方式与手段

本实训学生分组讨论操作，每组 3 人或 4 人。

(3) 实训要求与标准

① 本项目主要为文字写作，2 课时完成。

② 介绍信结构合理，语言通顺。

③ 要符合介绍信的格式和语言特点。

(4) 实训考核

对完成的每一项进行单独打分，最后综合评定小组成绩。

学习任务十七　证明信

知识目标

- 掌握证明信的含义、特点、类型；
- 掌握证明信拟写的要点、注意事项；
- 掌握证明信的用途和重要性。

能力目标

- 能够根据工作内容拟写结构完整的证明信；
- 能够做到条理清楚、语言通顺；
- 能够在计算机上快速、准确地进行文字的录入、排版。

任务引入

职业情境

王×系某村人。其母因患心脏病常年卧病在床，无劳动能力，并且需要大量费用治病。全家经济收入主要来源于其父务农和打工，收入微薄，而且还要供子读书，家庭经济条件确实困难。2008 年被确认为贫困家庭。王×在 2009 年考入某高校，由于家境困难，需要高校在经济上予以补助。高校要求王某出示乡镇部门的贫困证明。

工作任务

根据情境内容，以乡镇民政部门干部身份写一份证明信。

任务分析

要拟写证明信，首先要弄清楚证明信的写作内容、写作要求；其次要掌握证明信写作的特点；最后，掌握证明信写作的结构模板，做到快速、准确地拟写证明信。

相关理论

一、 证明信的含义和用途

证明信是单位或个人用以证明某个人的身份、相关情况、任职资历、成绩成果的一种专用书信。证明信能够对单位或个人的各种情况给予说明或澄清事实，有助于收文者了解真相。

二、 证明信的类型

（1）从写作者来划分，可分为以组织名义出具的证明信和以个人名义出具的证明信。

（2）从证明信的用途来看，又可分为作为材料存入档案的证明信、证明丢失证件等情况属实的证明信和作为证件使用的证明信。

三、 证明信写作分析

证明信一般由标题、称呼、正文、落款几部分组成。

1. 标题

证明信的标题通常有以下两种方式：

（1）独自以文种名作为标题。一般就是在第一行中间冠以“证明信”、“证明”字样。

（2）由文种名和事由共同构成。一般也是写在第一行中间，如“关于×××同志××状况（或问题）的证明”。

2. 称呼

要在第二行顶格写上受文单位名称或受文个人的姓名称呼，然后加冒号。

有些供有关人员外出活动证明身份的证明信因没有固定的受文者，开端可以不写受文者称呼，而是在正文前用公文引导词“兹”引起正文内容。

3. 正文

正文要在称呼写完后另起一行，空两格书写。要针对对方所要求的要点写，即书写要证明的问题，其他的无关事项不写。例如，证明的是某人的历史问题，则应写清人名、何时、何地及所经历的事情；若要证明某一事件，则要写清参与者的姓名、身份，及其在此事件中的地位、作用和事件本身的前因后果，也就是要写清人物、事件的本来面目。

正文写完后，要另起一行，空两格写上“特此证明”四个字。也可直接在正文结尾处写出。

4. 落款

落款即署名和写明成文日期。要在正文的右下方写上证明单位或个人的姓名称呼，成文日期写在署名下另起一行，然后由证明单位或证明人加盖公章或签名、盖私章，否则证明信将是无效的。

如果是以个人的名义出具的证明信，出具证明者所在单位须签署意见，说明出具证明者的一般表现，并对证明信上所写的材料做出表态，以供需要证明信的单位鉴别证明信的可靠程度。在签署意见的右下方，写上单位名称和日期，并加盖公章。

5. 注意事项

（1）要言之有据，证据确凿，不能隐瞒真相，弄虚作假。
（2）用语准确、明晰，切忌含糊。

四、 证明信的写作模板

写作要点	写作模板
①标题：	证明信
②称呼：	某单位：
③正文：	写明需证明事项。
④结尾：	特此证明
⑤落款：	证明人：公章或签章 时间

任务实施

（1）证明信的标题写作。
（2）概述招聘的原因。
（3）招聘情况概述（招聘时间、地点、要求等）。
（4）表明期限。
（5）联系方式。
（6）落款、发文时间。

经典例文

证　明　信

××公司：

贵公司王龙同学系我校2009届××专业毕业生，该生在校学习期间，担任系学生会主席职务，具有一定的工作经验和组织能力，曾策划组织了迎新生晚会、征文比赛、演讲比赛等活动，2008年被评为省级优秀团干部。

特此证明。

××职业技术学院团委（公章）
2009年10月19日

实训练习

1. 实训内容

（1）职业情境

××职业技术学院动漫专业从××动漫公司聘请了数名动画师担任兼职教师，承担专业实训课程和岗位实习指导的教学任务，为了办理聘任手续，××动漫公司人力资源部需要为这几位动画师出具相关证明，对他们的学历、职业资格等信息作出说明。

（2）实训任务

请你以该动漫公司秘书身份写一份证明信。

2. 实训要求

（1）实训条件

① 本实训可在秘书办公自动化实训室进行。

② 本实训应具备齐全的办公设备：计算机、打印机、网络连接。

③ 教师在实训前应提前告知学生实训资料。

④ 每人一台计算机。

（2）实训方式与手段

本实训学生分组讨论操作，每组 3 人或 4 人。

（3）实训要求与标准

① 本项目主要为文字写作，2 课时完成。

② 证明信结构合理，语言通顺。

③ 要符合证明信的格式和语言特点。

（4）实训考核

对完成的每一项进行单独打分，最后综合评定小组成绩。

学习任务十八　求职信

知识目标

- 掌握求职信的含义、特点、类型；
- 掌握求职信拟写的要点、注意事项；
- 掌握求职信的用途和重要性。

能力目标

- 能够根据工作内容拟写结构完整的求职信；
- 能够做到条理清楚、语言通顺；
- 能够在计算机上快速、准确地进行文字的录入、排版。

任务引入

职业情境

王小军是××职业技术学院计算机软件专业 09 级学生，于 2012 年 7 月毕业。他在大学学习期间，学习各门基础课及专业课，并取得了良好的成绩，英语已通过四级考试。他不仅能熟练掌握学校所教课程的有关知识（程序设计、AutoCAD R14、FrontPage 98、FoxPro 2.5、C 语言等），而且还自学了 Photoshop 5.0、DMAX 2.5、Visual FoxPro 等，专业能力强，曾获学校计算机软件设计比赛一等奖。

他非常注意各方面能力的培养，积极参加社会实践，曾在平安保险做过业务员，在肯德基做过星级训练员，还在龙腾信息有限公司做过网络技师，爱好广泛，有责任感，能吃苦耐劳。

工作任务

根据情境内容，以王小军名义给振华软件公司写一份求职信。

任务分析

要拟写求职信，首先，要弄清楚求职信的写作内容、写作要求；其次，要掌握求职信写作的特点；最后，掌握求职信写作的结构模板和语言模式，做到快速、准确地拟写求职信。

相关理论

一、 求职信的含义、 用途和特点

求职信是指求职者向自己欲谋求职业的单位介绍自己的基本情况，提出供职请求的书信。

求职信具有以下特点：

（1）针对性。体现在三个方面：一是针对用人单位的实际情况；二是针对读信人的心理；三是针对自己的实际情况。

（2）自荐性。毛遂自荐，恰当介绍自己。

（3）竞争性。由择人与择业的双向选择机制决定。

二、 求职函的类型

1. 应聘式求职信

根据用人单位的招聘条件而向对方进行自我介绍。

2. 非应聘式求职信

不知对方单位是否要人，直接投递的求职信。

三、 求职信写作分析

（一）称谓

对国有企事业单位的称谓：单位名称或单位的人事处（组织人事部）。

对民营、私营或合资独资企业的称谓：公司老板或人事部负责人。

（二）正文

1. 导言

导言要写明求职、应聘的缘由。也有的求职信不写导言。

2. 主体

主体内容通常包括：
(1) 个人的学历、年龄、专长、经历、业绩。
(2) 个人的志向、兴趣、性格。
(3) 求聘的工种、职位。
(4) 待遇要求（也可不写）。
(5) 通信地址、电话、电子邮箱等。

3. 结尾

诚恳表达希望被录用的愿望，如“希望领导给我一次面试的机会”、“盼望答复”、“静候佳音”等。

结尾可与主体衔接在一起写，也可另起一段。写上附件名称。附件一般是证书和有关材料的复印件等。

（三）敬语

敬语按信函的格式写，如“此致”、“敬礼”。

（四）落款

落款要写上个人姓名、日期。

（五）注意事项

(1) 不要写错别字，更不要有涂改的痕迹。这些错误及瑕疵会使求职信和个人简历被弃置一旁。

(2) 求职信必须努力做到在5～10秒钟内抓住读信人的注意力。因此，一定要切合实际地多写自己的优势，展示业绩和能力。

(3) 可适当说明自己求职注重的是某个职位更适合发挥个人的才能，为单位的发展做出贡献，而不只是考虑经济上的收入。

(4) 应聘式求职信，应依据招聘条件逐条如实地表述。

(5) 态度自信、恳切，尊重对方，礼貌，求职信要有不卑不亢的开头，一份精练的个人简历，以及清晰的字体和扼要的布局。

特别提示

(1) 精选一张照片：清晰、柔和、亲切、不失真。
(2) 要写清楚详细地址、邮政编码及联络方式。
(3) 自我介绍的技巧把握“三忌”和“三要”：
“三忌”：
一忌高枕无忧。在自荐信中流露出过分的自信和提出过分的要求。
二忌千篇一律。洋洋万言的一份“统发稿”，述说着自己对几乎所有的职业都有从业的兴趣和能力。

三忌事无巨细。如同一份“流水账”或“学习总结”。

“三要”：

一要小心构思。着力于表达或暗示自己的聪明才智、适应能力、工作态度和发展潜力。

二要情有独钟。显示出对招聘单位及其提供的岗位特别感兴趣，可以在自荐信中恰到好处地提及应聘单位的全称。

三要新颖独特。在形式和内容上都要有视觉冲击力，突出重点，兼及一般。有一些细节对“包装”自荐信同样十分重要。最好自己手书，尤其签名一定要手书。

四、 求职信的写作模板

写作要点	写作模板
①标题：	求职信
②应聘单位：	某公司人事部：
③导言：	求职原因
④主体：	一、本人情况介绍 二、求职意向 三、本人联系方式
⑤结尾：	表达愿望和附件名称
⑥落款：	求职人姓名 ××××年××月××日

任务实施

（1）求职信的标题写作。

（2）正确表达称谓。

（3）介绍自己的能力和专长。

（4）表达自己的求职意向。

（5）渴望工作的愿望和热情。

（6）落款、发文时间。

经典例文

求　职　信

尊敬的领导：

您好！首先衷心感谢您在百忙之中浏览我的自荐信，为一位满腔热情的大学生开启一扇希望之门。

我是上海金融学院会计系会计专业的一名学生，即将毕业。借此择业之际，我怀着一颗赤诚的心和对事业的执著追求，真诚地推荐自己。三年来，在师友的严格教导及个人的努力下，我具备了扎实的专业基础知识，系统地掌握了财务、成本、税务等会计学及经济法等有关专业学科的理论知识，掌握了会计电算化操作技能；具备较好的英语听、说、读、写、译等能力，参加并通过了大学英语四级考试；能熟练操作计算机办公软件，达到上海市计算机一级水平。同时，我利用课余时间参加了上海财经大学会计专业的自学考试，不但充实了自己，也培养了自己多方面的技能。更重要的是，严谨的学风和端正的学习态度塑造了我朴实、稳重、创新的性格特点。

此外，我还积极地参加各种社会活动：参加税法比赛，并有不错的表现；此外我还利用暑期较宽裕的时间去体验工作生活，当过资料输入员，并到会计事务所见习；同时还与同学搞过自主社会实践项目，得到了学院的认可。我抓住每一个机会锻炼自己，大学三年，我深深地感受到，与优秀学生共事，使我在竞争中获益；向实际困难挑战，让我在挫折中成长。祖辈们教我勤奋、尽责、善良、正直，上海金融学院培养了我实事求是、开拓进取的作风。

我坚信，勤奋才是真实的内涵。只要勤奋努力，我相信自己能够很快适应工作环境，熟悉业务，并且在实际工作中不断学习，不断完善自己，做好本职工作。我热爱贵单位所从事的事业，殷切地期望能够在您的领导下，为这一光荣的事业添砖加瓦，并且在实践中不断学习、进步。

感谢您百忙中能够阅读我的自荐信。期待您的反馈！

我的联系方式：××××××××××××

此致

敬礼

求职人：××

2012 年 5 月 25 日

实训练习

1. 实训内容

(1) 职业情境

下面是一则招聘启事。

××有限公司成立于 1999 年，注册资金 50 万元，主营××流通贸易，2008 年被评为××星级企业。因业务发展需要，诚聘以下工作人员。

① 营销经理 2 名。

要求：30 岁以上，大专及以上学历，能熟练使用计算机，五年以上工作经验，男女不限；熟悉国内××行业，精通××营销策略及相关业务知识；具有管理能力，责任心强，能够经常出差。

月薪：底薪 3 000 元＋提成。

② 营销策划 2 名。

要求：25 岁以上，大专及以上学历，能熟练使用计算机，两年以上工作经验，男女不限；能够独立策划并实施营销活动，性格开朗，善于接受新事物，具有创新思维；具有主持才能者优先考虑。

月薪：底薪 2 000 元+提成。

③ 销售客服人员 5 名。

要求：23 岁以上，大专及以上学历，一年以上工作经验，只限女性；相貌端庄，熟练使用计算机，汉字录入速度达 180 字/分钟以上，性格开朗，善于沟通，具有团队合作精神。

月薪：底薪 1 500 元+提成。

以上人员一经聘用，公司将为其创造良好的工作条件和发展空间，并按照国家规定提供三险保障。

请应聘者于×月×日前将本人相关证件、证件复印件、证明材料寄至××市××路×大厦××公司人力资源部，邮编为××××××。请在信封上注明应聘职位。所有材料恕不退还并将严格保密。面试时间将电话通知，谢绝来访。

联系人：××

联系电话：××××××

电子邮箱：××××××

传真：××××××

(2) 实训任务

请根据上述材料，结合自己的专业和能力写一封求职应聘信。

2. 实训要求

(1) 实训条件

① 本实训可在秘书办公自动化实训室进行。

② 本实训应具备齐全的办公设备：计算机、打印机、网络连接。

③ 教师在实训前应提前告知学生实训资料。

④ 每人一台计算机。

(2) 实训方式与手段

本实训学生分组讨论操作，每组 3 人或 4 人。

(3) 实训要求与标准

① 本项目主要为文字写作，2 课时完成。

② 求职信结构合理，语言通顺。

③ 要符合求职信的格式和语言特点。

(4) 实训考核

对完成的每一项进行单独打分，最后综合评定小组成绩。

项目三
社交沟通文书写作

学习任务十九　感谢信

知识目标

- 掌握感谢信的含义、特点、类型；
- 掌握感谢信拟写的要点、注意事项；
- 掌握感谢信的用途和重要性。

能力目标

- 能够根据工作内容拟写结构完整的感谢信；
- 能够做到条理清楚、语言通顺；
- 能够在计算机上快速、准确地进行文字的录入、排版。

任务引入

职业情境

陈红是××职业技术学院财经系 12 级学生，她在回家途中不慎将手机丢失，公交司机王勇捡到手机并归还给她。陈红决定写封感谢信给他以表示自己的感谢和对他拾金不昧精神的表扬。

工作任务

根据情境内容，以陈红名义给王勇写一份感谢信。

任务分析

要拟写感谢信，首先，要弄清楚感谢信的写作内容、写作要求；其次，要掌握感谢信写作的特点；最后，掌握感谢信写作的结构模板和语言模式，做到快速、准确地拟写感谢信。

相关理论

一、 感谢信的含义和用途

感谢信是对某个单位或个人的关怀、支援、帮助表示感谢的信。感谢信不仅有感谢的意思，而且有表扬的意思。这种信可以直接给对方或对方所在单位，也可以张贴在对方单位内或所在地的公共场所，还可以交给报纸刊登、电台广播、电视台播映。

二、 感谢信的类型

（1）从感谢对象的特点来分，可分为给集体的感谢信，这类感谢信，一般是个人由于在困难时，受到了集体的帮助，使自己渡过了难关，走出了困境，所以要用感谢信的方式表达自己的感激之情。给个人的感谢信，这类感谢信，可以是个人，也可以是单位集体为了表达某个人曾给予的帮助、照顾而写的。

（2）从感谢信的存在形式上来分，可分为公开张贴的感谢信，这类感谢信包括登报、电台广播，或电视台播报的感谢信等，总之是以公开的方式表达感谢。寄往单位或个人的感谢信，这类感谢信直接寄给单位和个人。

三、 感谢信写作分析

感谢信一般由标题、称谓、正文、结尾、落款组成。

1. 标题

首行居中写“感谢信”三个字。感谢信的标题写法通常有以下几种形式：单独由文种名称组成，如“感谢信”；由感谢对象和文种名称共同组成，如“致××剧院的感谢信”；由感谢双方和文种名称组成，如“××街道致××剧院的感谢信”。

2. 称谓

写在开头顶格处，要求写明被感谢的机关、单位、团体或个人的名称或姓名，然后加上冒号。对方单位名称或个人姓名，姓名后面可以加适当的称呼，如“同志”、“师傅”、“先生”等，称呼后用冒号。如果感谢对象比较多，可以把感谢对象放在正文中间提出。

3. 正文

感谢信的正文从称呼下移一行空两格开始写，要求写上感谢的内容和感谢的心情。应分段写出以下几个方面：首先是感谢的事由。精炼地叙述事情的前因后果，叙述对方的好品德、好作风。叙述时务必交代清楚人物、事件、时间、地点、原因和结果，尤其重点叙述关键时刻对方的关心和支持。其次是揭示意义。在叙事的基础上指出对方的关心支持和帮助对整个事情成功的重要性及体现出的可贵精神，同时表示向对方学习的态度和决心。

4. 结尾

另起一行写敬语，按信函的格式写，如“此致”、“敬礼”。

5. 落款

写上个人姓名、日期。

四、 感谢信的写作注意事项

（1）叙述对方对自己或本单位的帮助，一定要把人物、时间、地点、原因、结果及事情经过叙述清楚，便于组织了解和群众学习。

（2）信中要洋溢着感激之情。在叙述事实的过程中，除了要突出对方的好思想和表示谢意外，行文要始终饱含着感情。感情要真挚、热烈，使所有看到信的人都受到感染。

（3）写表示谢意的话要得体，既要符合被感谢者的身份，又要符合感谢者的身份。

（4）感谢信以说明事实为主，切勿不着边际地大发议论。

五、 感谢信的写作模板

写作要点	写作模板
①标题：	感谢信
②称谓：	某公司或人：
③正文：	一、事件情况介绍 二、事件意义 三、本人的感谢之情
④结尾：	此致 敬礼
⑤落款：	感谢人姓名 ××××年××月××日

任务实施

（1）感谢信的标题写作。

（2）正确表达称谓。

（3）介绍自己的能力和专长。

（4）表达自己的求职意向。

（5）渴望工作的愿望和热情。

（6）落款、发文时间。

经典例文

感　谢　信

××洗衣店：

贵店整洁的环境、礼貌的用语、热情的态度、优良的服务、精湛的工艺一直深受消费者的青睐，也使我成为贵店长期忠实的顾客。长久以来，贵店不仅给我的日常生活增添了便利，而且也给了我愉快、舒心的体验。

特别是前几天，我将一件西服送到贵店进行洗涤，由于一时疏忽大意，忘记把衣服兜里的银行卡取出，而当时自己也没有意识到。事后，当我去取衣服的时候，贵店的工作人员不仅把洗好的衣服整装好交给我，而且告诉我他们在对衣物进行清理的时候，发现衣服兜里装着银行卡，但由于没有我的联系方式，他们只好暂时保管。贵店的这种对工作细致入微、对顾客积极负责的职业心使我深受感动。就个人而言，避免了我补办银行卡的麻烦。同时，这种行为更是代表了洗涤行业的新形象、新作为，使得每一个消费者感到更放心、感到更舒心。

最后，我再次对贵店高尚的服务品质表示感谢！

此致

敬礼

王红

二〇一一年八月一日

实训练习

1. 实训内容

(1) 职业情境

1月2日，王红全家到朋友家聚餐，由于丈夫不胜酒力，醉酒而归，她和老父亲将醉酒的丈夫从停车场向家搀扶。当艰难走到小区门口时，物业的保安单先生了解情况后，毅然地帮助他们把丈夫搀到楼下，并连上三楼把他们送到了屋内。王红还没来得及向他道谢，他就急忙赶回了工作岗位。此事虽为小事但意义重大，保安单先生的职业操守使王红敬佩，同时也为自己的小区里有这样的保安而感到高兴，这与物业公司领导及保安部门领导的日常教导是分不开的，有这样一支高素质的保安团队来保护他们的家园，是所有业主的荣幸。一件又一件的小事，让她看到了他们的物业在逐渐地走向正规、走向成熟、走向完善！

为了代表全家向保安单先生表示感谢，也同时感谢物业及保安队的领导，王红决定写一封感谢信表达她和全家的感谢之情，并祝愿各位在新的一年里，工作顺利，事事如意！也同时祝愿小区安定、和谐！

(2) 实训任务

请根据上述材料，以王红的名义给单先生写一封感谢信。

2. 实训要求

(1) 实训条件

① 本实训可在秘书办公自动化实训室进行。

② 本实训应具备齐全的办公设备：计算机、打印机、网络连接。

③ 教师在实训前应提前告知学生实训资料。

④ 每人一台计算机。

(2) 实训方式与手段

本实训学生分组讨论操作，每组3人或4人。

（3）实训要求与标准

① 本项目主要为文字写作，2课时完成。

② 感谢信结构合理，语言通顺。

③ 要符合感谢信的格式和语言特点。

（4）实训考核

对完成的每一项进行单独打分，最后综合评定小组成绩。

学习任务二十 表扬信

知识目标

- 掌握表扬信的含义、特点、类型；
- 掌握表扬信拟写的要点、注意事项；
- 掌握表扬信和感谢信的区别。

能力目标

- 能够根据工作内容拟写结构完整的表扬信；
- 能够做到条理清楚、语言通顺；
- 能够在计算机上快速、准确地进行文字的录入、排版。

任务引入

职业情境

陈红是××职业技术学院财经系12级学生，她在回家途中不慎将手机丢失，公交司机王勇捡到手机并归还给她。陈红决定写封表扬信给他以表示自己的感谢和对他拾金不昧精神的表扬。

工作任务

根据情境内容，以陈红名义给王勇写一封表扬信。

任务分析

要拟写表扬信，首先要弄清楚表扬信的写作内容、写作要求；其次要掌握表扬信写作的特点；最后，掌握表扬信写作的结构模板和语言模式，做到快速、准确地拟写表扬信。

相关理论

一、 表扬信的含义和用途

表扬信是用来表彰赞扬集体或个人先进的信函。它与嘉奖令、表扬性通报的区别主要是在于它不是正式公文文种，没有正式公文的荣誉奖励效力。但表扬信可以使受表扬者受到鼓舞，使广大群众得到教育，从而促进社会主义精神文明建设的发展。

二、 表扬信的类型

（1）从表扬对象的特点来分，可分为：给集体的表扬信，这类表扬信，一般是个人由于在困难时，受到了集体的帮助，使自己渡过了难关，走出了困境，所以要用表扬信的方式表达自己的感激之情。给个人的表扬信，这类表扬信，可以是个人，也可以是单位集体为了表达某个人曾给予的帮助、照顾而写的。

（2）从表扬信的存在形式上来分，可分为公开张贴的表扬信，这类表扬信包括登报、电台广播，或电视台播报的表扬信等，总之是一种公开的表扬信。寄往单位或个人的表扬信，这类表扬信直接寄给单位和个人。

三、 表扬信写作分析

表扬信一般由标题、称谓、正文、结尾、落款组成。

1. 标题

首行居中写“表扬信”三个字。表扬信的标题写法通常有以下几种形式：单独由文种名称组成，如“表扬信”；由表扬对象和文种名称共同组成，如“致××剧院的表扬信”；由双方和文种名称组成，如“××街道致××剧院的表扬信”。

2. 称谓

表扬信的称呼应在开头顶格写上被表扬的机关、单位、团体或个人的名称、姓名。写给个人的表扬信，应在姓名之后加上“同志”、“先生”等字样，后边加冒号。若直接张贴到某机关、单位、团体的表扬信，开头可不必再写受文单位。

3. 正文

表扬信的正文从称呼下移一行空两格开始写，文的内容要另起一行，空两格写。一般要求写出下列内容。

（1）交代表扬的理由：用概括叙述的语言，重点叙述人物事迹的发生、发展、结果及其意义。叙述要清楚，要突出最本质的方面，要让实事说话，少讲空道理。

（2）指出行为的意义：在叙事的基础上进行评价、议论，赞颂该人所作所为的道德意义，如指出这种行为属于哪种好思想、好风尚、好品德。

4. 结尾

结尾要提出对对方的表扬，或者向对方的单位提出建议，希望对×××给予表扬，如“××同志的优秀品德值得大家学习，建议予以表扬。”并要求在结尾处写上“此致敬礼”等结束用语。但“此致”、“祝”、“谨表”、“向你”等字写在末尾，其余的字要另起一行，顶格写。

5. 落款

写上个人姓名、日期。

四、 表扬信与感谢信的区别

（1）性质不同。感谢信重在表达感谢之情，表扬信重在赞扬行为的意义，表彰单位或个人的行为。

（2）适用关系不同。如果按行文方向来比较、鉴别的话，表扬信应当是下行文，它不能用作上行文，也不能用作平行文；感谢信应当是平行文，不能用作上行文，也不能用作下行文。

（3）写法不同。

五、 表扬信的写作模板

写作要点	写作模板
①标题：	表扬信
②称谓：	某公司或人：
③正文：	一、事件情况概述 二、点明事件意义 三、提出表扬
④结尾：	此致 敬礼
⑤落款：	姓名 ××××年××月××日

任务实施

（1）表扬信的标题写作。
（2）正确表达称谓。
（3）事件概述。
（4）点明事件的意义并提出表扬建议。
（5）敬语。
（6）落款、发文时间。

经典例文

表 扬 信

××××学院：

在开展全民文明礼貌月活动中，你校的师生员工，不仅从自己做起，从本校做起，搞好了清洁卫生，注意了文明礼貌，而且多次利用周休日走上街头清理垃圾，维持交通秩序，开展法律咨询与宣传，义务为群众做好事，为建设精神文明做出了可喜的成绩。在此，市政府特授予你校精神文明先进单位的光荣称号。

希望你校师生，发扬优良作风，再接再厉，为取得更大的成绩而努力！

××市人民政府（印）
××××年××月××日

实训练习

1. 实训内容

(1) 职业情境

某幼儿园孩子的家长赵先生，对于自己孩子在幼儿园的成长感到欣慰。

一是孩子生活自理能力的明显提高。刚上幼儿园的时候，孩子吃饭并不利索，是老师手把手教会正确握勺姿势，不知不觉中，孩子吃饭、脱衣、穿脱鞋、洗手等等样样都能做得很好了。尤其是在老师的引导鼓励下，孩子回家经常主动帮助妈妈干活，有时帮妈妈擦地，有时自己刷奶瓶，甚至还帮妈妈捶捶背，每次做完“好人好事”，孩子必不忘叮嘱妈妈，“别忘了告诉李老师、王老师、刘老师哈!”看来孩子很希望得到老师们的肯定。二是孩子的吃苦精神让人感动。孩子病了难免要打针吃药，小时候想给她吃药很难，有时绞尽脑汁也不行。现在孩子大了，表现越来越勇敢，验血扎针的时候眼睁睁看着针扎进手指不掉一滴泪，还安慰别的小朋友说，“哭也没用，一会儿就好了。”吃药就更不在话下了，端着小杯一口就喝了，有些药很苦，孩子照样坚持喝完。平时摔一跤磕一下，只要不是太疼她从不计较，基本是个挺坚强的小女生。三是交往能力进步很大。孩子刚上幼儿园的时候谁也不认识，两个月以后才开始提起一些小朋友的名字，但这学期开学后，孩子已交了好几个好朋友，回家也经常念叨这几个好朋友的名字，虽然有时和小朋友也会有摩擦甚至打架，但第二天还是会高高兴兴地一起玩。看到孩子主动寻找友谊、发展友谊，现在真心喜欢上幼儿园，我们也很高兴。

为了让孩子尽快融入集体，老师们花费了不少心思。孩子也经常带着奖励的小星星回家。看到孩子幼儿园快乐生活，健康成长，我们感谢老师们的辛勤工作，也祝各位老师一切顺利。

(2) 实训任务

请根据上述材料，以赵先生的名义给幼儿园老师写一封表扬信。

2. 实训要求

(1) 实训条件

① 本实训可在秘书办公自动化实训室进行。

② 本实训应具备齐全的办公设备：计算机、打印机、网络连接。

③ 教师在实训前应提前告知学生实训资料。

④ 每人一台计算机。

(2) 实训方式与手段

本实训学生分组讨论操作，每组 3 人或 4 人。

(3) 实训要求与标准

① 本项目主要为文字写作，2 课时完成。

② 表扬信结构合理，语言通顺。

③ 要符合表扬信的格式和语言特点。

（4）实训考核

对完成的每一项进行单独打分，最后综合评定小组成绩。

学习任务二十一　邀请函

知识目标

- 掌握邀请函的含义、特点、类型；
- 掌握邀请函拟写的要点、注意事项；
- 掌握邀请函的结构和语言特点。

能力目标

- 能够根据工作内容拟写结构完整的邀请函；
- 能够做到条理清楚、语言通顺；
- 能够在计算机上快速、准确地进行文字的录入、排版。

任务引入

职业情境

陈红是××师范大学87届毕业生，恰逢母校100年校庆，回到母校使得她回忆起当年青春岁月，于是组织一些同窗好友发起了聚会活动。活动定于2012年10月10日教师节，在某饭店举行。

工作任务

根据情境内容，以陈红名义给老同学写一封邀请函。

任务分析

要拟写邀请函，首先要弄清楚邀请函的写作内容、写作要求；其次要掌握邀请函写作的特点；最后，掌握邀请函写作的结构模板和语言模式，做到快速、准确地拟写邀请函。

相关理论

一、 邀请函的含义和用途

邀请函是由机构、团体、公司、学校等单位或个人举办某些活动时，发予目标单位成员前来参加的邀请性质的信函。它是现实生活中常用的一种日常应用写作文种。在国际交往及日常的各种社交活动中，这类书信使用广泛。

二、 邀请函的类型

（1）按照文体划分，可分为格式化邀请函和书信体邀请函。

（2）按照内容划分，可分为商务活动、学术活动、政治活动和一般活动的邀请函。

（3）按发文者划分，可分为个人和团体邀请函。

三、 邀请函写作分析

邀请函一般包括此次活动的性质、活动的内容、发出邀请、祈请回复及落款。格式一般由标题、称谓、正文、结尾、落款组成。

（1）标题：由礼仪活动名称和文种名组成，还可包括个性化的活动主题标语。如“阿里巴巴年终客户答谢会邀请函”及活动主题标语——“网聚财富主角”。活动主题标语可以体现举办方特有的企业文化特色。

（2）称谓：邀请函的称谓使用“统称”，并在统称前加敬语，如“尊敬的×××先生/女士”或“尊敬的×××总经理（局长）”。

（3）正文：邀请函的正文是指商务礼仪活动主办方正式告知被邀请方举办礼仪活动的缘由、目的、事项及要求，写明礼仪活动的日程安排、时间、地点，并对被邀请方发出得体、诚挚的邀请。

（4）结尾：结尾一般要写常用的邀请惯用语，如“敬请光临”、“欢迎光临”。

（5）落款：写明礼仪活动主办单位的全称和成文日期。

四、 邀请函写作注意事项

（1）被邀请者的姓名应写全，不应写绰号或别名。

（2）在两个姓名之间应该写上“暨”或“和”，不用顿号或逗号。

（3）应写明举办活动的具体日期（×月×日，星期×）和举办活动的地点。

（4）语气礼貌庄重、简洁明了。

（5）制作美观大方。

五、 邀请函的写作模板

写作要点	写作模板
①标题：	邀请函
②称谓：	尊敬的________：
③问候：	您好！
④正文：	________单位将于____年____月____日在________地，举办________活动，特邀您参加，届时欢迎您的光临！
⑤落款：	________单位（公章） ____年____月____日

任务实施

（1）邀请函的标题写作。

（2）正确表达称谓。

（3）问候。

（4）点明聚会的原因、时间、地点和联系方式。
（5）敬语。
（6）落款、发文时间。

经典例文

经销商大会邀请函

各位经销商、准经销商：

你们好！

2011年已经轰轰烈烈地过去，虽然国家房产调控政策对建材家居业产生了巨大的影响，东方邦太橱柜却能稳步发展，在2011年保持了应有的增长。在这样的时期我们仍能如此成功取决于很多因素，其中一个很重要的原因，就是我们这些年来一直不断地在努力帮助经销商更好地经营东方邦太产品，我们追求的是长足发展，我们着眼于与每个经销商在未来保持互惠互利的友好合作关系，我们致力于让与我们紧密合作的经销商获得最大程度的成功！

大会主题：聚势合力赢未来。

大会目的：经验分享、销量提升、新产品推荐；提升东方邦太品牌知名度和在橱柜行业的影响力。

报到时间：2011年3月1日。

年会时间：2011年3月2日～4日。

大会地点：南京曙光国际大酒店，江苏省南京市玄武区龙蟠路107号

联系人：刘东××××××××徐立松××××××××张磊××××××××

参会回执

姓名：

经销区域：

人数：

联系电话：

预定回程票：□是□否

车次：　　张数：

请回传fax：025-××××××××

电话：025-××××××××

联系人：何静

实训练习

1. 实训内容

（1）职业情境

在举国欢庆党的十八大胜利召开之际，2012年××省冬季人才交流大会即将在××市举办，这是今年我省规模最大、最具影响力的人才大会。为进一步贯彻党的十八大精

神，坚持以人为本，落实科学发展观，促进社会和谐，大会对应聘的各类人才实行免费进场，我们的目的是通过本次大会促进人事人才公共服务体系的建设，以我们真诚的服务让各用人单位招聘到适用的人才，为社会事业和经济又好又快发展提供坚强的人才保证。我们诚邀各用人单位和各类人才积极参会，相信本次人才交流大会一定会成为企业招贤纳士、展示形象的理想选择，成为各类人才施展才华的成功舞台！

时间：2012年××月××日（星期×）8:00～15:00。

地点：××市国际会展中心。

规模：预设标准展位600个，预计应聘人才4万人以上。

参会对象：全国范围内各类企事业单位、各类专业技术人员和管理人员、应/历届大中专毕业生、毕业研究生。

支持媒体：《××日报》、《××晚报》、××人民广播电台、××电视台及××主要媒体单位、各市人事人才网站。

提供服务：提供2m×2m标准展位，设立部分特别展位，每展位有1张桌子和2把椅子，免费提供2名工作人员的午餐和饮水。

主办单位：××省人事厅、××市人民政府。

承办单位：××省人才服务中心、××市人事局。

协办单位：各市人事局、人才服务中心、各有关高校。

报名办法：参加招聘的单位持营业执照副本及复印件、加盖公章的《报名回执》，到××人才市场报名。外地单位可电话预约，将上述材料传真至××人才市场，以确认展位，报到时带单位介绍信。报名截止时间为2007年11月11日。本次大会将有××省17个市及江苏、浙江部分市人事局、人才服务中心组团参加，逾期报名，展位安排和信息宣传将受影响。

收费：招聘单位交纳展位费300元。

联系电话：（略）　　传真：（略）　　电子邮箱：（略）

（附件：2012冬季人才交流大会报名回执。）（略）

（2）实训任务

请根据上述材料，以××省人事局名义给各有关单位和各高校写一封邀请函。

2. 实训要求

（1）实训条件

① 本实训可在秘书办公自动化实训室进行。

② 本实训应具备齐全的办公设备：计算机、打印机、网络连接。

③ 教师在实训前应提前告知学生实训资料。

④ 每人一台计算机。

（2）实训方式与手段

本实训学生分组讨论操作，每组3人或4人。

（3）实训要求与标准

① 本项目主要为文字写作，2课时完成。

② 邀请函结构合理，语言通顺。

③ 要符合邀请函的格式和语言特点。

（4）实训考核

对完成的每一项进行单独打分，最后综合评定小组成绩。

学习任务二十二 讲话稿

知识目标

- 掌握讲话稿的含义、特点、类型；
- 掌握讲话稿拟写的要点、注意事项；
- 掌握讲话稿的结构和语言特点。

能力目标

- 能够根据工作内容拟写结构完整的讲话稿；
- 能够做到条理清楚、语言通顺；
- 能够在计算机上快速、准确地进行文字的录入、排版。

任务引入

职业情境

陈红作为××高职院校的三好生代表，在教师节庆祝大会上将要代表全体同学发言。

工作任务

根据情境内容，以陈红名义起草一篇讲话稿。

任务分析

要拟写讲话稿，首先要弄清楚讲话稿的写作内容、写作要求；其次要掌握讲话稿写作的特点；最后，掌握讲话稿写作的结构模板和语言模式，做到快速、准确地拟写讲话稿。

相关理论

一、 讲话稿的含义和用途

讲话稿有广义和狭义之分。广义的讲话稿是人们在特定场合发表讲话的文稿；狭义的讲话稿即一般所说的领导讲话稿，是各级领导在各种会议上发表带有宣传、指示、总结性质讲话的文稿，是应用写作研究的重要文体之一。讲话稿使用广泛，各类会议、访谈、采访等活动都可以使用，也可刊登在媒体上发表。

二、 讲话稿的特点

1. 内容的针对性

讲话稿的内容受会议主题、讲话者和受众等因素决定。在写讲话稿之前，必须要了解会议的主题、性质、议题，讲话的场合、背景，领导者的指示、要求，听众的身份、背景情况、心理需求和接受习惯等。

2. 篇幅的规定性

讲话是有时间限制的，因此对讲话稿篇幅要有特定要求，不能不顾具体情况长篇大论。一般来讲，表彰、通报、庆典等会议上的讲话稿篇幅不宜过长，以免喧宾夺主。

3. 语言的得体性

为了便于讲话者表达，易于听众理解和接受，讲话稿的语言既要准确、简洁，又要通俗、生动。另外，由于讲话具有现场性，因此撰写领导讲话稿时必须提前考虑和把握现场气氛和场合。

4. 起草的集智性

为了提高行政效率，领导讲话稿经常由秘书代笔，然后经领导审核是否采用。有的部门还专设起草小组，领导一般要将写作的目的、背景、写作要求等对起草小组交代清楚，然后由起草小组分工协作，集体撰稿，并在起草的过程中反复讨论、修改、几易其稿，才提交领导使用。

5. 交流具有互动性

讲话稿应通俗易懂，符合口语习惯，不能咬文嚼字。同时与听众形成良好的互动，善于把抽象的道理具体化。

三、 讲话稿的类型

按照会议内容的不同可把讲话稿分为工作会议类讲话稿和庆祝、纪念会议类讲话稿。

1. 工作会议类讲话稿

工作会议类讲话稿是领导在各种会议上发表的对前一阶段的工作情况包括成绩、经验、缺点等进行归纳总结，对下一阶段的工作目标、任务、重点、措施等进行研究部署的讲话稿。这类会议讲话稿要求态度鲜明，目的明确，内容单一，层次分明，逻辑严密，语气坚定，针对性强，号召力大，简洁明快。

2. 庆祝、纪念会议类讲话稿

庆祝、纪念会议类讲话稿是领导在纪念某一历史事件、历史人物或重大庆典等纪念性会议上所发表的讲话稿。这类讲话稿既肯定和颂扬历史事件的重大意义和历史人物的丰功伟绩，还要立足当前、面向未来。揭示其现实意义，对继承光荣传统，弘扬革命精神提出具体要求。

四、 讲话稿写作分析

讲话稿结构一般由标题、称谓、开头、正文和结尾组成。

1. 标题

讲话稿的标题分为两种：一种一般是由讲话人的姓名、职务、事由和文种构成，如“×××省长在全省教育工作会议上的讲话”；另一种是由一个主标题和副标题组成。主标题一般用来概括讲话的主旨或主要内容，副标题则与第一种的构成形式相同，如“进一步学习和发扬鲁迅精神——在鲁迅诞生110周年纪念大会上的讲话”。

2. 称谓

根据与会人员的情况和会议性质来确定适当的称谓，如“同志们”、“各位专家学者”等，要求庄重、严肃、得体。

3. 开头

用极简洁的文字把要讲的内容概述一下，说明讲话的缘由或者所要讲的内容重点；接着转入正文讲话。

4. 正文

根据会议的内容和发表讲话的目的，可以重点阐述如何领会文件、指示、会议精神；可以通过分析形势和明确任务，提出搞好工作的几点意见；可以结合本单位情况，提出贯彻上级指示的意见；可以对前面其他领导人的讲话做补充讲话；也可以围绕会议的中心议题，结合自己分管的工作谈几点看法等。

5. 结尾

结尾部分用以总结全篇，照应开头，发出号召，或者征询对讲话内容的意见或建议等。

五、 讲话稿写作注意事项

（1）围绕会议主题。
（2）观点明确、正确。
（3）语言简明扼要、篇幅适中。

六、 讲话稿的写作模板

写作要点	写作模板
①标题：	关于××主题的讲话
②称谓：	各位领导和同志们：
③问候和开头：	大家好！今天很高兴参加这次大会……下面我就……问题谈谈我的看法：
④正文：	一、____________ 二、____________ 三、____________

续表

写作要点	写作模板
⑤结尾：	总结全文、提出号召、点明主题。

任务实施

（1）讲话稿的标题写作。

（2）正确表达称谓。

（3）表示教师节对全体教师的问候。

（4）点明讲话的主题——可以是教师工作的歌颂和教师节意义等。

（5）敬语。

（6）落款和时间。

经典例文

在四川省家具行业商会第二届四次理事会上的讲话

四川省经委副巡视员季新舟

（2009年12月14日）

各位理事、各位来宾、同志们：

下午好！

今天，很高兴参加四川省家具行业商会第二届四次理事会，与大家一起研讨当前国际金融危机对我省家具产业发展的影响及应对措施。我谨代表××省经济委员会向远道而来光临指导的中国家具协会朱××副理事长表示热烈欢迎，对大会的顺利召开和新当选的商会秘书长××女士表示衷心的祝贺！

今年以来，在省委、省政府的正确领导下，全省工业经济保持稳定发展的良好态势。前三季度全省规模以上工业企业完成工业增加值3 603.3亿元，增长20.0%；实现销售收入10 069.6亿元，增长40.0%；实现利润542.7亿元，增长23.0%。家具产业作为我省的传统产业，经过20多年的发展，在国内特别是中国西部地区具有一定的集群优势和竞争优势，总体规模居西部第一、全国第三。在今年这种特殊情况下，家具行业呈现出快速发展势头，前三季度全省135户规模以上家具企业实现销售收入80.74亿元，同比增长61%；实现利润总额4.68亿元，同比增长95%；利税7.75亿元，同比增长94%。这些成绩的取得离不开在座各位企业家不畏艰难、迎难而上、知难而进的精神风貌，离不开在座各位理事勇于创新、勤于实践、埋头苦干的工作作风；更离不开全行业同志的团结一致、奋发图强和辛勤工作。今天，借此机会向在座的各位理事，并通过你们向为行业发展做出贡献的同志们表示衷心的感谢！

虽然我省家具产业有了较快的发展，但我们必须清醒地看到，当前我国家具产业受人民币持续升值、原材料成本上涨、劳动力成本增加等因素和出口退税降低、银根紧缩等政策的影响，家具产业面临着前所未有的压力。与沿海家具行业相比，我省的家具产业虽然还未受到较大影响，但各项经济指标增长幅度明显放缓。根据其他行业的经验，相对南方沿海城市，我省企业对于国际局势和经济大环境的敏感度明显滞后，只要经济危机引发的后果仍在持续，就不排除我省家具产业会受到更大的波及。因此我们的企业要有强烈的危机意识，面对挑战抓紧研究应对措施，及时进行技术改造和结构调整，提高产品的档次和质量，变挑战为机遇，争取把金融危机的影响降到最低，顺利渡过难关。

省经委作为全省工业经济主管部门，非常重视家具产业的发展。虽然家具产业还不是我省的优势产业，但是我委一直将家具产业作为重点产业予以培育。在今后的工作中，我们将继续支持重点家具企业进行技术改造和技术创新，引导企业加大对产品创新能力建设的投入，促进产业升级换代，不断适应和满足市场需求，增强我省家具产业的市场竞争力。

在当前形势下，省家具行业商会要发挥积极作用：一是要进一步发挥政府与企业间的桥梁、纽带作用，继续为政府当好参谋，为行业提供最新的市场发展趋势及资讯；二是要引导行业完善产业链条，促进产业升级，打造家具品牌；三是要帮助企业解决困难、促进行业健康发展，组织企业研究应对措施。

谢谢大家！

（注：本文来源于四川省家具行业商会网站，略有修改）

实训练习

1. 实训内容

（1）职业情境

某公司召开大会，总经理按照上级部门的要求，对公司“安全生产月”活动进行动员，希望各单位要结合实际，对“安全生产月”有关活动进行系统部署，认真贯彻落实，力争把本年度“安全生产月”活动搞得既扎扎实实，又轰轰烈烈，营造出良好的安全生产氛围。为开展好此项活动，做如下安排。

① 加强领导，提高认识，明确指导思想，深入抓好今年的安全生产工作，安全工作关系全局，责任重于泰山，是事关职工生命安全及公司改革发展稳定的一件大事，公司各部门、各单位要加强领导，提高认识，贯彻好“安全生产月”活动指导思想，并与公司“安全生产基础年”、“HSE 创优升级”、“安全质量标准化达标”活动相结合，加快推进 HSE 管理体系的运行步伐，以“强三基、反三违、除隐患；遵章守法、关爱生命”为工作主线，强化各项安全生产防范措施，加强对施工作业现场的监督管理，排查治理公司生产经营中存在的各类隐患，建立起有序、可控的安全生产预防体系，达到杜绝重火事故、减少一般事故、事故总量逐年下降的工作目标，为公司“打造优势年”活动的顺利进行提供必要的安全保障。

② 突出重点，强化落实，贯彻落实好“安全生产基础年”和“安全生产月”活动的各项安排。（略）

③ 总经理还讲了目前公司安全工作中存在的问题（略），并提出几点要求。

- 各单位领导要高度重视，加强领导。（略）
- 公司各主管部门和各单位要加强对本次“安全生产月”活动的宣传报道工作。（略）
- 各单位要严格要求，高标准开展。（略）
- 各单位要加强对 HSE 体系运行基础资料的建立工作。（略）

最后号召全体员工认真开展好“安全生产月”活动，对于促进我公司安全生产工作，维护当前公司安全稳定的大好局面，有着十分重要的意义。希望大家努力工作，发挥主动性和创造性，把今年的“安全生产月”活动开展得更有针对性，富有成效，为促进公司二次创业不断取得新成绩，做出新的更大的贡献！

（2）实训任务

请根据上述材料，以某公司秘书身份为总经理写一篇讲话稿。

2. 实训要求

（1）实训条件

① 本实训可在秘书办公自动化实训室进行。

② 本实训应具备齐全的办公设备：计算机、打印机、网络连接。

③ 教师在实训前应提前告知学生实训资料。

④ 每人一台计算机。

（2）实训方式与手段

本实训学生分组讨论操作，每组 3 人或 4 人。

（3）实训要求与标准

① 本项目主要为文字写作，2 课时完成。

② 讲话稿结构合理，语言通顺。

③ 要符合讲话稿的格式和语言特点。

（4）实训考核

对完成的每一项进行单独打分，最后综合评定小组成绩。

学习任务二十三　演讲稿

知识目标

- 掌握演讲稿的含义、特点、类型；
- 掌握演讲稿拟写的要点、注意事项；
- 掌握演讲稿的结构和语言特点。

能力目标

- 能够根据工作内容拟写结构完整的演讲稿；
- 能够做到条理清楚、语言通顺；
- 能够在计算机上快速、准确地进行文字的录入、排版。

任务引入

职业情境

陈红是××师范大学 87 届毕业生，恰逢母校 100 年校庆，回到母校使她回忆起当年青春岁月，于是组织一些同窗好友发起了聚会活动。活动举办当天，陈红作为主办者也准备发表题为“那时，我们的梦想”的演讲。

工作任务

根据情境内容，以陈红名义写一篇题为“那时，我们的梦想”的演讲稿。

任务分析

要拟写演讲稿，首先要弄清楚演讲稿的写作内容、写作要求；其次要掌握演讲稿写作的特点；最后，掌握演讲稿写作的结构模板和语言模式，做到快速、准确地拟写演讲稿。

相关理论

一、演讲稿的含义和用途

演讲是指在公众场合，以有声的语言为主要手段，以体态语言为辅助手段，针对某个具体问题，鲜明、完整地发表自己的见解和主张，阐明事理或抒发情感，进行宣传的一种语言交际活动。演讲稿则是为演讲准备的文稿。

二、演讲稿的特点

1. 针对性

演讲是一种社会活动，是用于公众场合的宣传形式。它为了以思想、感情、事例和理论来晓谕听众，打动听众，“征服”群众，必须要有现实的针对性。

2. 可讲性

演讲的本质在于“讲”，而不在于“演”，它以“讲”为主、以“演”为辅。由于演讲要诉诸口头，拟稿时必须以易说能讲为前提。

3. 鼓动性

演讲是一门艺术。好的演讲自有一种激发听众情绪、赢得好感的鼓动性。要做到这一点，首先要依靠演讲稿思想内容的丰富、深刻，见解精辟，有独到之处，发人深思，语言表达要形象、生动，富有感染力。

三、演讲稿的类型

1. 按照体裁划分

（1）叙述式，指向听众陈述自己的思想、经历、事迹，转述自己看到、听到的他人的事迹或事件时使用的。叙述当中，也可夹用议论和抒情。

（2）议论式，指摆事实、讲道理，既有事实材料，又有逻辑推断，立场坚定，旗帜鲜明。

（3）说明式，指对听众说明事理，通过解说某个道理或某一问题来达到树立观点的目的。

2. 按照内容划分

（1）政治演讲稿，是政治性演讲文稿。它是针对国内外现实生活中的政治问题，阐明自己的政治观点。

（2）学术演讲稿，是就某一学科领域中的课题进行研究、探讨，向听众表述新的科学研究成果，传播科学知识的演讲文稿。

（3）社会生活演讲稿，是以社会存在的某一方面的问题为对象来表达自己的思想、情绪、愿望、要求的演讲文稿。

（4）课堂演讲稿，可分为两种：一是教师在传授知识时使用的，二是学生为培养自己演讲能力写的。

四、 演讲稿写作分析

演讲稿一般由题目、称谓、正文组成。

（一）题目

演讲的题目是一篇演讲稿的有机组成部分。它与演讲的内容、风格、语调有直接关系。内容决定了题目，题目则鲜明地表现内容的特点。

1. 题目的作用

第一，具有概括性。它把演讲的主题、内容、目的全面地反映出来。例如，毛泽东的“反对党八股”、“为人民服务”等演讲题目，内容和主题一目了然。

第二，具有指向性。题目一讲出来，听众就知道要讲的是哪方面问题，是政治性的、学术性的还是伦理道德的。

第三，具有选择性。题目能在未讲之前就告诉听众演讲的内容。听众可以据此进行选择听或不听。

2. 题目的选择标准

标准之一，演讲的题目应能揭示主题。例如，曲啸的演讲题目“心底无私天地宽”，易于理解演讲的中心思想和主题。

标准之二，演讲的题目应能提出问题。例如，鲁迅的演讲题目“娜拉走后怎样”、“未有天才之前”等，听众听讲就可以一种浓厚兴趣进行思考，听时自然就容易理解。

标准之三，演讲的题目应能划定范围。例如“大学生的任务”、“美术略论”这样的演讲题目，听众听后就可知道演讲的内容、范围及涉及的具体问题，以选择听还是不听。

3. 题目的选择要点

当然，要选择一个好的题目，除了按上述三条标准外，还应注意以下问题。

第一，题目要有积极性。即要选择那些光明、美好、有建设性的题目，使听众一听就有无限希望。例如，“自学可以成才”这样的题目，就可鼓舞听众充满信心地走自学之路。

第二，题目要有适应性。其一，要适应听众的实际。即选题考虑听众思想修养、文化水平、职业特点、阅历等，这样才能有的放矢。其二，要适应自己的身份。即要选择与自己所从事的工作性质、专业、知识面接近的题目，因为自己熟悉的东西容易讲深讲透，容易收到好效果。其三，要适应演讲的时间。即要按规定的时间选择题目。如果规定的时间长，题目就可大些；时间短，题目就可小些。

第三，题目要有新奇性。只有“新”和“奇”，才能像磁石一样吸引听众。司空见惯、屡见不鲜的事物、人物，人们是不易关注的。例如，“我的祖国”、“青春在岗位上闪光”等，人们听得厌倦了，很难吸引人。不妨看看鲁迅的演讲题目：“老而不死论”、“伟大的化石”“老调子已经唱完”、“象牙塔与蜗牛庐”，这样新奇的题目怎能会不吸引人呢？

第四，题目要有情感色彩。演讲者的演讲总是充满强烈的情感色彩，并把这种强烈的爱憎情感注入到题目里去，从而打动听众，有一种情感的导向作用和激发作用。例如，鲁迅的《流氓与文学》、马克·吐温的《我也是义和团》等，其爱憎情感都是很鲜明的。

第五，题目要有生动性。演讲题目生动活泼，就能给人一种亲切感、愉悦感。

（二）称谓

演讲稿的称谓应紧密结合现场的听众来写作。例如，在学校的演讲称“老师们、同学们”，在行政机关演讲称“领导和同志们”，在部队演讲称“战友们”或“首长和同志们”等。

（三）正文

演讲稿的正文分开头、主体、结尾三个部分，由于演讲是具有时间性和空间性的活动，演讲稿的结构还具有其自身的特点，尤其是它的开头和结尾有特殊的要求：

1. 开头

演讲稿的开头有多种方法，常用的主要有以下几种。

（1）开门见山，提示主题。这种开头是一开讲就进入正题，直接提示演讲的中心。例如，宋庆龄《在接受加拿大维多利亚大学荣誉法学博士学位仪式上的讲话》的开头：“我为接受加拿大维多利亚大学荣誉法学博士学位感到荣幸。”运用这种方法，必须先明晰地把握演讲的中心，把要向听众提示的论点摆出来，使听众一听就知道讲的中心是什么，注意力马上集中起来。

（2）介绍情况，说明根由。这种开头可以迅速缩短与听众的距离，使听众急于了解下文。例如，恩格斯在1881年12月5日发表的《在燕妮·马克思墓前的讲话》的开头：“我们现在安葬的这位品德崇高的女性，在1814年生于萨尔茨维德尔。她的父亲冯·威斯特华伦男爵在特里尔城时和马克思一家很亲近；两家人的孩子在一块长大。当马克思进大学的时候，他和自己未来的妻子已经知道他们的生命将永远地连接在一起了。”这个开头对发生的事情、人物对象作出必要的介绍和说明，为进一步向听众提示论题作了铺垫。

（3）提出问题，引起关注。这种方法是根据听众的特点和演讲的内容，提出一些激发听众思考的问题，以引起听众的注意。例如，弗雷德里克·道格拉斯1854年7月4日在美国纽约州罗彻斯特市举行的国庆大会上发表的《谴责奴隶制的演说》，一开讲就能引发听众的积极思考，把人们带到一个愤怒而深沉的情境中去："公民们，请恕我问一问，今天为什么邀我在这儿发言？我，或者我所代表的奴隶们，同你们的国庆节有什么相干？《独立宣言》中阐明的政治自由和生来平等的原则难道也普降到我们的头上？因而要我来向国家的祭坛奉献上我们卑微的贡品，承认我们得到并为你们的独立带给我们的恩典而表达虔诚的谢意么？"除了以上三种方法，还有释题式、悬念式、警策式、幽默式、双关式、抒情式等。

2. 主体

在行文的过程中，演讲稿的主体要处理好层次、节奏和衔接等几个问题。

(1) 层次。是指根据听众以听觉把握层次的特点，显示演讲稿结构层次的基本方法就是在演讲中树立明显的有声语言标志，以此适时诉诸于听众的听觉，从而获得层次清晰的效果。演讲者在演讲中反复设问，并根据设问来阐述自己的观点，就能在结构上环环相扣，层层深入。此外，演讲稿用过渡句，或用"首先"、"其次"、"然后"等语词来区别层次，也是使层次清晰的有效方法。

(2) 节奏。是指演讲内容在结构安排上表现出的张弛起伏。演讲稿结构的节奏，主要是通过演讲内容的变换来实现的。演讲内容的变换，是在一个主题思想所统领的内容中，适当地插入幽默、诗文、轶事等内容，以便听众的注意力既保持高度集中而又不因为高度集中而产生兴奋性抑制。

(3) 衔接。是指把演讲中的各个内容层次联结起来，使之具有浑然一体的整体感觉。衔接是使各个内容层次的变换更为巧妙和自然，使演讲稿富于整体感，有助于演讲主题的深入人心。演讲稿结构衔接的方法主要是运用同两段内容、两个层次有联系的过渡段或过渡句。

3. 结尾

结尾要简洁有力，余音绕梁。结尾是演讲内容的自然收束。言简意赅、余音绕梁的结尾能够使听众精神振奋，并促使听众不断地思考和回味。怎样才能给听众留下深刻的印象呢？美国作家约翰·沃尔夫说："演讲最好在听众兴趣到高潮时果断收束，未尽时戛然而止。"这是演讲稿结尾最为有效的方法。

演讲稿的结尾没有固定的格式，或对演讲全文要点进行简明扼要的小结，或以号召性、鼓动性的话收束，或以诗文名言及幽默俏皮的话结尾。但一般原则是要给听众留下深刻的印象。

五、 演讲稿写作语言要求

(1) 要口语化。"上口"、"入耳"是对演讲语言的基本要求，也就是说演讲的语言要口语化。

(2) 要通俗易懂、生动感人。一是用形象化的语言，运用比喻、比拟、夸张等手法增强语言的形象色彩，把抽象化为具体，深奥讲得浅显，枯燥变成有趣。二是运用幽默、风趣的语言，增强演讲稿的表现力。这样，既能深化主题，又能使演讲的气氛轻松和谐；既可调整演讲的节奏，又可使听众消除疲劳。三是发挥语言音乐性的特点，注意声调的和谐和节奏的变化。

（3）要控制篇幅。演讲稿不宜过长，要适当控制时间。

六、 演讲稿的写作模板

写作要点	写作模板
①标题：	题目
②称谓：	尊敬的________：
③问候：	大家好！
④正文：	开头________ 主体________ 结尾________
⑤落款：	演讲人： ××××年××月××日

任务实施

（1）演讲稿的标题写作：《那时，我们的梦想》。

（2）正确表达称谓：根据情景可称“我亲爱的兄弟姐妹们或同窗们”等。

（3）问候。

（4）点明主题，并根据主题展开叙述、抒情和议论。

（5）结尾再次点明主题。可引用名人名言结束全篇。

（6）落款、发文时间。

经典例文

我有一个梦想

马丁·路德·金

今天，我高兴地同大家一起参加这次将成为我国历史上为争取自由而举行的最伟大的示威集会。100年前，一位伟大的美国人签署了《解放黑人奴隶宣言》，今天我们就是在他的雕像前集会。这一庄严宣言犹如灯塔的光芒，给千百万在那摧残生命的不义之火中饱受煎熬的黑奴带来了希望。它之到来犹如欢乐的黎明，结束了束缚黑人的漫漫长夜。

然而100年后的今天，我们必须正视黑人还没有得到自由这一悲惨的事实。100年后的今天，在种族隔离的镣铐和种族歧视的枷锁下，黑人的生活备受压榨。100年后的今天，黑人仍生活在物质充裕的海洋中一个穷困的孤岛上。100年后的今天，黑人仍然萎缩在美国社会的角落里，并且意识到自己是故土家园中的流亡者。今天我们在这里集会，就是要把这种骇人听闻的情况公之于世。

就某种意义而言，今天我们是为了要求兑现诺言而汇集到我们国家的首都来的。我们共和国的缔造者草拟《美国联邦宪法》和《独立宣言》的气壮山河的词句时，曾向每一个美国人许下了诺言，他们承诺给予所有的人以生存、自由和追求幸福的不可剥夺的权利。

就有色公民而论，美国显然没有实践她的诺言。美国没有履行这项神圣的义务，只是给黑人开了一张空头支票，支票上盖着“资金不足”的戳子后便退了回来。但是我们不相信正义的银行已经破产，我们不相信，在这个国家巨大的机会之库里已没有足够的储备。因此今天我们要求将支票兑现——这张支票将给予我们宝贵的自由和正义保障。

我们来到这个圣地也是为了提醒美国，现在是非常急迫的时刻。现在绝非侈谈冷静下来或服用渐进主义的镇静剂的时候。现在是实现民主诺言的时候，现在是从种族隔离的荒凉阴暗的深谷攀登种族平等的光明大道的时候，现在是向上帝所有的儿女开放机会之门的时候，现在是把我们的国家从种族不平等的流沙中拯救出来，置于兄弟情谊的磐石上的时候。

如果美国忽视时间的迫切性和低估黑人的决心，那么，这对美国来说，将是致命伤。自由和平等的爽朗秋天如不到来，黑人义愤填膺的酷暑就不会过去。1963 年并不意味着斗争的结束，而是开始。有人希望，黑人只要撒撒气就会满足；如果国家安之若素，毫无反应，这些人必会大失所望的。黑人得不到公民的基本权利，美国就不可能有安宁或平静，正义光明的一天不到来，叛乱的旋风就将继续动摇这个国家的基础。

但是对于等候在正义之宫门口的心急如焚的人们，有些话我是必须说的。在争取合法地位的过程中，我们不要采取错误的做法。我们不要为了满足对自由的渴望而抱着敌对和仇恨之杯痛饮。我们斗争时必须永远举止得体，纪律严明。我们不能容许我们的具有崭新内容的抗议蜕变为暴力行动。我们要不断地升华到以精神力量对付物质力量的崇高境界中去。

现在黑人社会充满着了不起的新的战斗精神，但是不能因此而不信任所有的白人。因为我们的许多白人兄弟已经认识到，他们的命运与我们的命运是紧密相连的，他们今天参加游行集会就是明证。他们的自由与我们的自由是息息相关的。我们不能单独行动。

当我们行动时，我们必须保证向前进。我们不能倒退。现在有人问热心民权运动的人，“你们什么时候才能满足?”

只要黑人仍然遭受警察难以形容的野蛮迫害，我们就绝不会满足。

只要我们在外奔波而疲乏的身躯不能在公路旁的汽车旅馆和城里的旅馆找到住宿之所，我们就绝不会满足。

只要黑人的基本活动范围只是从少数民族聚居的小贫民区转移到大贫民区，我们就绝不会满足。

只要密西西比州仍然有一个黑人不能参加选举，只要纽约有一个黑人认为他投票无济于事，我们就绝不会满足。

不！我们现在并不满足，我们将来也不满足，除非正义和公正犹如江海之波涛，汹涌澎湃，滚滚而来。

我并非没有注意到，参加今天集会的人中，有些受尽苦难和折磨，有些刚刚走出窄小的牢房，有些由于寻求自由，曾在居住地惨遭疯狂迫害的打击，并在警察暴行的旋风中摇摇欲坠。你们是人为痛苦的长期受难者。坚持下去吧，要坚决相信，忍受不应得的痛苦是一种赎罪。

让我们回到密西西比去，回到亚拉巴马去，回到南卡罗来纳去，回到佐治亚去，回到路易斯安那去，回到我们北方城市中的贫民区和少数民族居住区去，要心中有数，这种状况是能够也必将改变的。我们不要陷入绝望而不可自拔。

朋友们，今天我对你们说，在此时此刻，我们虽然遭受种种困难和挫折，我仍然有一个梦想，这个梦想深深扎根于美国的梦想之中。

我梦想有一天，这个国家会站立起来，真正实现其信条的真谛："我们认为真理是不言而喻，人人生而平等。"

我梦想有一天，在佐治亚的红山上，昔日奴隶的儿子将能够和昔日奴隶主的儿子坐在一起，共叙兄弟情谊。

我梦想有一天，甚至连密西西比州这个正义匿迹，压迫成风，如同沙漠般的地方，也将变成自由和正义的绿洲。

我梦想有一天，我的四个孩子将一个不是以他们的肤色，而是以他们的品格优劣来评价他们的国度里生活。

今天，我有一个梦想。我梦想有一天，亚拉巴马州能够有所转变，尽管该州州长现在仍然满口异议，反对联邦法令，但有朝一日，那里的黑人男孩和女孩将能与白人男孩和女孩情同骨肉，携手并进。

今天，我有一个梦想。

我梦想有一天，幽谷上升，高山下降；坎坷曲折之路成坦途，圣光披露，满照人间。

这就是我们的希望。我怀着这种信念回到南方。有了这个信念，我们将能从绝望之岭劈出一块希望之石。有了这个信念，我们将能把这个国家刺耳的争吵声，改变成为一支洋溢手足之情的优美交响曲。

有了这个信念，我们将能一起工作，一起祈祷，一起斗争，一起坐牢，一起维护自由；因为我们知道，终有一天，我们是会自由的。

在自由到来的那一天，上帝的所有儿女们将以新的含义高唱这支歌："我的祖国，美丽的自由之乡，我为您歌唱。您是父辈逝去的地方，您是最初移民的骄傲，让自由之声响彻每个山岗。"

如果美国要成为一个伟大的国家，这个梦想必须实现！

让自由之声从新罕布什尔州的巍峨的崇山峻岭响起来！

让自由之声从纽约州的崇山峻岭响起来！

让自由之声从宾夕法尼亚州的阿勒格尼山响起来！

让自由之声从科罗拉多州冰雪覆盖的落基山响起来！

让自由之声从加利福尼亚州蜿蜒的群峰响起来！

不仅如此，还要让自由之声从佐治亚州的石岭响起来！

让自由之声从田纳西州的瞭望山响起来！

让自由之声从密西西比的每一座丘陵响起来！

让自由之声从每一片山坡响起来！

当我们让自由之声响起，让自由之声从每一个大小村庄、每一个州和每一个城市响起来时，我们将能够加速这一天的到来，那时，上帝的所有儿女，黑人和白人，犹太教徒和非犹太教徒，耶稣教徒和天主教徒，都将手携手，合唱一首古老的黑人灵歌："自由啦！自由啦！感谢全能上帝，我们终于自由啦！"

实训练习

1. 实训内容

（1）职业情境

王小军参加了本单位办公室副主任的竞聘。他首先感谢××党委给他提供这样一个良好的机会，让他有幸参加今天的竞选。领导干部竞争上岗，是大势所趋，是时代的呼唤、现实的选择，是贯彻落实《党政干部选拔任用工作条例》的要求，是新时期人事制度改革的迫切需要。他参加竞争的目的，并不是想伸手向党和人民要官，而是想通过竞争来展现自我、挑战自我、超越自我、追求进步，主动给自己更大的压力，并积极化压力为动力，勇挑更重的担子，敢负更大的责任，更好地为××工作服务，为本单位的文秘工作作出更大的贡献，同时也通过自己勤奋的工作来实现新的人生价值。他今天参加主管文秘的办公室副主任这一职位的竞选，他认为自己主要有以下几点优势：

一是思想上进，具有较高的政治思想觉悟。他能积极参加各项政治学习，认真学习邓小平理论和"三个代表"重要思想，不断提高政治觉悟和思想境界，以一个党员的标准严格要求自己，以身作则，模范带头，依法办事，为警清廉。

二是努力工作，具有较丰富的××工作经验。他自 1992 年参加××工作，十一年来，先后从事××工作三年，××工作两年，××管理干事三年，办公室秘书三年，无论做什么工作他都能恪尽职守、敬业奉献，做到干一行、爱一行、钻一行，并能认真总结经验，积极撰写××工作论文，在省级以上刊物发表论文三篇，其中，《试论新时期教育改造工作的主要矛盾及其对策》一文获全省××系统论文比赛三等奖。在平时的工作中，吃苦耐劳、踏实肯干，力求把每一项工作做得更出色，尽量把领导交付的每一次任务完成得更好，调入本单位后，在近四年的考核中，有两年被评为优秀公务员。

三是勤奋学习，较熟悉文秘工作业务。2000 年调入办公室后，单位先后三次送他参加文秘工作培训，使他系统地学习了新闻报道、保密工作和公文写作知识，也自学了大量文秘业务书籍，并认真作了两大本读书笔记，更为重要的是，在日常的写作实践中，得到了领导和同志们大量的指导和帮助，从而使他的业务水平提高很快，从采写信息到编辑简报，从写一般通知到写重要报告，从撰写领导讲话到起草单位工作计划，几乎所有的公文文种和日常的事务文书，他都得到了具体实践和很好的锻炼，所写的材料多次获得领导和同志们的好评。

四是热爱写作，具有较扎实的文字基本功。警校毕业后，他通过自学考试，先后获得了南昌大学中文专业大专、本科文凭，为写作奠定了良好的基础，同时他能较好地把读书与写作相结合，勤奋练笔，积极宣传单位好事新风，仅去年就在《南方日报》、《羊城晚报》、《党风》、《清远日报》等报刊上发表各类文章 30 多篇，其中《囚犯给狱警上课》获 2002 年度广东省好新闻二等奖。

当然，成绩和经历只能说明过去，关键在于如何开创未来。雄关漫道真如铁，而今迈步从头越。如果这次竞选能够如愿以偿，他将努力做到：

一是摆正位置。办公室副主任只是一个“副手”，要找准自己的坐标，把握好“为副”的角色。首先要增强正职的核心意识，明确自己的从属地位，在主任的领导下开展工作；其次要牢固树立配合意识，积极主动，全力以赴支持“一把手”的工作。自觉做到多汇报、多维护，不争“红花”，甘当“绿叶”。

二是理顺关系。正确处理好为领导服务、为科室服务、为基层服务之间的关系，既要积极为领导服务，又要热情为群众办事，对领导做到急事急办、特事特办，让领导感到可靠，对科室、基层做到有求必应、有问必答，让大家感到可信。

三是加强修养。办公室角色复杂，头绪纷繁，任务艰巨，作为办公室领导，要特别加强个性修养，敢受压力，敢担责任，不怕苦，不怕累，不怕委屈，磨炼坚强的意志，培养良好的性格。多与领导交心，多沟通、多交流，做到配合默契、工作得力。懂得理解人、宽容人，与下属和谐相处、团结一心。

四是规范办文。重点把握好“两关”，第一关是公文审核关，坚持实事求是、精简高效原则，做到行文确有必要，用语规范，结构合理，重点突出。第二关是公文制作关，严格按照公文制作新标准，进一步规范公文格式，加强文秘人员公文制作学习培训，确保有关人员熟练掌握公文制作知识，共同促进监狱公文规范化、标准化。

五是勇于创新。为领导当好参谋，不仅要善于领会领导意图，还要深入进行调查研究，多为领导提出新思路、新对策，但是切记不给领导出“馊主意”。做到创造性地开展工作，与时俱进，求实创新，善于发现新问题，积极采取新措施，努力开创新局面。各位领导、各位评委，俗话说得好，说得好不如做得好，实践出真知，学习长才干！无论这次竞选成功与否，他都真诚地感激大家对他的鼓励、支持和帮助，胜不骄、败不馁，忠于职守，不断进取，努力在今后的工作中做得更好。

（2）实训任务

请根据上述材料，以王小军名义写一篇竞争上岗的演讲稿。

2. 实训要求

（1）实训条件

① 本实训可在秘书办公自动化实训室进行。

② 本实训应具备齐全的办公设备：计算机、打印机、网络连接。

③ 教师在实训前应提前告知学生实训资料。

④ 每人一台计算机。

（2）实训方式与手段

本实训学生分组讨论操作，每组 3 人或 4 人。

（3）实训要求与标准

① 本项目主要为文字写作，2 课时完成。

② 演讲稿结构合理，语言通顺。

③ 要符合演讲稿的格式和语言特点。

（4）实训考核

对完成的每一项进行单独打分，最后综合评定小组成绩。

学习任务二十四　简报

知识目标

- 掌握简报的含义、特点、类型；
- 掌握简报拟写的要点、格式；
- 掌握简报的用途和重要性。

能力目标

- 能够根据工作内容拟写结构完整的简报；
- 能够做到条理清楚、语言通顺；
- 能够在计算机上快速、准确地进行文字的录入、排版。

任务引入

职业情境

××省教育工作会议今天召开，会期三天。这次会议的主要议题是：传达贯彻全国教育工作会议精神，研究落实我省《中国教育改革与发展纲要》的实施意见。参加会议的有省5套班子的负责同志，各市、县（区）委书记或市、县（区）长，主管教育工作的副市长、副县（区）长，市、县（区）教育局长或教委主任，各高等学校和省直有关单位的负责同志共500多人。

上午的大会由省委常委、副省长×××主持，中共中央政治局委员、省委书记×××作了重要讲话，省委副书记、省长×××代表省委、省政府作了题为“认清形势，明确目标，加快我省教育改革和发展”的报告。

参加上午大会的还有省直各单位的负责人共1 000多人。下午分组讨论。

工作任务

根据情境内容，以××省教育局办公室名义写一份简报。报省委办公室，印发20份。

任务分析

要拟写简报，首先要弄清楚简报的写作内容、写作要求；其次要掌握简报写作的特点；最后，掌握简报写作的结构模板和语言模式，做到快速、准确地拟写简报。

相关理论

一、 简报的含义和用途

简报是党政机关、人民团体、企事业单位内部用于汇报工作、反映问题、沟通情况、指导工作、交流经验、传递信息的一种简短的有一定新闻性质的文书材料。简报又称“动态”、“简讯”、“要情”、“摘报”、“工作通讯”、“情况反映”、“情况交流”、“内部参考”等。

二、简报的特点

(1) 内容专业性强。例如,《人口普查简报》、《计划生育简报》、《水利工程简报》、《招生简报》等。

(2) 篇幅特别简短。简,是它区别于其他报刊的最显著的特点。

(3) 限于内部交流。

三、简报的类型

简报按时间分,有定期的简报、不定期的简报;按性质分,有工作简报、生产简报、学习简报、会议简报;按内容分,有综合反映情况的简报和反映特定情况的专题简报。有以下常见种类。

(1) 日常工作简报又称业务简报。这是一种反映本地区、本系统、本部门日常工作或问题的经常性简报。它包含的内容较广,工作情况、成绩问题、经验教训、表扬批评,对上级某些政策或指示执行的步骤、措施都可以反映。它常以定期或不定期的形式出现,在一定范围内发行。

(2) 中心工作简报又称专题简报,它是一种阶段性的简报。它往往是针对机关工作中某一时期的中心工作、某项中心任务办的简报,中心工作完成,简报也就停办了。

(3) 会议简报是会议期间反映会议情况的简报,它是一种临时性的简报,内容包括会议中的情况、发言及会议决定等。规模较大、时间较长的会议常要编发多期简报,以起到及时交流情况,推动会议的作用。小型会议一般是一会一期简报,常常在会议结束后,写一期较全面的总结性的情况反映。

(4) 动态简报,包括情况动态和思想动态。这类简报的时效性、机密性较强,要求迅速编发,发送范围有一定限制,在某一个时期、某一阶段要保密。

四、简报写作分析

简报一般由报头、报核、报尾组成。

1. 报头

(1) 简报名称一般用套红印刷的大号字体。如有特殊内容而又不必另出一期简报时,就在名称或期数下面注明“增刊”或“××专刊”字样。秘密等级写在左上角,也有的写“内部文件”或“内部资料,注意保存”等字样。

(2) 期号,可写在名称下一行,用括号括上。

(3) 编印单位。

(4) 印发日期写在与编印单位平行的右侧。在下面,用一道横线将报头与报核隔开。

2. 报核

报核,即简报所刊的一篇或几篇文章。简报的写法是多种多样的,因此,它的形式也较灵活。大多数是消息,包括标题、导语、主体、结果和穿插在叙述中的背景材料。除了消息,还有别的文体,所以,不是每篇简报都有这几项内容。

（1）简报的标题类似新闻的标题，要揭示主题，简短醒目。

（2）导语通常用简明的一句话或一段话概括全文的主旨或主要内容，给读者一个总的印象。导语的写法多种多样，有提问式、结论式、描写式、叙述式等。导语一般要交代清楚谁（某人或某单位）、什么时间、干什么（事件）、结果怎样等内容。

（3）主体用足够的、典型的、有说服力的材料，把导语的内容加以具体化。

（4）结尾或指明事情发展趋势，或提出希望及今后打算。如果主体部分已经把事情说清楚，那就不必再加尾巴了。

（5）背景即对人物、事件起作用的环境条件和历史情况。背景可以穿插在各个部分。

3. 报尾

在简报最后一页下部，用一条横线与报核隔开，横线下左边写明发送范围，在平行的右侧写明印刷份数。

五、 简报的写作模板

写作要点	写作模板
①报头：	××简报 第×期 ××公司办公室　　　　　　××××年××月××日
	按：
②报核：（标题、导语、主体、结尾）	标题
导语：	导语包括5W1H。
	主体：叙述事件、事实等。
结尾：	结尾：点明发展趋势、提出希望。
③报尾：	报、送、发：×单位（人）　　　　印发份数：

任务实施

（1）简报的报头编制。

（2）报核中的标题写作。

（3）正文中导语写作。

（4）主体部分写作。

（5）结尾写作。

（6）报尾的编制。

经典例文

××房改简报

第一期

××市房改办公室　　　　　　××××年××月××日

按：××矿务局房改办为确保住房制度改革中“提租补贴”政策的正常运转，10月份对全局所属单位进行了全面调查。这次调查，得到了各级领导的支持，组织严密，投入自查的人员多，自查效果大，在全市是绝无仅有的。他们这种对工作认真负责的精神，为全市各房改单位做出了好榜样，也充分反映了领导和房改办的工作人员高度重视住房制度改革，坚持执行房改政策，敢于和善于自查自纠的工作作风。现将××矿务局《房改工作检查情况的汇报》转发给你们，供参考借鉴。

房改工作检查情况的汇报

为确保住房制度改革，实现“提租补贴”的正常运转，真正做到“一手发出去，一手收回来”。在二步到位运转一周年之际，局房改办于今年10月份召开了各单位房改办主任会议，部署了房改大检查工作，要求各单位以自查的形式，进行“两查四核实”。“两查”是查补贴范围，查漏扣资金；“四核”是核实住房面积、租金额、补贴基数、补贴金额。经过两个月的自查核实，截至11月底，大多数单位都已基本完成。

已查实的16个单位中，除有5个小单位参改人员较少，没有发现问题外，其余的大多数单位都不同程度地查出了问题。据九矿、三厂、局直、基建公司等14个单位的统计，在被调查的62 863房承租户中，漏扣资金的有484户，占0.7%，少扣资金168 552.58元。在已发补贴的91 578人中，不该发补贴的有218人……通过追扣漏扣租金和多发的补贴，可追回资金205 783.24元。

这次检查核实工作，之所以能取得较大的收获，主要原因有以下三点：

1. 领导重视，业务部门配合。在局里召开房改办主任会议以后，按照要求，各单位立即行动，有的矿长亲自挂帅，召开了工资、财务、房管和工会有关人员参加的房改工作会议，进行了动员并布置了工作。如××矿副矿长××同志，就亲自召集了财务、审计、工资等各科科长会议，要求这几个部门把检查工作当成自己业务的一部分，给房管科以大力支持，并抽出一名工薪员专做检查核实工作。因此，这个矿虽然职工居住分散，人员调动频繁，检查工作难度大，但经过两个月的工作，仅漏扣资金一项就查出57户，少扣租金23 343.53元。补贴方面的问题，还在继续检查中。

2. 配备力量，分层包干。（略）

3. 执行政策，方法得当。（略）

报（送、发）：×单位　　　　　　　　　　　　　　　　印发份数：

实训练习

1. 实训内容

（1）职业情境

某县计生委努力转变工作作风，坚持从实际情况出发，对今年4月份计生宣传月的工作检查不兴师动众，不从乡镇和部门抽调人员，全部依靠本单位的干部组织检查，这样既减少了对乡镇和部门工作的牵扯，又全面检查和掌握了全县计生工作情况，受到基层和群众欢迎。希望全县各级部门认真借鉴此一经验，进一步加强党风廉政建设，改进工作作风，提高工作效率，以实际行动推动全县两个文明建设的发展。

县计生委改进检查方法转变工作作风成效明显

今年3月下旬至4月下旬，该县集中领导、集中力量、集中时间开展了《四川省计划生育条例》和《中国计划生育发展纲要》宣传活动。县计生委于5月2日～28日，对各乡镇的活动情况进行了全面检查验收。他们切实转变作风，积极改进方法，由本单位干部组成一个检查组，统一思想、统一标准，开展检查活动，取得了较好效果。其基本做法是：

一、统一思想，提高认识。计划生育工作政策性强、涉及面广，每年都要进行几次阶段性工作检查。针对今年检查时间在“双抢”期间的新情况，县计生委党组专门召开会议，在认真总结过去工作检查经验的基础上，积极改进检查方法，改过去从乡镇和各相关部门抽人组成检查组为组织县计生委机关干部集中检查。在干部职工会上，明确了这次检查的目的、方法和基本要求，统一了全委从领导到一般干部对这次检查的思想。

二、统一确定检查对象，集中时间开展检查。整个检查时间集中在5月份内进行，实行抽查的方法，对各乡镇随机抽取一个村作为检查对象，并保密封存村名，检查组到达了乡镇时再启封公布检查的村，然后分组直接进村入户开展检查。

三、统一检查验收标准。为了杜绝检查中的人为主观因素、减少乡镇对检查结果产生异议，挤干工作中的水分，他们在检查中，严格按照政府办公室广府办（1995）2号文件《关于对贯彻（四川省计划生育条例）集中宣传活动进行考核奖惩的通知》规定，统一检查评分标准，坚持“一把尺子量到底”，直接考核到检查的村社。同时，在检查前，组织检查人员认真学习了2号文件和有关的政策规定及业务知识，提高了检查人员的政策水平和业务技能，为公正考核检查奠定了基础。

四、统一口径汇总检查结果。进村分组到户开展检查后，以村为单位，统一口径将各社的情况汇总。然后向乡领导汇报检查情况，交换意见。如乡镇对被查村社的检查结果提出异议，则当场重新核实汇总，对问题比较突出的乡镇、检查人员与乡镇领导、计生办一起，共同分析原因，找出差距，研究补救措施。

五、统一费用开支渠道。过去的计划生育工作检查，由乡镇或计生办接待检查组。超标准、超规格接待现象时有发生。为从根本上改变这种状况，这次检查不由乡镇接待安排，不接受乡镇的生活宴请，而由县计生委仿照有关规定，本着节俭原则，从紧安排，统一支付费用。有乡镇准备按惯例安排宴请，被检查组婉言谢绝。初步统计13人的检查组，在长达一个月的专项检查中，开支费用不到过去同类检查费用的十分之一。

六、切实做到“四个坚持”。一是坚持客观、公正地考核各乡镇的集中活动开展情况，进村入户如实登记、汇总，最后按标准计分；二是坚持不兴师动众，只要乡镇在工作上的配合，不要在生活上的陪同，减轻了乡镇领导的精力负担；三是坚持固定检查人员，从计生委机关抽出的13名干部自始至终参加检查，保证了按时完成任务；四是坚持执行严格的组织纪律，检查人员必须遵守计生委党组规定的各项纪律制度，如有违反、从严处理。

这次检查，全面、真实地了解了我县人口生育现状，掌握了各乡镇开展集中宣传活动的情况。据统计，检查结果数比乡镇报表更接近实际。如对育龄妇女进行普查，原乡镇报表统计普查率为93.75%而检查结果普查率仅为80.42%，减少了13.32个百分点；落实安扎措施率、报表统计为95.21%，检查统计为72.12%，减少了23.09个百分点。

(2) 实训任务

请根据上述材料，以某县办公室的名义写一篇简报。

2. 实训要求

(1) 实训条件

① 本实训可在秘书办公自动化实训室进行。

② 本实训应具备齐全的办公设备：计算机、打印机、网络连接。

③ 教师在实训前应提前告知学生实训资料。

④ 每人一台计算机。

(2) 实训方式与手段

本实训学生分组讨论操作，每组3人或4人。

(3) 实训要求与标准

① 本项目主要为文字写作，2课时完成。

② 简报结构合理，语言通顺。

③ 要符合简报的格式和语言特点。

(4) 实训考核

对完成的每一项进行单独打分，最后综合评定小组成绩。

学习任务二十五　消息

知识目标

- 掌握消息的含义、特点、类型；
- 掌握消息拟写的要点、格式；
- 掌握消息的用途和重要性。

能力目标

- 能够根据工作内容拟写结构完整的消息；
- 能够做到条理清楚、语言通顺；
- 能够在计算机上快速、准确地进行文字的录入、排版。

任务引入

职业情境

深圳商报讯记者何鑫于2013年1月23日发回报道：泸州老窖新品“老窖老酒”于今年1月23日在京东部分上市。老窖老酒是泸州老窖从2001年来重点打造的馥香老酒品牌，它遵循泸州老窖古法酿制，经洞藏陈酿、醇化老熟后，以老酒为调味酒，精心勾调而成，使得老窖老酒更为馥香悠久，回味绵长。包装上采用了黑釉瓷瓶的方式，使得老窖老酒成为泸州老窖中高端宴用型礼品酒的标杆品牌。老窖老酒长期以来一直以团购和定制为主要销售渠道，随着2013年市场的变化，老窖老酒也从中高端定制走向市场，飞入寻常百姓家。此次，京东部分上市的52度泸州老窖老酒是2012年5月采用年份封藏方式封存的高端礼品酒，也是老窖老酒做的市场尝试之一。定制酒与流通型酒的酒体和包装都有一些差异，定制酒用料更为考究，口感更为醇厚，但其价格也相对较高，消费者是否接受需要市场检验。

工作任务

根据情境内容，以记者何鑫名义写一篇消息。

任务分析

要拟写消息，首先要弄清楚消息的写作内容、写作要求；其次要掌握消息写作的特点；最后，掌握消息写作的结构模板和语言模式，做到快速、准确地拟写消息。

相关理论

一、 消息的含义、 用途和特点

消息，就是用最简要和迅速的手段报道最近发生事件的一种新闻宣传文体。也就是说新闻消息就是告诉人们发生了什么，报道最近发生的事实。狭义的新闻就是指消息，它是新闻体裁的重要形式，是报纸和广播电视新闻的主角，其他新闻报道如通讯、广播稿、新闻评论等是它的发展和补充。消息通常被人们称为新闻或狭义的新闻（广义的新闻是消息、通讯、特写、调查报告等新闻体裁的总称），它是我们使用最广泛的一种新闻体裁。

消息有以下特点：①采写发稿要及时、迅速；②叙事直截了当；③语言简洁明快，篇幅短小。

二、 消息的种类

1. 简讯

简讯即用三言两语简要报道新发生或新发现的具有新闻价值的事实。这类报道的内容要求单一写作。一般不分段，既没导语又不必交代背景，只求简单明了地告诉读者某地、某时发生了某件事就可以。一般为100字以下。

2. 短消息

短消息即用简洁文字把最新、最重要、而又有意义的事实报道出来。一般的短消息，由导语和主体两部分组成。有的短消息，也没导语，一气写下去，但是它比简讯、快讯要写得具体。一般为100字左右。

3. 长消息

长消息即用较多的笔墨深细地报道新闻价值较高的重大事实。此类消息的写作有导语，还要交代必要的背景，主要是报道重要会议、重大事件或成就及介绍先进经验等。一般为500字以上。

4. 动态消息

动态消息就是准确、迅速地报道新近发生的或正在发生的国内外重大事件、新鲜事实的一种消息形式。它是最能鲜明、直接体现新闻定义，及时传递信息、沟通情况的一种报道形式。其特点是短、快、新。

5. 经验消息

所谓经验消息，即反映事物发展变化的阶段性、概况性、经验性或典型性的报道。它不是以一个独立的事件为中心，而是由许多事实，或者说，由一件以上的事实，经过综合、归纳、概括、提炼而成。它不是突发性的，事情的发生、发展有比较长的过程。它所选择的事实有典型意义，能在不同程度上反映某一个时期、某一项工作的全貌。它不是简单的现象罗列，而是通过纵和横的对比、分析、阐述，揭示事物的本质，对读者有启发性、指导性。

6. 述评消息

述评消息往往以“记者述评”的方式发表，因此也称记者述评。它是一种以夹叙夹议、边述边评的方式及时分析形势，阐述重大事件，揭示问题本质，用以指导现实生活、工作的新闻体裁。

此外还有特写消息、人物消息、述评消息、图片新闻等。

三、 消息写作分析

消息一般由标题、消息头、导语、主体、结尾、背景几部分组成。

（一） 标题

1. 标题的种类

(1) 正题：也称主标题、主标、主题，它是标题中最主要、最受人注意的部分。在复合型标题中，一般字号大，居主位，点明消息中最主要的事实或观点。

(2) 引题：又称肩题、眉题、上副题，它与正题搭配，烘托、引导、说明和渲染正题。引题文字少于副题，字号小于正题。

(3) 副题：又称辅题、子题、下副题，它与正题搭配，是置于正题后的次要标题，用于补充、注释、深化、完善正题。

(4) 提要题：又称提示题或纲要题，它提纲挈领地概括新闻的主要事实、做法、经验或问题，向读者作概括扼要的介绍。这种提要题一般可提供背景材料、介绍主要内容、突出新闻事实等作用。

(5) 插题：又称小标题、分标题，是分别穿插于文中的小标题。

2. 标题的作用

(1) 标题在版面编排上具有独特的优势。

(2) 标题是对新闻内容最好的标示。

(3) 标题具有引导和吸引读者阅读的作用。

(4) 展示新闻立场、观点。

(5) 组织、美化版面。

3. 标题的组成和形式

(1) 主题：又称主题和大标题，其字号最大，位置最显要，内容也最重要，用来概括新闻中最主要的内容和思想。

(2) 辅题：用来配合主题来完成标题任务。辅题不能独立存在，也不是每题必有辅题，而是根据内容需要来决定是否加配辅题。辅题分引题（又称肩题、眉题、上辅题）和副题（子题、下辅题）两类。一般三行标题，由引题、正题和副题组成，具有重大新闻价值的消息，往往采用三行标题，如：

中华浩浩五千载　谁见铁龙渡大海（引题） **今天火车登陆海南（正题）** 吴邦国出席粤海铁路通道轮渡建成庆典（副题）

双行标题，由引题加正题，正题加副题组成，如：

江苏今年高考录取率超 70%（正题） 全省高考人数比去年多出 3.8 万人，但招生计划也同步增加（副题）

或：

杨先生痛说给孩子诊病遭遇（引题） **看个咳嗽要掏 1065 元（正题）**

单行标题，如：

中国首夺世界杯尼尔级帆板冠军（正题）

4. 标题的写作要点

(1) 标题要准确生动，一是事实要准确，标题要忠于新闻，不能文不对题，事实不能歪曲，不能任意拔高，更不能虚构。二是观点要准确。三是用词要生动，遣词造句要善于用最恰当最贴切的表现或评价。

(2) 标题要点出文章精华，这是能否引起读者阅读的关键，标题要把文章最有价值的新闻事实写在标题之中，总之要引人入文。如 2007 年 7 年 4 日人民日报头版头条：山定权树定根人定心（江西××县长水村林改纪实）。

(3) 标题要简短易读，巧用修辞。例如，巧用比喻，“美国华纳时代在线终于拜了天地”；巧用比拟，“遭到空袭 48 小时后巴格达：平静之中气难平”；巧用排比，“做文明市民创文明单位建设文明城市”；巧用模拟，“飞天伏群芳碧水映明霞”；巧用反复，“喜喜喜娘家频添回门女，改行教师纷纷归队”；巧用对比，“昔日：农民掏钱干部去旅游；如今：政府出资农民去考察”；巧用谐音，“羊倌的儿子留了‘洋’、有‘礼’走遍天下”；巧用感叹，“跑！跑！跑！东北敌军官兵纷纷跑到解放区来”；巧用回环，“猪多肥多肥多粮多粮多猪多，人才开创事业事业造就人才”；巧用双关，“有欺诈怎“安然”无诚信“××信”“两安”悬念越滚越大”；巧用衬托，“国民遇难海里挣扎首相挥汗球场尽兴”；巧用设问，“潜艇没长眼？美称将全面调查核潜艇撞船原因”；巧用引用，“诗词名句：会翁之意不在会，在乎山水之间也”；巧用顶针，“权力金钱美色关关前落马一批官”。

（二）消息头

消息头是由发布消息的媒体、地点、时间三要素组成。消息头主要有“讯”与“电”两类。讯是通过邮寄或书面递交的形式向媒体传递的新闻报道，“电”是通过电报、电传、电话、网络等途径传输的新闻报道。消息头是版权所有的标志，也可标明消息的来源，如“本报讯”、“本台消息”、“××社××地××月××日电”等。

（三）导语

导语是指一篇消息的第一自然段或第一句话。它是用简明生动的文字，写出消息中最主要、最新鲜的事实，鲜明地提示消息的主题思想。

1. 导语的作用

（1）最简洁地反映出新闻要素。消息的要点与轮廓，使读者一见即知传递何种信息。
（2）最简洁地确定新闻基调。导语写出消息的基本格调与舒展程度。
（3）最精彩地激发读者阅读兴趣。导语要抓住读者，激起读者阅读欲望。

2. 导语的种类

（1）叙述式：直接用叙述的方法，把新闻中最重要、最吸引人的事和思想，经过提炼，概括扼要地写出来。
（2）评论式：在消息的开头就对事物发表评论，使消息事实的意义更加明确，或者把事物的结论写在开头，揭示事物的意义和目的。
（3）提问式：在消息的开头，提出读者所关心的问题，然后加以解答。
（4）描写式：也称见闻式、目击式或细节式。在消息中对主要事实或某一有意义的侧面、细节，作简洁朴素而又有特点的描写，以造成气氛，增添声色，引人入胜。
（5）谈话式：也称“你”导语。在导语中直接把读者称呼为“你”。这类导语缩短了记者与读者之间的距离，是最使人感到亲切的导语。
（6）引语式：即引用一两句新闻人物重要的讲话或恰当的俗语、诗歌，借以概括地表达出新闻事实或揭示主题。
（7）对话式：采取对话问答形式采写的导语。
（8）对比式：利用同一事物或具有可比性的事物进行两相对比。
（9）感叹式：以感叹的口气直抒胸臆，引起读者的关注。

3. 导语的写作要点

（1）揭示主题，点明内容。最好是经过提炼的简洁精彩的文字表达，做到简明扼要、开门见山，同时善于运用生动形象而又朴实的语言来润色导语。表现形式上要努力创新，不落俗套，新颖别致，讲究文采。

（2）突出精华，抓住重点。导语写作要做到这一步，关键是写作时需要审慎衡量报道的事实，准确判断报道中的精华是什么，重点之处在哪里。写导语的诀窍在于懂得取舍，什么该写，什么不该写。要作出这样正确的判断，需从报道的诸多内容中寻找出信息量最重、新鲜度最强、重要性最大等具有很大新闻价值的事实来写。

（3）简洁扼要，不应啰唆。由于消息写作一般只有几百字，顶多是“千字文”，导语力求简洁凝练，反对拖泥带水，如《现场短新闻》。

4．练好导语写作的基本功

（1）要有提炼概括之功。由于客观事物是复杂多变的，有些新闻事实又头绪繁多，在这种情况下，要使导语写得简洁明晰，就要求记者和通讯员对报道的内容进行提炼、概括。对客观事物及其报道内容进行分析研究，揭示出深刻又有新意的见解、论点或道理。然后对报道的素材送行归纳分析，做到既抓准新闻事实中富有新意的核心，又凝练和升华出报道的主题。如此写出的导语，方能概括报道内容的精髓及其主题思想。

（2）要有捕捉特点之功。导语写作要避免雷同和一般化，只有把事物的特点抓住才能出新意。

（3）要有添情加彩之功。导语要写得感人肺腑，有时需记者和通讯员倾注一定的感情，笔端显露出悲、喜、哀、怒之情，从而增强报道的诱惑力和感染力。新华社记者报道著名数学家华罗庚骨灰安葬仪式时写的导语：“安息吧，华罗庚教授，党和国家领导人及首都各界500多名人士今天上午在八宝山革命公墓礼堂为您举行骨灰安葬仪式，低回的哀乐寄托着人们对您无限哀思，礼堂正中悬挂的您那大幅遗像显得是那样安详……”这个导语用“安息吧”三个字开头，便把记者和参加安葬仪式人们的感情一起注入了进去，突破了一般追悼会消息的老套，增添了报道的感情色彩。

（4）要有挤压“水分”之功。导语写作要干净利落，简洁明了，必须花力气砍去空话、套话、废词、废字及泛泛之言。把这些多余的“水分”挤压出去，方可做到“言简意赅”。此外，写导语既不要啰里啰唆，也不宜拐弯抹角。要防止出现千篇一律的套用政治性术语和口号。如有些导语开头总喜欢用“为了响应……”，“为了贯彻……”，“为了进一步开展……”，这种加到导语中，缺少独特的个性，缺乏鲜明性的词语、空泛的套话，应尽量不用。

5．巧妙构思导语

巧妙构思，能够提高导语的精粹度和诱惑力。

导语写作的构思技巧如下：

（1）选择角度。对一个新闻事实，从不同的角度去写作，可以产生不同的导语。一般地说，报道一件事或一个成就，从工作角度去写导语，容易枯燥、沉闷。要从群众角度或生活角度写导语就不同了。

（2）寻找反差。把客观事物对立的两方面，用简洁得当的语言表达出来，以强烈的反差吸引读者的关注。

（3）设置悬念。这样的导语不是将主要新闻事实不折不扣和盘托出，而是造成一个悬念，吊读者的胃口，引人去看下文。

（4）运用诗词、俗语、谚语、比喻等写作，也可增强导语的形象感和生动性。例如，新华社记者写的《北京今晨大雨前出现天似黑夜的罕见现象》一条消息的导语："今天早晨8时30分左右，北京上空乌云密布，天黑似锅底，大有'黑云压城城欲摧'之势，马路上的汽车开着车灯缓缓行驶，市民们惊奇中有些不安。"这里引用唐代大诗人李贺《雁门太守行》中的诗句来渲染当时北京上空乌云浓重的气氛，具有强烈的表现力和概括力。有的导语中巧设比喻，同样会增添报道的吸引力。

（四）主体

消息主体是消息的骨干部分，也是消息的展开部分。它承接导语，用足够的、典型的、有说服力的材料对新闻内容作具体全面的陈述，以体现全篇的主题思想。概括地讲，主体就是表述和说明新闻主题的主要部分。主体部分写作要求如下。

（1）结构严谨，层次分明。主体部分有以下常见结构。

① 倒金字塔式，把高潮或结局放在开头，然后再介绍其余内容。这样的好处便于阅读，使读者一下子抓住要点，满足读者的好奇心，其次是便于编辑处理版面。

② 金字塔式，特点一段比一段具体，事件的高潮和结尾要到最后一段才显示出，能吸引读者看完全篇。

③ 时间顺序结构，也称编年体结构。根据事件发生的先后按时间排列，其优点可以使读者对某一事件的全过程一目了然。

④ 提要式结构也称一二三四结构，这种结构适宜比较系统地介绍某一事件的综合消息。此外还有特写镜头式、电影蒙太奇式、散文式等。结构是为内容服务的，合理结构的标准在于用最短的篇幅叙述新闻事实，并能吸引读者读完全篇。

（2）内容充实，回答问题有力。消息的主体部分要写出足够的有说服力的事实材料，内容充实的标志，就是看这一部分中是否有力地解决了导语中提出的问题。

（3）用词准确，语言精练。要用确切恰当的词汇正确反映客观事物的情况，充分得体地表达主题。语言的运用上要防止套话、废话、大话或滥加形容。当然语法错误更不能出现。

（五）结尾

消息的结尾有以下常见形式。

（1）归纳式，对于内容广、头绪多的新闻，为了给读者一个整体印象，作者常以归纳式结尾。

（2）点题式，在结尾处点题。

（3）反问式，这种结尾往往可以加深人们对新闻所述事物的思索，进一步悟出其中奥妙。

（4）评论式，文章提出了值得引起人们注意的问题，最后以评论式的语气作为新闻的结尾。

（5）引语式，这种结尾常选用于消息报道的主人公表示态度，而且很有概括性典型性的话作为结尾。根据消息报道的内容报道的角度不同，结尾的写法也是多种多样，都要紧扣主题言简意明。

（六）背景

背景主要是指新闻事件发生的历史条件和环境。背景材料主要有三种：对比性材料、说明性材料和注释性材料。我们采写消息时要注意在以下情况下使用背景材料：①报道较复杂的新闻事实；②报道一项新事物，如一项新技术、新设备的采用；③报道读者不熟悉的或时间间隔较长的事物；④靠交代背景才有价值的消息。总之，丰富的背景可以帮助读者深入理解消息本身的意义，以揭示其内在的含义。

背景材料有助于突出、烘托、阐述、深化主题，增强说服力，可以提高新闻事件的意义和价值，使消息大为生色，有助于增强新闻的知识性、趣味性和可读性。

四、 消息的写作原则

（1）必须用事实讲话，要选择和运用典型事例对事实进行概括，处理好议论与叙述的关系（消息中的议论必须是从事实本身得出来的结论，不能抽象推理）。

（2）必须完全真实可靠，有一说一。要真实可信，分寸得当。还要强调反映本质的真实，不搞片面性和表面性。

（3）消息要新，时间新、内容新、角度新、结构新。

（4）坚持消息的党性原则就是强调思想性，主要是指导性、正确性、针对性方面。

（5）要有可读性，即要顾到知识性、趣味性，使读者感到有趣味。

五、 消息的写作模板

写作要点	写作模板
①标题：	______________（引题） ______________（正题） ______________（副题）
②消息头：	____社____月____日电：______________
③导语：	______________。
④主体：	______________ ______________。
⑤结尾：	______________ ______________。

任务实施

（1）消息的标题写作。

（2）消息头的写作。

（3）导语写作。

（4）主体部分写作。

（5）结尾写作。

经典例文

咬伤蟒蛇遭逮捕

【美联社加利福尼亚州萨克拉门托9月2日电】在萨克拉门托北部社区发生的一桩人蛇撕咬案让受害者身受重伤，但受伤一方并非如你所想。

警方说，在一名男子被控咬了一条蟒蛇两次后，该蛇接受了紧急手术。

安德鲁·佩蒂特警官说，警方在接到电话后于昨晚6点半赶到德尔帕索海茨社区。之前曾有名过路人报告说，看到一名男子躺在地上，也许遭到了袭击。当警察到达现场时，他们发现54岁的戴维·申克仍躺在那儿。但警方说，他不是遭到袭击的一方。

佩蒂特说，另一男子迎向警察，指控申克咬了其宠物蟒蛇两口。申克涉嫌非法令蛇致残或外形受损而被捕，其保释金为1万美元。

实训练习

1. 实训内容

（1）职业情境

2013年3月1日，国务院办公厅出台国五条细则，规定个人售房将征收20%个税，房价上涨过快城市可提二套房首付，对执行调控政策不力省市约谈问责。对此，知名地产商、华远地产董事长任志强认为，二手房扩大供给是对市场的补充，当这个补充也被税收而抑制时，只会让消费者少了更多的选择。

国务院下发《关于继续做好房地产市场调控工作的通知》，对国五条进一步细化。其中要求提高部分城市第二套住房贷款的首付款比例和贷款利率，同时对出售自有住房的增值部分征税20%。

对此，任志强提出质疑称坚持市场化改革大约是句空话，“价格是市场供求关系的信号。当市场无法用价格传递正确的供求关系信息时，可能扩大投资增加供给吗？一个不能让供给主动增加的政策会是好的政策吗？尤其是当一手市场供给短缺时，二手房扩大供给是对市场的补充。当这个补充也被税收而抑制时，只会让消费者少了更多的选择”。

（2）实训任务

请根据上述材料，以某媒体的名义写一篇消息。

2. 实训要求

（1）实训条件

① 本实训可在秘书办公自动化实训室进行。

② 本实训应具备齐全的办公设备：计算机、打印机、网络连接。

③ 教师在实训前应提前告知学生实训资料。

④ 每人一台计算机。

（2）实训方式与手段

本实训学生分组讨论操作，每组 3 人或 4 人。

（3）实训要求与标准

① 本项目主要为文字写作，2 课时完成。

② 消息结构合理，语言通顺。

③ 要符合消息的格式和语言特点。

（4）实训考核

对完成的每一项进行单独打分，最后综合评定小组成绩。

项目四

商务沟通文书写作

学习任务二十六　广告文案

知识目标

- 掌握广告文案的含义、特点、类型；
- 掌握广告文案拟写的要点、注意事项；
- 掌握广告文案的用途和重要性。

能力目标

- 能够根据工作内容拟写有说服力的广告文案；
- 能够做到条理清楚、语言通顺；
- 能够在计算机上快速、准确地进行文字的录入、排版。

任务引入

职业情境

北京信息职业技术学院慧通超市是财经管理系学生实训基地，每年的促销工作都是由教师带领学生完成，超市地处学院内，受地理位置的限制，每学期末的促销任务显得十分重要。学生放假期间超市不营业，因此超市的大部分货物如饮料、食品等保质期短的商品需要清仓甩卖，尽量减少消耗，为下学期的超市运营打下好的基础。

工作任务

根据情境内容，以慧通超市名义写一份关于期末促销的广告文案。

任务分析

要拟写广告文案，首先要弄清楚广告文案的写作内容、写作要求；其次要掌握广告文案写作的特点；最后，掌握广告文案写作的结构模板，做到快速、准确地拟写广告文案。

相关理论

一、 广告文案的含义和用途

广告文案是已定稿的广告作品中用以表达主题和创意的全部的语言文字。广告文案是广告创意的表现和深化，传达信息、促进沟通，是广告者与受众之间的直接中介。本任务主要针对运用于产品促销的商业广告文案。

二、 广告文案的特点

1. 不拘泥于结构的完整

广告文案文本在结构上比较完备，标题、正文、广告语、随文等几项内容构成了一篇广告作品的整体结构。各部分各司其职，层次分明、主次有序，使文案包含完备的信息内容。但是要注意，广告文案的结构并不拘泥于形式上的完整，应该从广告的传播目的出发，以发展创意、表现创意为根本，有机地安排和取舍。有些文案只采用了结构中的某一部分，以独特的结构和诉求方式，形成更有效的传达力、说服力。

2. 运用并借助各种表现方法

广告文案的表现手法多种多样，文案人员应该以一种最吸引人的表现手法将信息传达出来，所以表现方法往往不拘一格。从专家的证言、名人的推荐，到带有亲切感的生活片断，从朴素直白的性能介绍，到出人意料的新颖创意，在其他文体中使用的表现方法在文案写作中都能找到。文案形成过程中表现手法的选择和运用，应该有助于达成有效传播，提升感染力和销售力，实现广告目的。

3. 语言文字风格多种多样

在语言文字风格上，广告文案打破了文体间的区隔，论文的严谨、诗歌的优美、散文的随意、新闻的纪实，都可以为文案所用，只要是有助于吸引受众，使广告信息得到有效传播的风格，广告文案都可以吸收和结合。

4. 传达信息的同时注重对受众的说服

广告文案应该传达有效信息，也只有在传达广告信息的活动中文案才能得以存在，广告文案的写作活动，也只有在广告信息的传达过程中才能得以展开。并且，广告文案写作的根本任务，是如何在传达的同时说服和劝诱目标受众。

三、 广告文案的类型

根据不同标准，可以对广告文案写作分类，这些标准包括广告目的、广告发布媒介、信息因素、自身结构和诉求方式。这里着重根据不同的广告发布媒介而形成的广告文案写作分类。

（1）印刷广告文案。是通过印刷媒介传播的广告文案。包括为大众印刷媒介（报纸、杂志）文案和其他的印刷媒介（直邮、招贴、产品介绍手册、企业介绍样本、产品样本等）文案等。

（2）电波广告文案。是通过电波媒介传播的广告文案。包括广播、电视广告文案。广播广告文案写作以声音作为文案写作的研究对象，电视广告文案写作以声画合一、语言和文字作为双重的研究对象。

（3）其他媒介广告文案。指通过印刷和电波媒介以外的广告媒介传播的广告文案，主要包括户外广告文案、展示广告文案、销售现场广告文案、网络广告文案等。

四、广告文案写作分析

1. 标题

广告标题是整个广告文案的总题目。写作广告标题时，应该将广告中最重要的、最吸引人的信息进行富有创意的表现，以吸引受众对广告的注意。标题应该去昭示广告信息中的精华、广告创意中的亮点，使受众继续关注正文。

2. 正文

广告正文是指广告文案中处于主体地位的语言文字部分。在正文中，我们要展开解释或说明广告主题，将在广告标题中引出的广告信息进行较详细的介绍，对目标消费者展开细部诉求。我们写作商业广告正文，应该使受众了解到各种希望了解的信息，受众在正文的阅读中产生对产品或服务的了解和兴趣、信任，并产生购买欲望，促进购买行为的产生。

正文主要对标题中提出或承诺的商品或商品利益点给予解释和证实，也可以对广告中企业、商品、服务、观念等的特点、功能、个性、背景等方面进行细部说明和介绍。

3. 附文

广告附文是在广告正文之后向受众传达企业名称、地址、购买商品或接受服务的方法的附加性文字。在广告作品中的位置一般居于正文之后，也称随文、尾文。在附文中我们可以具体写以下内容：①品牌和企业名称、标志；②企业地址、电话、邮编、联系人；③购买商品或获得服务的途径和方式；④权威机构证明标志与促销措施等。

4. 口号

广告口号，也称广告语、广告中心词、广告标语等。应该注意，广告口号的作用是为了加强受众对企业、商品或服务等的一贯印象，广告口号应该简明扼要，必须能够表现商品特性或企业理念。它是基于企业长远的利益，向消费者传达长期不变的观念的重要渠道。广告口号表现的信息要单一，但是内涵要丰富。一般的广告口号句式简短，朴素流畅。广告口号反复运用，要给受众留下深刻印象。

五、 广告文案写作与文学写作的区别

1. 写作的目的不同

广告文案写作功利性很强，广告文案要传达广告信息、获得与目标消费者沟通的效果，应该能促使消费者产生购买行为和购买愿望，广告文案写作不应该游离或凌驾于这个广告目的。文学写作有其自身的规律和表达方式，让读者陶醉在对文学作品的审美过程之中，不带有任何功利色彩和商业化气息。

2. 写作的主体倾向不同

广告文案写作首先注重传达企业、商品或者服务的信息，而不是如何表达和体现广告文案人员的思想情趣。广告文案人员应该运用才智将信息处理和表达得更准确、更有表现力和吸引力。文学写作历来讲究“抒情言志”，倾向于表现作者自身的思想感情，可以张扬写作主体的个性色彩。

3. 对文学表现手段的运用不同

广告文案写作往往采用文学的表现手法，以加强文案的吸引力，诱导受众读完整个文案。但文学表现手段，在这里只是广告作品实现自身目的的工具。文学语言、文学笔法的运用，只是为了让受众在文学的氛围里得到感染，对产品、服务产生消费欲望。而文学表现手段在文学作品种则完全服务于作者对人物、情节等要素的表现。

六、 广告文案的写作要求

（1）广告文案写作要真诚。对商业广告来说，只有对产品、服务进行实事求是的介绍，才能赢得受众的信任。消费者的利益是第一位的。商业广告无疑是一种消费引导，对受众抱以真诚的态度，遵循市场规律，才能不断地提升企业自身的知名度和商品的美誉度。对商品和服务所制作的广告，只有立足于真诚才能做到文案信息的真实可靠。

（2）广告文案写作应该通俗简明。有助于实现广告目标的文字和表述都应保留，而一切与此无关的都应抛弃，力求文案简洁明了。应尽量使用短句而不用长句，除非用短句不能确切表达含义。文字应该形象生动，要通俗易懂。一篇广告里若包罗了过多的思想内容或广告信息，往往也就不能吸引受众。

（3）广告文案写作应该表现广告创意，体现广告的主题。广告作品的表现过程是对广告创意的传达和表现的过程。文案人员要对广告创意进行到位的表达，要运用语言文字对广告创意进行表现、深化和发展。只有广告主题在文案的字里行间得到充分表现，广告文案的写作才是成功的。

（4）广告文案写作要立足于说服。不管是何种类型的文案，其目的都是为了诱发共鸣，激发受众潜在的需求，以达到说服受众的目的。只有让受众对企业产生信任，对商品及服务产生好感，对公益事业产生热情，对服务产生兴趣，广告文案的价值才能真正得以体现。

（5）广告文案要独创。独创才有可能产生魅力。广告文案的写作，只有在借鉴的基础

上创新才能不落窠臼；只有在充分感受社会氛围和时代气息的基础上，运用创造性的语言，才能使文案产生魅力。

七、 广告文案的写作模板

写作要点	写作模板
①标题：	（点明促销主题）（可用正副标题形式）
②正文：	（展开解释和说明促销主题）
③附文：	（联系方式、企业名称等）
④广告口号：	（可用短句、排比句强调主题）

任务实施

（1）广告文案的标题写作——明确广告文案的主题。
（2）广告正文写作——展开解释说明广告的主题内容。
（3）广告附文写作——明确企业或品牌的名称和联系方式。
（4）广告的口号写作——再次强调主题，吸引消费者。

经典例文

×××房地产公司所做的销售广告文案
回家路上，华灯开发（标题）

生活就在这里，习惯了各式各样的店铺与商场，习惯了车水马龙、人流不断，习惯了城市每天都在变得更好，习惯了越来越多的人看好这里，习惯了这里城市的繁华，习惯了，回家，一路华灯开放。（正文）

×××（楼盘名称），占据城市繁华中心，让城市取悦你的生活！（口号）

×××地址、电话。（附文）

实训练习

1. 实训内容

（1）职业情境

××公寓，地处×××路××号，东靠×××公司工人新村。1000米内有超市、广场、医院、中小学、幼儿园及邮局、加油站。生活设施完备，闹中取静。

户型：一室一厅（53m^2）、二室一厅（53m^2、67m^2）、二室二厅（122m^2）、三室一厅（145m^2）。

售价：每平方米3 388元（普通装修）、4 528元（中高档装修）起，一楼杂物间一律每平方米2 000元。

优惠：一次性付款9.5折优惠，代办迁入城市户口，提供优惠购房按揭。

售房单位：××××××房地产建设开发公司。

售房许可证编号：×字（2000）第×号
售楼部地址：××××
电话：×××××××
联系人：××
（2）实训任务
请你以某房产公司销售部门经理的身份写一份广告文案。

2. 实训要求

（1）实训条件
① 本实训可在秘书办公自动化实训室进行。
② 本实训应具备齐全的办公设备：计算机、打印机、网络连接。
③ 教师在实训前应提前告知学生实训资料。
④ 每人一台计算机。
（2）实训方式与手段
本实训学生分组讨论操作，每组 3 人或 4 人。
（3）实训要求与标准
① 本项目主要为文字写作，2 课时完成。
② 广告文案结构合理，语言通顺。
③ 要符合广告文案的格式和语言特点。
（4）实训考核
对完成的每一项进行单独打分，最后综合评定小组成绩。

学习任务二十七　海报

知识目标
- 掌握海报的含义、特点、类型；
- 掌握海报拟写的要点、注意事项；
- 掌握海报的用途和重要性。

能力目标
- 能够根据工作内容拟写结构完整的海报；
- 能够做到条理清楚、语言通顺；
- 能够在计算机上快速、准确地进行文字的录入、排版。

任务引入

职业情境

北京××学院慧通超市是财经管理系学生实训基地，每年的促销工作都是由教师带领学生完成，超市地处学院内，受地理位置的限制，每学期末的促销任务显得十分重要。学生放假期间超市不营业，因此超市的大部分货物如饮料、食品等保质期短的商品需要清仓甩卖，尽量减少消耗，为下学期的超市运营打下好的基础。尤其是饮料，准备在7月份暑假之前全部清仓甩卖。

工作任务

根据情境内容，以慧通超市名义制作一份饮料促销的海报。

任务分析

要拟写海报，首先，要弄清楚海报的写作内容、写作要求；其次，要掌握海报写作的特点；最后，掌握海报写作的结构模板，做到快速、准确地拟写海报。

相关理论

一、 海报的含义和用途

海报是向公众报道或介绍有关电影、戏曲、杂技、体育、学术报告会等消息时所使用的一种招贴性应用文。海报通常张贴在有关演出的场所，或较为醒目的地方，告知有关活动的事项。有的海报还可以在广播电视上播出。

二、 海报的特点

海报一般具有以下一些特点。

1. 广告宣传性

海报希望社会各界的参与，它是广告的一种。有的海报加以美术的设计，以吸引更多的人加入活动。海报可以在媒体上刊登、播放，但大部分是张贴于人们易于见到的地方。其广告性色彩极其浓厚。

2. 商业性

海报是为某项活动作的前期广告和宣传，其目的是让人们参与其中，演出类海报占海报中的大部分，而演出类广告又往往着眼于商业性目的。当然，学术报告类的海报一般是不具有商业性的。

三、 海报的类型

海报一般来讲，从内容上看可以分为下列几类。

1. 电影海报

电影海报是影剧院公布演出电影的名称、时间、地点及内容介绍的一种海报。这类海报有的还会配上简单的宣传画，将电影中的主要人物画面形象地绘制出来，以扩大宣传的力度。

2. 文艺晚会、杂技、体育比赛等海报

文艺晚会、杂技、体育比赛等海报同电影海报大同小异，它的内容是观众可以身临其境进行娱乐观赏的一种演出活动，这类海报一般有较强的参与性。海报的设计往往要新颖别致，引人入胜。

3. 学术报告类海报

学术报告类海报是一种为一些学术性的活动而发布的海报。一般张贴在学校或相关的单位。学术类海报具有较强的针对性。

四、 海报写作分析

海报一般由标题、正文和落款三部分组成。

1. 标题

海报的标题写法较多，大体可以有以下一些形式：
(1) 单独由文种名构成，即在第一行中间写上“海报”字样。
(2) 直接由活动的内容承担题目，如“舞讯”、“影讯”、“球讯”等。
(3) 可以是一些描述性的文字，如“×××再显风采”、“××寺旧事重提”。

2. 正文

海报的正文要求写清楚以下一些内容：
(1) 活动的目的和意义。
(2) 活动的主要项目、时间、地点等。
(3) 参加的具体方法及一些必要的注意事项等。

3. 落款

要求署上主办单位的名称及海报的发文日期。
以上的格式是就海报整体而讲的，实际使用中，有些内容可以少写或省略。

五、 海报写作的注意事项

(1) 海报写作应该准确、真实地传递信息。
(2) 海报文字要求简洁明了，篇幅要短小精悍，便于阅读。
(3) 海报的制作应该醒目，以吸引观众注意。

六、 海报的写作模板

写作要点	写作模板
①标题：	××海报
②正文：	活动内容、时间、地点、注意事项等。
③落款：	主办单位 发文时间

任务实施

(1) 海报的标题写作。
(2) 海报正文写作——说明活动内容、时间、地点等。
(3) 海报落款写作——明确主办单位名称和发文时间。

经典例文

运动会海报

又是金秋风飒飒，正值沙场点兵时。我校一年一度的秋季运动会很快就要拉开帷幕了！厉兵秣马、枕戈待旦的训练，终于迎来了一次接受检阅和考验的机会，请不要观望，不要等待，是好钢就该用到锋刃之上，去报名参赛吧！我校是田径训练传统特色院校，作为一所有着光荣传统学校的学生，希望每一位同学都能在比赛中体现"重在参与"的热情、"更快、更高、更强"的奥林匹克精神和"友谊第一，比赛第二"的体育道德风尚，用体育的精神来陶冶自己吧！

运动会参赛人员报名时间从即日起，由各班体育委员负责；截止时间为9月23日。

大会隆重推出教工比赛。精彩瞬间，不可多得，请大家拭目以待！

运动会召开时间：2010年10月10日。

学生会
2010年9月1日

实训练习

1. 实训内容

(1) 职业情境

某高校为纪念"五四"运动九十周年，特邀校友××博士来校作学术报告。报告题目为"知识经济时代的学习和工作"，时间为2009年5月4日14时，地点为12号楼礼堂。

(2) 实训任务

请你以校学生会的名义制作一份海报。

2. 实训要求

(1) 实训条件

① 本实训可在秘书办公自动化实训室进行。
② 本实训应具备齐全的办公设备：计算机、打印机、网络连接。
③ 教师在实训前应提前告知学生实训资料。
④ 每人一台计算机。

(2) 实训方式与手段

本实训学生分组讨论操作，每组3人或4人。

（3）实训要求与标准

① 本项目主要为文字写作，2课时完成。

② 海报结构合理，语言通顺。

③ 要符合海报的格式和语言特点。

（4）实训考核

对完成的每一项进行单独打分，最后综合评定小组成绩。

专业拓展

一、海报的历史

海报这一名称，最早起源于上海。旧时，上海的人通常把职业性的戏剧演出称为“海”，而把从事职业性戏剧的表演称为“下海”。作为剧目演出信息的具有宣传性的招徕顾客性的张贴物，也许是因为这个关系的缘故，人们便把它叫做“海报”。

“海报”一词演变到现在，它的范围已不仅仅是职业性戏剧演出的专用张贴物了，而是变为向广大群众报道或介绍有关戏剧、电影、体育比赛、文艺演出、报告会等消息的招贴，有的还加以美术设计。因为它同广告一样，具有向群众介绍某一物体、事件的特性，所以，海报又是广告的一种；但海报具有在放映或演出场所、街头广以张贴的特性，加以美术设计的海报，又是电影、戏剧、体育宣传画的一种。招贴又名“海报”或“宣传画”，属于户外广告，分布在各街道、影剧院、展览会、商业闹区、车站、码头、公园等公共场所。国外也称之为“瞬间”的街头艺术。招贴相比其他广告具有画面大、内容广泛、艺术表现力丰富、远视效果强烈的特点。（摘自《应用写作》杂志，吉林省写作学会、长春理工大学主办）

海报是人们极为常见的一种招贴形式，多用于电影、戏剧、比赛、文艺演出等活动。海报中通常要写清楚活动的性质，活动的主办单位、时间、地点等内容。海报的语言要求简明扼要，形式要做到新颖美观。

二、电影海报起源

1895年12月28日，法国卢米埃兄弟在巴黎的一间餐厅里向35位观众放映了《火车到站》等短片，当时那张题为《卢米埃电影》的海报可能是世界上第一张电影海报。

早期的电影海报是纯粹为了电影的上片做宣传广告用途，就如现在卖场中的大多数促销海报招贴，是用手工绘制的，又称手绘电影海报，其真迹已较少见，好莱坞早期著名影片《飘》、《蒂芙尼的早餐》、《卡萨布兰卡》当时的海报都是手绘的，画面精美细致，至今仍有很高的艺术价值。

随着电影的普及，电影海报制作技术的进步，电影海报本身也因其画面精美，表现手法独特，文化内涵丰富，成为了一种艺术品，具有欣赏和收藏价值，但国外的海报收藏家一般只收藏原版电影海报，当然其头版及前几版更因其数量稀少、升值潜力巨大而备受宠爱。

电影海报及其他电影衍生产品，从功能上分可分为两类：第一类是供广告促销用的，其产品上常标有“For Promotion”（促销用）的字样，主要用作电影公司的广告、影院招贴、观众的赠品。第一类产品是不能用于销售的。第二类是可供销售的。大家在上海看到的电影海报、明信片、钥匙圈、纪念卡、马克杯、T恤等都属于电影的衍生产品。电影和电影的衍生产品早已成为一种文化，影响了一代又一代人，走进千千万万人的生活。

当今的电影海报大多画面精美，即使是同一部电影的海报，各国的版本都会有不同的表现手法，也可能突出不同的主题。一部普通的电影海报只有一两个版面，而一部畅销的大片就可能有数十种版面，《TITANIC》电影的海报应该是目前版面最多的海报了。

学习任务二十八　意向书

知识目标

- 掌握意向书的含义、特点、类型；
- 掌握意向书拟写的要点、注意事项及合同的主要条款；
- 掌握意向书和合同的差别。

能力目标

- 能够拟写结构完整的、条款齐备的意向书；
- 能够在计算机上快速、准确地进行文字的录入、排版。

任务引入

职业情境

甲、乙、丙三方合作建一个大型超市，甲、乙双方各出资50%，丙方出场地，三方法定代表人刚刚达成口头意向。

工作任务

以小组为单位成立模拟公司，以公司的名义拟写意向书。

任务分析

要拟写意向书，首先要弄清楚意向书的写作内容、写作要求；其次要掌握意向书写作的特点和所属种类；最后掌握意向书写作的结构模板，能够区分意向书和合同的细微差别。

相关理论

一、意向书的含义

意向书是当事人双方或多方之间，在对某项事物正式签订条约、达成协议之前，表达初步设想的意向性文书。意向书为进一步正式签订协议奠定了基础，是“协议书”或“合同”的先导，多用于经济技术的合作领域。

商务印书馆《英汉证券投资词典》中：意向书的英文写法为 letter of indemnity，是公司或个人为某项业务出具的非正式函件。虽然它不具备合约的约束力，但表明签署人的严肃态度。例如，互惠基金持有人保证每个月的投资数额承诺，并购过程中买卖双方经过认真讨论签署的初步文件等。

二、意向书的特点

（1）协商性和灵活性。意向书不像协议、合同那样，一经签约不能随意更改，意向书比较灵活，在协商过程中，当事人各方均可按各自的意图和目的提出意见，在正式签订协议、合同前亦可随时变更或补充，最终达成协议。

（2）简略性。意向书具有法律约束力。

三、意向书写作分析

意向书的结构包括标题、正文和尾部。

1. 标题

标题形式为“项目名称＋文种”。文种，即“意向书”。

2. 正文

（1）导语。写明合作各方当事人单位的全称，双方接触的简要情况，磋商后达成的意向性意见。然后用“本着××原则，兴建××项目”作为导语的结束。

（2）主体。分条款写明达成的意向性意见，可参照合同或协议的条款排列。

（3）结尾。写明“未尽事宜，在签订正式合同或协议书时再予以补充”一语，以便留有余地。

3. 尾部

意向书签订各方单位的名称、代表人姓名并加盖公章、私章及日期。

四、意向书写作注意事项

（1）语言准确，表达清楚。

（2）忠实于洽谈内容。

五、意向书的写作模板

写作要点	写作模板
①标题：	合作意向书
②正文：导语	签约地点： 合作双方： 甲方： 乙方：

续表

写作要点	写作模板
主体	为进一步繁荣社会主义市场经济，保证乙方承担开发建设的项目顺利实施，经双方友好协商，就项目融资的相关事宜达成合作意向，具体如下。 一、项目概况： 1. 项目名称： 2. 实施地点： 3. 投资总额： 4. 已投资数： 二、合作事宜： 三、甲方的权利及责任： 四、乙方的权利及责任： 五、其他条款： 六、不可抗力： 七、未尽事宜： 八、纠纷的解决：
结尾	九、其他约定：
③尾部：	甲方（盖章）： 代表（签字）： 地址： 邮编： 电话： 传真： 网址： E-mail： 乙方（盖章）： 代表（签字）： 地址： 邮编： 电话： 传真： 网址： E-mail： 签订时间：　　年　　月　　日

任务实施

（1）意向书的标题写作。

（2）意向书正文拟写。

（3）排版打印。

经典例文

合作意向书

签约地点：

合作双方：

甲方：

乙方：

为进一步繁荣社会主义市场经济，保证乙方承担开发建设的项目顺利实施，经双方友好协商，就项目融资的相关事宜达成合作意向，具体如下。

一、项目概况

1. 项目名称：

2. 实施地点：

3. 投资总额：

4. 已投资数：

二、合作事宜

乙方以资产（或项目）抵押形式向甲方借款人民____万元，使用期限为____年；上述款项到达乙方账户后叁个工作日内，乙方向甲方的支付一次性贴息为借款总额的14%（百分之十四），即人民币____万元；双方约定，乙方每年向甲方支付红利的标准为借款总额的____%（百分之__），即人民币____万元，支付时间在正式合同中另行约定；到期后，甲方收回本金。双方在完善了资产（或项目抵押）的相关法律手续后正式签订合同，甲方在正式签约后三个工作日内，将第一笔人民币____万元存入乙方账户，其余款项在其后的__个工作日内执行完毕。

三、甲方的权利及责任

1. 核查项目文件，对乙方及项目进行实地考察；

2. 保证资金真实性，且属于清洁的、可自主支配的；

3. 在乙方及项目符合抵押要求时，保证上述数额的款项按时到达乙方账户；

4. 资金到达乙方账户后，有权收取一次性贴息，按时收取红利。

四、乙方的权利及责任

1. 保证项目真实性，承担甲方考察人员的考察费用及出差补助；

2. 办理资产（或项目）抵押的相关手续，保证借款无法律障碍及其他风险；

3. 在完善项目合法手续后，有权要求甲方资金如数如期到位；

4. 资金到达后，如约支付一次性贴息及红利。

五、其他条款

双方约定，本次合作的相关事宜，除政府相关部门及办理相关手续的单位外，应向其他任何无关单位或个人保密，如双方的合作形式及合作年限，甲方收取的贴息及红利数额，乙方项目的实施步骤，知识产权及盈利前景等，均属于保密范畴。

六、不可抗力

双方约定，因人力不可抗拒的因素（如国家政策变化、战争、地震、台风等），造成本意向书须延迟或终止执行时，双方均不承担违约责任；但遭遇不可抗力因素影响的一方，应以书面形式向另一方说明事态情况，并及时提交具有法律根据的证明文件。

七、未尽事宜

双方决定，意向书中的未尽事宜双方另行协商解决。

八、纠纷的解决

双方约定，在合作过程中如发生纠纷，双方应本着友好的态度协商解决；协商不能解决时，可诉诸于意向书签约地人民法院。

九、其他约定

1. 本意向书双方签字盖章后生效；

2. 本意向书一式两份，双方各执一份。

甲方（盖章）：中国×××集团投资中心

代表（签字）：

地址：　　　　邮编：

电话：　　　　传真：

网址：　　　　E-mail：

乙方（盖章）：

代表（签字）：

地址：　　　　邮编：

电话：　　　　传真：

网址：　　　　E-mail：

签订时间：　　年　　月　　日

实训练习

1. 实训内容

（1）职业情境

某职业学院财经系为了培养学生的实际工作能力，欲建立真实的工作场地（公司）来用于学生实训。经研究，学院决定提供场地和前期的费用，并选择一家大型企业进行技术和管理上的合作。

（2）实训任务

请你以学院的名义写一份和××公司合作的意向书。

2. 实训要求

（1）实训条件

① 本实训可在秘书办公自动化实训室进行。

② 本实训应具备齐全的办公设备：计算机、打印机、网络连接。

③ 教师在实训前应提前告知学生实训资料。

④ 每人一台计算机。

（2）实训方式与手段

本实训学生分组讨论操作，每组 3 人或 4 人。

（3）实训要求与标准

① 本项目主要为文字写作，2课时完成。

② 文本结构合理，语言通顺。

③ 要符合意向书的格式和语言特点。

（4）实训考核

对完成的每一项进行单独打分，最后综合评定小组成绩。

学习任务二十九　合同

知识目标

- 掌握合同的含义、特点、类型；
- 掌握合同拟写的要点、注意事项；
- 掌握不同种类合同的写法。

能力目标

- 能够拟写结构完整的合同；
- 能够在计算机上快速、准确地进行文字的录入、排版。

任务引入

职业情境

甲、乙、丙三方合作建一个大型超市，甲、乙双方各出资50%，丙方出场地，三方法定代表人在达成口头意向的基础上，签订意向书。

工作任务

在完成的意向书的基础上，签订合同。

任务分析

要拟写合同，首先要弄清楚合同的写作内容、主要条款、写作要求；其次要掌握合同写作的特点和所属种类；最后，掌握合同写作的结构模板，做到快速、准确地拟写合同。

相关理论

一、 合同的含义和特征

合同是两个或两个以上的当事人之间为实现一定的目的，明确彼此权利和义务的协议。合同具有以下法律特征：

（1）合同是一种民事法律行为。《中华人民共和国民法通则》第五十四条规定："民事法律行为是公民或者法人设立、变更、终止民事权利和民事义务的合法行为。"合同的这种民事法律行为，在主体方面要求有两个以上的当事人，在意思表示方面要求当事人的意思表示一致。

（2）合同以设立、变更、终止民事权利义务为目的。所谓设立，是指当事人订立合同以形成某种法律关系；所谓变更，是指当事人协商一致以使原有的合同关系在内容上发生变化；所谓终止，是指当事人协商一致以消灭原法律关系。

二、合同的种类

《中华人民共和国合同法》把合同分为15类：

（1）买卖合同。指出卖人转移标的物的所有权于买受人，买受人支付价款的合同。

（2）供用电、水、气、热力合同。供用电合同是供电人向用电人供电，用电人支付电费的合同。供用水、供用气、供用热力合同，则参照供用电合同的有关规定。

（3）赠与合同。指赠与人将自己的财产无偿给予受赠人，受赠人表示接受赠与的合同。

（4）借款合同。指借款人向贷款人借款，到期返还借款并支付利息的合同。

（5）租赁合同。指出租人将租赁物交付承租人使用、收益，承租人支付租金的合同。

（6）融资租赁合同。指出租人根据承租人对出卖人、租赁物的选择，向出卖人购买租赁物，提供给承租人使用，承租人支付租金的合同。

（7）承揽合同。指承揽人按照定作人的要求完成工作，交付工作成果，定作人给付报酬的合同。

（8）建设工程合同。指承包人进行工程建设，发包人支付价款的合同。

（9）运输合同。指承运人将旅客或者货物从起运地点运输到约定地点，旅客、托运人或者收货人支付票款或者运输费的合同。

（10）技术合同。指当事人就技术开发、转让、咨询或者服务订立的确立相互之间权利和义务的合同。

（11）保管合同。指保管人保管寄存人交付的保管物，并返还该物的合同。

（12）仓储合同。指保管人储存存货人交付的仓储物，存货人支付仓储费的合同。

（13）委托合同。指委托人和受托人约定，由受托人处理委托人事务的合同。

（14）行纪合同。指行纪人以自己的名义为委托人从事贸易活动，委托人支付报酬的合同。

（15）居间合同。指居间人向委托人报告订立合同的机会或者提供订立合同的媒介服务，委托人支付报酬的合同。

三、合同写作分析

合同的一般格式为“标题＋约首＋导言＋主体＋约尾”。

1. 标题

合同标题有以下形式：

（1）合同种类名称＋文种，如“租房合同”、“建筑工程合同”。

（2）经营范围或标的＋文种，如“××商厦与××银行合作合同”。

（3）时间期限＋同种类名称＋文种，如“××××年××学院与××公司合作合同”。

（4）签约单位名称＋合同种类名称＋文种，如“物流公司委托培训合同”。

2. 约首

约首位于标题之下，包括签订合同当事人的名称、合同编号、签约时间、签约地点、签约期限等。

3. 导言

导言需要写明订立合同的目的、根据等。例如，“为了……根据……经过双方充分协商，特签订本合同，以资共同遵守”，也可用“主要条款如下”或“条文如下”等引入主体。导言部分应力求简明扼要。

4. 主体

主体即基本条款部分，主要是写当事人双方协商一致的内容，形成合同书的正式条文。每条都要另起一行书写。合同书的条款是指合同书正文主体部分的内容，它包括三个方面：

一是合同书一般应该具备的条款，即《中华人民共和国合同法》第十二条列出的八项条款（见下文）。

二是某种类型的合同中所特有的必备条款。这些条款有的是根据合同性质必须要具备的，有的是按有关法律法规规定必须要有的。

三是当事人一方要求规定的条款或经双方协商的其他条款。

这里对上述第一个方面的八项条款一一作介绍。

（1）当事人的名称或者姓名和住所：此项条款反映在合同书的约首和约尾中，必须如实写。

（2）标的：是指合同中权利和义务所指向的对象，包括货物、劳务、智力成果等。标的是一切合同必备的首要条款，而且必须明确具体地写清楚。

（3）数量：是合同标的的具体化，是标的的计量，它直接体现了合同双方权利义务的大小程度，必须明确规定标的的数量、计量单位和计量方法。合同的数量是用重量、体积、长度、面积、个数等作为计量单位的。数量可以用基本计量单位，如米、千克、只等。大宗商品可以用万米、吨、万只等，也可以用包装单位，如箱、包等，但必须注明每个箱、包内含多少基本计量单位。有些产品必要时应当在合同上写明交货数量的正负尾差、合理磅差、自然减量或增量的单位及计算方法。

（4）质量：是指标的特征和优劣程度，是标的内在质量和外观质量的综合指标。凡有统一质量标准的，可按标准执行：没有规定标准的，则由当事人双方协商确定标准，在合同书中说明。技术要求、验收标准也应规定清楚，并封样备验。在合同书中一定要将质量条款明确、具体地写清楚，以免引起纠纷。

（5）价款或者报酬：是有偿合同中，接受标的的一方当事人以货币形式向另一方当事人支付的对价。价款就是产品或商品的价格，在租赁合同中指租金，在借款合同中是指利息；报酬是指从事劳务应得到的酬金，在承揽合同中是指加工费，在保管合同中是指保管费，在运输合同中是指运输费等。在签订合同书时，必须对标的价款或报酬协商一致，并在合同书中明确标明支付的货币名称、数额，以及计算标准、结算方式、支付时间、支付方式等。

（6）履行期限、地点和方式：履行期限是指合同当事人完成合同书所规定的各自义务的时间界限。它是确定合同是否按时履行的标准。合同当事人必须在规定时间内履行自己的义务，否则应承担违约责任。地点指合同当事人履行合同义务的具体地点，如交货地、施工地等，它直接关系到履行的义务和费用，因此应该明确具体，不能有歧义。方式指合同当事人履行义务的方法，一般包括标的的交付方式、价款或者报酬的结算方式。履行期限、地点和方式是容易引起纠纷的地方，因此，签订合同书时对这三点一定要明确规定。

（7）违约责任：是指当事人一方或各方，由于自身过错而未履行合同义务，依法和依约所应承担的责任。

（8）解决争议的方法：为解决可能在合同履行过程中出现的纠纷和争议，应将合同的变更、解除、审议仲裁等解决纠纷、争议的办法在签订合同时就商定清楚，明确写入条款中。如发生纠纷，首先应通过协商解决，解决不了的，可以调解或仲裁诉讼。

5. 约尾

约尾一般包括合同书的有效期，条款未尽事宜的处理办法；合同的份数和保存方法；合同的附件（表格、文件等）；署名、落款、盖章及详细的联系方式。

四、 合同的写作要求

1. 条款完备，内容具体

合同书所必备的构成部分应该齐全，反映合同内容的各项条款不能有遗漏。有的条款如产品技术标准和规格、计量单位、包装标准等，都要根据实际需要书写明细，不能有疏忽。

2. 表达准确，文字严谨

合同书的文字表述应力求准确、严谨，要字斟句酌，格外小心。因为合同书一旦双方签字，就具有法律效应，不能因为哪句话没有准确说明而临时再修改。尤其忌讳的是含糊笼统，词义有歧义。

3. 文面整洁，字迹工整

合同书订立后，一经签字盖章，即具有法律约束力，因此要求文面整齐、干净，字迹清楚工整，不得有涂改。如果需要修改要经主要负责人确定方可修改。一旦经过修改，双方当事人需要在修改处签字盖章表示认可。

4. 双方名称明确标准

在约首中，应将当事人名称的全称写在代称的后面。代称通常写成“甲方、乙方”，“供方、需方”，“卖方、买方”，“借款方、贷款方”，“出租方、承租方”，“定作方、承揽方”，“存货方、保管方”，“发包方、承包方”等。当事人名称可以左右并列，也可以上下分列。

5. 合同编号要求统一

签约地点及签约期限可以写在约首中也可以放在约尾中注明。合同编号一般写在标题下方右侧。

6. 签约地点时间明确

签约地点时间可以写在当事人名称下方，也可以与当事人名称左右并列，将当事人名称写在约首左侧，将签约地点、签约时间写在约首右侧。

7. 采用条文方式书写

分条逐项表述合同条款；表格式适用于大量反复使用的同一种合同；综合式是将条文、表格结合起来使用的形式。

五、合同的写作模板

写作要点	写作模板
①标题：	________工程（分项工程名称） 劳务分包合同
②约首：	发包单位（以下简称甲方）：____________________ 分包单位（以下简称乙方）：____________________
③导言：	依照《中华人民共和国建筑法》、《中华人民共和国招投标法》、《中华人民共和国合同法》及工程的有关规定，为明确双方的权利和义务，本着自愿互利、权益平等的原则，甲方将__________工程________项目分包给乙方施工，经双方协商一致签订如下合同。
④正文：	一、工程概况 1. 工程名称： 2. 工程地点： 3. 结构形式、面积： 4. 分包工程量约计： 二、分包范围及承包内容、工艺做法 1. 分包范围： 2. 承包内容： 3. 工艺做法： 三、工期约定 1. 历时工期____天。（具体以项目部下发的开竣工通知单为准）或直接约定开竣工日期。 2. 工期拖延处罚约定： 3. 工期顺延条件约定： 四、工程质量要求、安全要求 五、分包方式及结算办法 六、价格 七、材料要求和试验费约定 八、付款方式 九、双方权利和义务 十、双方其他约定事项 十一、保修期限 十二、争议解决方式 十三、合同生效及终止 十四、附件

续表

写作要点	写作模板
⑤约尾：	1. 附件一：承诺书。 2. 甲方的招标文件、甲方的管理制度、项目管理规定、通知等是本合同的附件，具有本合同同等的法律效力。 3. 本合同一式肆份，甲方执叁份，乙方执壹份。自双方签字、盖章之日起生效。 甲方签章：　　　　乙方签章： 委托代理人：　　　　委托代理人： 电话：　　　　电话： 合同签订日期：　　年　　月　　日

任务实施

(1) 合同的标题写作。

(2) 约首写作。

(3) 导言。

(4) 主体：合同的主要条款。

(5) 约尾。

(6) 排版打印。

经典例文

________工程__(分项工程名称)__ 劳务分包合同

发包单位（以下简称甲方）：________________

分包单位（以下简称乙方）：________________

依照《中华人民共和国建筑法》、《中华人民共和国招投标法》、《中华人民共和国合同法》及工程的有关规定，为明确双方的权利和义务，本着自愿互利、权益平等的原则，甲方将__________工程________项目分包给乙方施工，经双方协商一致签订如下合同。

一、工程概况

1. 工程名称：

2. 工程地点：

3. 结构形式、面积：

4. 分包工程量约计：

二、分包范围及承包内容、工艺做法

1. 分包范围：

2. 承包内容：

3. 工艺做法：

三、工期约定

1. 历时工期____天。（具体以项目部下发的开竣工通知单为准）或直接约定开竣工日期。

2. 工期拖延处罚约定：

3. 工期顺延条件约定：

四、工程质量要求、安全要求

（一）质量要求

1. 质量目标及验收标准：

（1）达到该分项工程优良标准；符合现行建筑工程质量验收及规范标准和相关文件规定；（2）如发生质量事故，甲乙双方应及时写出事故报告，事故报告必须由乙方签字，并由责任方承担责任及发生的经济费用。

2. 质量事故责任界定：

（二）安全要求

安全、文明施工目标：

（1）乙方人员必须严格遵守执行一切安全操作规程及规范规定等，杜绝违规操作，必须用好安全防护用品，遵守甲方的各项规章制度，服从甲方安全管理人员的指导，杜绝发生安全事故，如乙方违章作业造成的事故，乙方自负一切责任。

（2）安全事故责任界定：发生安全事故后，甲乙双方应及时写出事故报告，事故报告必须由乙方签字确认，并由乙方承担全部责任包括经济责任等。

五、分包方式及结算办法

六、价格

1.（说明含税或不含税）

2. 本单价中包括了为实施和完成项目所需一切工作工艺工序内容等的一切费用（包括人工费、各种管理费、保险费、不可预见费、安全文明施工费等费用），该承包单价属乙方的施工质量达到标准要求的完全价格，是不再变更的价格。

七、材料要求和试验费约定

八、付款方式

原则：施工中付款不得超过已完工程量50%，工程完毕尚未开具工程量单或工程量单未挂账的付款不得超过70%，工程竣工验收前付款不得超过80%，工程验收后质量保证金不得低于5%。

九、双方权利和义务

（一）甲方责任

1. 负责对乙方管理人员开展入场教育和阶段性教育，并监督乙方进行每天人员入场登记，做好存档记录。

2. 负责为乙方提供完成本工程所需的大中型机械和材料等物资。

3. 负责对验收合格的工程项目出具工程量单，工程量单由项目经理审批签字报公司施工部复核由公司经理签字后生效。

________项目部可根据工程实际情况特别约定。

（二）乙方责任

1. 乙方在施工过程中，必须按照施工图纸、设计变更、建筑工程施工工艺规程、安全技术交底和安全操作规程施工，执行甲方的施工方案、施工技术交底、安全技术交底等，施工的工程质量标准必须达到建筑工程质量验收规范标准和相关文件要求，达到双方约定的工程质量标准。

2. 乙方必须严格执行样板领路制度，每个分项工程或每道工序施工前先按甲方交底要求做出样板间，经甲方、监理共同验收合格后方可展开施工，否则所完成工程量甲方均不予认可，由此引起的其他损失均有乙方承担。

3. 乙方负责在施工过程中现场材料分类整理码放及现场卫生清理，安全防护用品的整理、整改等。

4. 必须严格执行甲方的一切规章制度及管理规定，密切配合甲方搞好质量、安全、文明施工、卫生及治安等一切工作。

5. 乙方必须严格执行安全操作规程施工，施工过程中注意安全和自我防护，严禁酒后及一切违章作业，因乙方违章作业和自身因素及管理混乱而造成的事故，其一切责任损失由责任方承担。

6. 乙方负责提供所需材料、机械、工具数量计划和进场时间，材料计划要真实准确。若材料计划大于实际使用量的5%时，超出部分的材料费由乙方承担，同时超出部分材料归乙方所有。

7. 乙方在主体所有分项工程完成后，现场所用的材料按甲方要求分类堆放码垛到甲方指定位置（指施工现场内），否则甲方安排专人整理所需费用由乙方承担。

8. 乙方应依据施工进度计划合理安排施工进度，确保工程如期完成。

9. 为防止意外和事故，从业人员夜间外出工地必须向项目部请假登记，在规定的时间内返回，否则出现一切事故责任自负。

10. 突发事件：因乙方自身原因出现突发事件应积极处理并立即上报，否则乙方或乙方代表人接到甲方通知后2小时不到现场处理，甲方罚乙方5 000元/次，并按实际造成损失的两倍处罚。超过三次或情况严重可解除合同，工程量结算按乙方已完成部分的50%办理结算；甲方以后不再将该单位纳入以后工程招标范围。

11. 乙方使用材料、机具必须有专门人员到甲方项目部车库签字领取，材料使用执行《项目部材料使用的相关规定》。

12. 劳务单位委派的管理人员（其他施工管理人员及作业班组长详见乙方上报名单）

姓名：　　职务　　项目经理

姓名：　　职务　　施工员

姓名：　　职务　　安全员

13. 施工现场项目经理或工长等必须与签订的劳务合同提供的人员一致，在合同履行中，不得擅自更改，经甲方同意驻现场负责的项目经理或工长必须驻留在施工现场，直至工程竣工验收完成，否则视为违约，甲方对项目经理或工长实行考勤制度（每日上午和下午到甲方项目部做书面出勤签到或请假），若所承诺的项目经理或工长不到位时，乙方应向甲方支付约定的合同价款的5‰的违约金和因缺勤每人每天300元的罚款；本条所约定的违约金甲方有权从应支付给乙方的款项中扣除。未得到甲方的书面同意，本工程项目经理或工长不得同时兼任其他工程的项目经理或工长，也不得从事与本工程无关的其他工作；如甲方有充分理由认为乙方的项目经理或工长及其他工作人员不能胜任其工作岗位，甲方可书面通知乙方进行更换，乙方应在收到甲方的书面通知后【7】日内进行更换，拟更换人员的资质及经验水平不得低于被更换的人员；否则视为违约，乙方应向总承包人支付违约金人民币50 000元。

14. 如乙方发生本条所约定的上述违约行为，且未按甲方的要求予以改进，则甲方有权与其解除全部合同，乙方除应按照本条前款约定承担违约责任外，甲方有权要求乙方赔偿其全部经济损失。

15. 乙方必须无条件配合甲方项目部完成安全、质量目标，否则造成后果根据情节轻重甲方有权对乙方进行罚款处理。

16. 工程施工前，乙方须报主要单项施工方案，经甲方审批后，方可实施。否则每缺少一项施工方案，乙方为甲方缴纳1 000元的违约金。

17. 乙方的劳动用工和工资发放必须严格执行青岛市建管局的相关规定，确保农民工工资发放及劳务管理规范化，接受甲方的监督检查。

18. 劳务单位还必须按照甲方要求，每月30日之前上报进场工人出勤表，并上报进场工人工资发放记录，所有记录必须工人本人签字，乙方无条件接受。甲方的施工员统计工程量并开具工程量单—技术总工审核劳务工程量单的数量并扣除相关罚款—安全员审查劳务“双卡”工资发放表—项目经理审核—施工部审核—总经理确认—财务发放。

19. 乙方必须每月支付工人工资并通过双卡发放，甲方按合同约定拨款时，乙方必须持每月发放工资的银行回执单到甲方财务收取劳务费，否则每缺少一个月的银行回执单甲方罚款5 000元或停止拨付劳务费。

20. 乙方必须将撤场的工人工资发放到80%。并持由已离场工人亲自签署的工资代领授权委托书、工人身份证复印件，否则甲方不予支付乙方剩余的劳务费。

21. 合同约定乙方到甲方办理工程款结算及支付人员为________同志。

________项目部可根据工程实际情况填加特别约定。

十、双方其他约定事项

1. 甲方对验收合格的工程项目出具工程量单，出具的工程量单由公司指定的质检员、项目经理、保管员签字确认报甲方施工部审核经理签字后生效，乙方借款由项目经理签字审批，其他人员在公司无授权情况下签字均属无效。

2. 小型材料、机械工具乙方应提前三天申报进场计划，大型材料、机械设备应提前一周向甲方项目部申报进场计划，否则影响工期由乙方承担责任，给甲方造成的一切损失由乙方承担。

3. 施工质量、安全达不到设计和规范要求，被建设单位、监理单位及上级主管部门通报批评罚款的，属乙方责任时，应承担给甲方造成的一切经济损失的2倍。造成主管部门对甲方企业或项目经理扣分，乙方按每分10 000元赔偿给甲方。

4. 乙方违反操作规程或违章作业原因发生的安全事故，一切经济损失由乙方全部承担，同时承担给甲方造成相关的其他损失。

5. 乙方应严格按照青岛市建设局要求发放工人工资。否则造成主管部门罚款由乙方双倍赔偿甲方，造成主管部门对甲方企业或项目经理扣分，乙方按每分10 000元赔偿给甲方。

6. 甲方企管部每月的项目部的月检评比达不到70分的，企管部对项目部的罚款由乙方承担。

7. 乙方在未完成合同约定工程量而自动退出并解除本合同，或因乙方人员不合格、技术力量不足造成不能确保工程进度、质量、安全时，甲方有权解除本合同，本合同解除后双方约定按完成合格工程量的50%予以结算。

8. 若因乙方原因出现质量缺陷等接甲方通知48小时到场，否则由甲方出资或费用按市场2倍价格从乙方扣除。甲方的记录和现场照片作为扣乙方劳务费的依据，乙方视为认可。

9. 由乙方承担费用：因工程质量、安全、进度等问题甲方下发隐患通知单要求整改，乙方拒绝接受或拒不整改者罚款10 00～2 000元。

10. 食宿居住区内：不得有噪声扰民现象，注意邻边关系，并做好日常宿舍及环境卫生管理，否则引起后果责任自负。

11. 执行合同过程中发生意外伤害、伤残事故，甲方按照建筑工程团体意外伤害、医疗保险进行理赔，其医疗、伤残费用差额部分由乙方全部承担，甲方不再承担任何责任。

项目部可根据工程实际情况填加特别约定。

十一、保修期限

按国家规范规定保修期执行。

十二、争议解决方式

如有纠纷或未尽事宜双方协商解决，协商不成诉讼至管辖权所在市人民法院起诉。

十三、合同生效及终止

1. 合同生效日期：双方签字盖章后即生效。

2. 合同终止日期：合同工程全部完工验收、工程款支付完毕，合同即告终止。

十四、附件

1. 附件一：承诺书。

2. 甲方的招标文件、甲方的管理制度、项目管理规定、通知等是本合同的附件，具有本合同同等的法律效力。

3. 本合同一式肆份，甲方执叁份，乙方执壹份。自双方签字、盖章之日起生效。

甲方签章：　　　　　　　　　　乙方签章：

委托代理人：　　　　　　　　　委托代理人：

电话：　　　　　　　　　　　　电话：

合同签订日期：　　　年　　　月　　　日

承　诺　书

本人承诺：

在__________工程__________劳务分包项目施工中，按照合同约定及甲方规定进行施工，如在施工过程中产生安全事故、劳务纠纷及其他事违反约定事项等均与甲方无关，由本人承担全部责任。

承诺人签字：

年　　月　　日

实训练习

1. 实训内容

(1) 职业情境

小王毕业后到一家建筑公司做项目经理，欲承包蓝天大酒店的内部装修项目，包工包料，包设计，酒店要求小王先出设计方案项目估价。经过多次协商，酒店通过了小王的设计方案，准备开始装修施工。

(2) 实训任务

请你以小王的身份和酒店签订一份施工合同。工程价款自定。

2. 实训要求

(1) 实训条件

① 本实训可在秘书办公自动化实训室进行。

② 本实训应具备齐全的办公设备：计算机、打印机、网络连接。

③ 教师在实训前应提前告知学生实训资料。

④ 每人一台计算机。

(2) 实训方式与手段

本实训学生分组讨论操作，2 人一组，代表甲乙双方。

(3) 实训要求与标准

① 本项目主要为文字写作，2 课时完成。

② 合同的结构合理，语言通顺，条款齐备。

(4) 实训考核

对完成的每一项进行单独打分，最后综合评定小组成绩。

(5) 合同文本格式要求

① 字体要求：①题目，黑体，3 号；②合同内容中标题，"一～十四"为黑体字，字号为 11 号；③正文，为宋体，字号为 11 号。

② 页面设置：页边距为上 1.5cm，下 1.5cm；左 2.0cm，右 1.5cm

③ 行距：一般设固定值为 16，具体调整方法：打开格式—段落—行距—设置值，输入 16 即可。如果相关的几行不在一页上，可根据实际情况再调整行距（缩小数值，小于 16 即可）。

专业拓展

一、 合同与协议的区别

本质上说，合同和协议没有什么区别。

《中华人民共和国合同法》第二条规定：合同是平等主体之间设立、变更、终止民事权利义务关系的协议。从这一概念中可以看出，合同就是协议。但根据逻辑学的原理，协议是合同的种概念，即所有的合同都是协议，但并非所有的协议都是合同，所以说合同是具有特定内容的协议。

所谓协议是指有关国家、政党、企业、事业单位、社会团体或者个人，在平等协商的基础上订立的一种具有政治、经济或其他关系的契约。协议，在其所表示的意义、作用、格式、形式等方面基本上与合同是相同的。经济合同和以经济为内容的协议，都可以称为契约，两者都是确立当事人双方法律关系的法律文书。

合同与协议虽然有共同之处，但两者也有明显区别。合同的特点是明确、详细、具体，而协议的特点是简单、概括、原则。

合同与协议这两个既有共同点又有区别的概念，不能只从名称上来区分，而应该根据其实质内容来确定。如果协议的内容写得比较明确、具体、详细、齐全，并涉及违约责任，即使其名称写的是协议，也是合同；如果合同的内容写得比较概括、原则、很不具体，也不涉及违约责任，即使其名称写的是合同，也不能称其为合同，而是协议。

经济合同有《中华人民共和国合同法》作为依据，协议书暂时没有具体法规规定。协议书比合同应用范围广，项目往往比合同项目要大，内容不如合同具体。因此，协议书签订以后，往往还要分项签订一些专门合同。

由此可见，合同就是具有特定内容的协议，用来约定当事人相互之间的权利义务关系，同样具备上述特征的协议就是合同。

二、 意向书和协议、 合同的区别

实践中，合同可以以不同的名称出现，如合同、合同书、协议、协议书，名字并不重要，关键是看其内容。实际上，协议和合同之间的区别不大，而意向书和前两者的区别就太大了。

真正的意向书不具有法律约束效力，而协议和合同都具有法律约束效力。

意向书是双方当事人通过初步洽商，就各自的意愿达成一致认识而签订的书面文件，是双方进行实质性谈判的依据，是鉴订合同（协议）的前奏。《中华人民共和国合同法》第二条规定：平等主体之间设立、变更、终止民事权利义务关系的协议。

但是，有些意向书实际上已经很接近协议或合同了。不能只从名称上来区分，而应该根据其实质内容来确定。如果意向的内容写得比较明确、具体、详细、齐全，并涉及违约责任，即使其名称写的是意向，实际上也是合同。

学习任务三十 市场调查报告

知识目标

- 掌握市场调查报告的含义、特点、类型；
- 掌握市场调查报告拟写的要点、注意事项；
- 掌握市场调查问卷的设计方法。

能力目标

- 能够拟写结构完整的调查报告；
- 报告语言能够体现应用语体风格；
- 能够在计算机上快速、准确地进行文字的录入、排版。

任务引入

职业情境

今年房地产二手房市场在“国五条”颁布之前曾经掀起了过户潮，“国五条”颁布之后，二手房市场渐渐趋于稳定，交易量明显下降。

工作任务

请以二手房中介的名义对你所在城市的二手房市场进行调查，并写出报告。

任务分析

要拟写市场调查报告，首先要弄清楚市场调查报告的写作内容、写作要求；其次要掌握市场调查报告写作的特点和所属种类；最后，掌握其写作的结构模板，做到快速、准确地拟写市场调查报告。

相关理论

一、 市场调查报告的含义和分类

市场调查报告是经济调查报告的一个重要种类，它是以科学的方法对市场的供求关系、购销状况及消费情况等进行深入细致的调查研究后所写成的书面报告。其作用在于帮助企业了解掌握市场的现状和趋势，增强企业在市场经济大潮中的应变能力和竞争能力，从而有效地促进经营管理水平的提高。

市场调查报告可以从不同角度进行分类。按其所涉及内容含量的多少，可以分为综合性市场调查报告和专题性市场调查报告；按调查对象的不同，有关于市场供求情况的市场调查报告、关于产品情况的市场调查报告、关于消费者情况的市场调查报告、关于销售情况的市场调查报告及有关市场竞争情况的市场调查报告；按表述手法的不同，可分为陈述型市场调查报告和分析型市场调查报告。

与普通调查报告相比，市场调查报告无论从材料的形成还是结构布局方面都存在着明显的共性特征，但它比普通调查报告在内容上更为集中，也更具专门性。

二、 市场调查报告写作分析

市场调查报告的内容结构一般由如下几部分组成。

1. 标题

标题是市场调查报告的题目，一般有两种构成形式。

（1）公文式标题，即由调查对象和内容、文种名称组成，如“关于 2002 年全省农村服装销售情况的调查报告”。值得注意的是，实践中常将市场调查报告简化为“调查”，也是可以的。

（2）文章式标题，即用概括的语言形式直接交代调查的内容或主题，如“全省城镇居民潜在购买力动向”。实践中，这种类型市场调查报告的标题多采用双题（正副题）的结构形式，更为引人注目，富有吸引力。例如，“竞争在今天，希望在明天——全国洗衣机用户问卷调查分析报告”、“市场在哪里——天津地区三峰轻型客车用户调查”等。

2. 引言

引言又称导语，是市场调查报告正文的前置部分，要写得简明扼要，精练概括。一般应交代出调查的目的、时间、地点、对象与范围、方法等与调查者自身相关的情况，也可概括市场调查报告的基本观点或结论，以便使读者对全文内容、意义等获得初步了解。然后用过渡句承上启下，引出主体部分。例如，一篇题为“关于全市2012年电暖器市场的调查”的市场调查报告，其引言部分写为：“××市北方调查策划事务所受××委托，于2003年3月～4月在国内部分省市进行了一次电暖器市场调查。现将调查研究情况汇报如下……”用简要文字交代出了调查的主体身份，调查的时间、对象和范围等要素，并用一句过渡句开启下文，写得合乎规范。这部分文字务求精要，切忌啰唆芜杂；视具体情况，有时亦可省略这一部分，以使行文更趋简洁。

3. 主体

主体部分是市场调查报告的核心，也是写作的重点和难点所在。它要完整、准确、具体地说明调查的基本情况，进行科学合理的分析预测，在此基础上提出有针对性的对策和建议。具体包括以下三方面内容。

（1）情况介绍：即对调查所获得的基本情况进行介绍，是全文的基础和主要内容，要用叙述和说明相结合的手法，将调查对象的历史和现实情况包括市场占有情况，生产与消费的关系，产品、产量及价格情况等表述清楚。在具体写法上，既可按问题的性质将其归结为几类，采用设立小标题或者撮要显旨的形式；也可以时间为序，或者列示数字、图表或图像等加以说明。无论如何，都要力求做到准确和具体，富有条理性，以便为下文进行分析和提出建议提供坚实充分的依据。

（2）分析预测：即在对调查所获基本情况进行分析的基础上对市场发展趋势作出预测，它直接影响到有关部门和企业领导的决策行为，因而必须着力写好。要采用议论的手法，对调查所获得的资料条分缕析，进行科学的研究和推断，并据以形成符合事物发展变化规律的结论性意见。用语要富于论断性和针对性，做到析理入微，言简意明，切忌脱离调查所获资料随意发挥。

（3）营销建议：这层内容是市场调查报告写作目的和宗旨的体现，要在上文调查情况和分析预测的基础上，提出具体的建议和措施，供决策者参考。要注意建议的针对性和可行性，能够切实解决问题。

4. 结尾

结尾是市场调查报告的重要组成部分，要写得简明扼要，短小有力。一般是对全文内容进行总括，以突出观点，强调意义；或是展望未来，以充满希望的笔调作结尾。视实际情况，有时也可省略这部分，以使行文更趋简练。

三、 市场调查报告的写作要点

1. 以科学的市场调查方法为基础

在市场经济中，参与市场经营的主体，其成败的关键就在于经营决策是否科学，而科学的决策又必须以科学的市场调查方法为基础。因此，要善于运用询问法、观察法、资料查阅法、实验法及问卷调查等方法，适时捕捉瞬息万变的市场变化情况，以获取真实、可靠、典型、富有说服力的商情材料。在此基础上所撰写出来的市场调查报告，就必然具有科学性和针对性。

2. 以真实准确的数据材料为依据

由于市场调查报告是对市场的供求关系、购销状况及消费情况等所进行的调查行为的书面反映，因此它往往离不开各种各样的数据材料。这些数据材料是定性定量的依据，在撰写时要善于运用统计数据来说明问题，以增强市场调查报告的说服力。关于这点，我们从上述市场调查报告范文中也可略见一斑。

3. 以充分有力的分析论证为杠杆

撰写市场调查报告，必须以大量的事实材料作为基础，包括动态的、静态的，表象的、本质的，历史的、现实的，等等，可以说错综复杂，丰富充实，但写进市场调查报告中的内容绝不是这些事实材料的简单罗列和堆积，而必须运用科学的方法对其进行充分有力的分析归纳，只有这样，市场调查报告所作的市场预测及所提出的结论观点才是有价值的。

四、 市场调查报告的写作模板

写作要点	写作模板
①标题：	×××关于××的调查
②引言：	为了________调查了____________________，
③主体：情况介绍	其调查报告如下： 一、调查的基本情况
分析预测	二、市场分析 三、结论与建议
营销建议	
④结尾：	
⑤署名日期：	____________ ××××年××月××日

任务实施

（1）市场调查报告的标题写作。

（2）引言。写调查目的、内容、时间。

（3）主体内容的撰写。

（4）结尾。总分式的，也可以没有。

（5）落款。署名和时间。

（6）排版打印。

经典例文

【例文1】

××市居民家庭饮食消费状况调查报告

为了深入了解本市居民家庭在酒类市场及餐饮类市场的消费情况，特进行此次调查。调查由本市××大学承担，调查时间是2001年7月～8月，调查方式为问卷式访问调查，本次调查选取的样本总数是2 000户。各项调查工作结束后，该大学将调查内容予以总结，其调查报告如下。

一、调查对象的基本情况

（1）样品类属情况。在有效样本户中，工人320户，占总数比例18.2%；农民130户，占总数比例7.4%；教师200户，占总数比例11.4%；机关干部190户，占总数比例10.8%；个体户220户，占总数比例12.5%；经理150户，占总数比例8.52%；科研人员50户，占总数比例2.84%；待业户90户，占总数比例5.1%；医生20户，占总数比例1.14%；其他260户，占总数比例14.77%。

（2）家庭收入情况。本次调查结果显示，从本市总的消费水平来看，相当一部分居民还达不到小康水平，大部分的人均收入在1 000元左右，样本中只有约2.3%的消费者收入在2 000元以上。因此，可以初步得出结论，本市总的消费水平较低，商家在定价的时候要特别慎重。

二、专门调查部分

酒类产品的消费情况如下。

1. 白酒比红酒消费量大

分析其原因，一是白酒除了顾客自己消费以外，用于送礼的较多，而红酒主要用于自己消费；二是商家做广告也多数是白酒广告，红酒的广告很少。这直接导致白酒的市场大于红酒的市场。

2. 白酒消费多元化

从买白酒的用途来看，约52.84%的消费者用来自己消费，约27.84%的消费者用来送礼，其余的是随机性很大的消费者。

买酒用于自己消费的消费者，其价格大部分在20元以下，其中10元以下的约占26.7%，10～20元的占22.73%，从品牌上来说，稻花香、洋河、汤沟酒相对看好，尤其是汤沟酒，约占18.75%，这也许跟消费者的地方情结有关。从红酒的消费情况来看，大部分价格也都集中为10～20元，其中，10元以下的占10.23%，价格档次越高，购买力相对越低。从品牌上来说，以花果山、张裕、山楂酒为主。

送礼者所购买的白酒价格大部分为80～150元（约28.4%），约有15.34%的消费者选择150元以上。这样，生产厂商的定价和包装策略就有了依据，定价要合理，又要有好的包装，才能增大销售量。从品牌的选择来看，约有21.59%的消费者选择五粮液，10.795%的消费者选择茅台，另外对红酒的调查显示，约有10.2%的消费者选择40～80元的价位，选择80元以上的约5.11%。总之，从以上的消费情况来看，消费者的消费水平基本上决定了酒类市场的规模。

三、结论和建议

（一）结论

(1) 本市的居民消费水平还不算太高，属于中等消费水平，平均收入在1 000元左右，相当一部分居民还没有达到小康水平。

(2) 居民在酒类产品消费上主要是用于自己消费，并且以白酒居多，红酒的消费比较少，用于个人消费的酒品，无论是白酒还是红酒，其品牌以家乡酒为主。

(3) 消费者在买酒时多注重酒的价格、质量、包装和宣传，也有相当一部分消费者持无所谓的态度。对新品牌的酒认知度较高。

(4) 对酒店的消费，主要集中在中档消费水平上，火锅和海鲜的消费潜力较大，并且已经有相当大的消费市场。

（二）建议

(1) 商家在组织货品时要根据市场的变化制定相应的营销策略。

(2) 对消费者较多选择本地酒的情况，政府和商家应采取积极措施引导消费者的消费，实现城市消费的良性循环。

(3) 由于海鲜和火锅消费的增长，导致城市化管理的混乱，政府应加强管理力度，对市场进行科学引导，促进城市文明建设。

【例文2】

关于民营企业对文秘专业人才需求的调查报告

文秘专业是一个传统的人文类基础性专业，随着市场经济的迅速发展，整个社会对文秘人才的需求状况正在发生深刻的变化。民营企业在不断崛起的过程中，急需中高级文秘人员。用一位民企老总的话说："像我们这样规模较大、发展较快的民营企业要选几名"像样"的文秘人员都很难，其他小企业更难了。"这说明许多民营企业都想拥有"像样"的文秘人才。

那么，民营企业究竟需要什么样的文秘人才？他们急需的文秘人才应具备哪些素质和职业能力、知识结构？高职院校应如何顺应民营企业的需要培养适用性人才？这些都是高职院校应该弄清和考虑的问题。为配合我校文秘重点专业建设与教学改革工作，本课题组于2003年下半年起至2004年6月，开展了旨在为文秘专业改革提供依据的民营企业需求情况的调查活动，目标是调研民企对文秘人才的需求，了解民企对文秘人才的综合素质、知识结构和专业技能等方面的要求。此次调研活动以湖州市民营企业为调查对象，重点走访了12家民营企业，主要采取走访面谈、问卷调查及资料调研等方式，发放问卷并回收110多份，在访谈和问卷中获取了大量的第一手资料。

通过调研活动，本课题组认为，文秘人才的需求前景看好，民营企业对文秘人才的需求十分注重素质和能力需要。因此，高职文秘专业的教学改革应以社会需求为导向，重视人才的综合素质、专业知识和职业技能的培养突出企业特色和适用性，以增强文秘专业人才的就业适应性。

一、民营企业对高职文秘人才的需求情况及分析

（一）文秘人才的需求情况

从需求数量上看，被调查的民企100%均表示需要文秘人才。在回答今后三年平均每年需要文秘专业毕业生人数时，90%以上的单位选1个或2个，另有近10%的单位选了3～5个或更多。这说明民企对文秘人才的需求有一定的空间。

从需求层次上看，50%以上的单位选择了大专（高职）毕业生，只有不到20%的单位表示需要本科及本科以上的毕业生。这显示，民企对文秘人才的需求比较注重实际，一般认为受过文秘大专层次教育已够用。不少民企认为，他们急需的是文秘专业方面的适用人才，看重的是文秘人才的专业素养、技能和事务能力，并非仅以学历高低为条件。

从需求的秘书类型上看，65%的单位选了复合型秘书，这表明，当前复合型人才最受欢迎，其次为应用型秘书（15%）、创新型秘书（10%），另有5%的单位分别选了操作型秘书、技术型秘书。

（二）文秘人才的素质需求情况

调查反映，民营企业对文秘人才的素质需求是多元化的，但都存有“德才兼备”的倾向。据统计显示，民营企业注重的文秘专业毕业生的综合素质，从高到低依次是：思想和道德素质（33%）、文化素质（27%）、业务素质（13%）、心理素质（8%）、团队协作精神和沟通协调能力（5%）等。大部分单位在招聘文秘人员时最看重的是基本素质，如品德修养、灵活程度、努力程度和知识面等，可以概括为“要素质而不求专业精”。

素质中，“德”为首，可见“德”在民营企业的重视程度。思想和道德素质方面选择较多的是：职业道德（75%）、事业心（63%），良好人际关系（43%）、吃苦耐劳精神（38%）、忠于职守（28%）。

文化是知识经济时代的显著特征，其高低在很大程度上影响着个人的整体工作水平。因此，民企对文化素质的重视程度排第二位。最注重文秘人员的文化素质是从高到低依次是：掌握扎实的专业技术知识（38%）、掌握宽阔的专业知识（28%）、了解一般的人文科学知识（26%）、掌握相关学科知识（16%）、了解一般的社会科学知识（4%）。

业务素质往往会直接影响工作效率，民企注重的文秘毕业生的业务素质依次是：独立工作能力（42%）、组织管理能力（35%）、实际操作能力（28%）、创新能力（23%）、获取加工和利用信息的能力（10%）。

良好的心理素质也是民企关注的因素，当今社会是一个充满竞争和挑战的多元化社会，文秘人员能否适应新时代并谋求工作的成功，很大程度上取决于个人心理素质的强或弱。民企最注重毕业生的心理素质是易于投入、热情工作的心理（40%）、自信心（37%）、自主主动工作（25%）、追求卓越、渴望成功（11%）、开放乐观（9%）。

值得一提的是，团队协作精神与沟通协调能力越来越为民营企业所看重。有位民企的人事主管说，企业需要的是沟通能力强、有亲和力，能够运用自己良好的沟通能力与企业内外有关人员接触，能够合作无间、同心同德、完成组织的使命和目的的人。平时在学校参加社团、组织策划完成过大型活动的学生最受欢迎，这些学生到了工作岗位后，能很快

融入团体，顺利开展工作。

（三）文秘人才的职业能力和知识结构要求情况

调查显示，民营企业最看重的文秘专业毕业生的前五项综合能力，依次为语言表达能力、人际沟通能力、应变能力、实践能力、文字表达能力。文秘从业人员必须具备这五种综合能力才能适应现代民营企业的要求。认为文秘从业人员应该具备的职业能力，按重视程度，依次为职业道德、敬业精神、专业素养、使用和维护现代办公设备的能力。

民营企业在录用文秘专业毕业生时最看重的能力因素是“专业水平”(26%)，其次是反应专业能力、沟通能力、心理素质等综合能力的“面试的第一印象”(19%)；再次是“社会实践经历”(18%)。此外，“外语水平”(15%)和“计算机水平”(9%)，而这两项也可以视作专业能力。专业水平是民企最看重的素质，它是文秘专业学生就业能力的基础。

另据问卷调查显示，在被调查单位中对应聘秘书岗位的毕业生是否获得秘书职业资格证书表示重视的占35%，一部分单位表示不会十分在意，关键是看是否真正具备秘书的职业技能，当然有的话最好；对获得计算机操作等级证书重视的占55%，但对是否获得外语等级证书却100%表示重视。

在问到文秘专业毕业生除了文秘专业知识外，最需要掌握的其他知识时，民企的老总选择最多的是经济管理、科技等方面知识，会计、统计和财务理等方面知识及企业管理知识、法律知识等。

大部分民企认为高职学生最需要进一步培养的能力是敬业精神、知识能力水平、文化素养和吃苦耐劳精神。在问到高职毕业生与其他重点或名牌学校的毕业生在知识能力水平上有否明显差距时，85%的民企单位认为有一定差距，还有的认为有明显差距。在问到高职生就业中存在的主要问题，大部分民企单位认为是高职院校的人才培养规格和质量目前还难以满足社会的需求，高职生的知识结构还不能完全适应经济的快速发展。

二、民营企业对文秘人才的需求特点与趋势分析

调研显示，民营企业对文秘专业人才的需求有很多的共性，概括起来有四个特点，一要有良好的工作态度，有谦虚好学的品行；二要肯吃苦耐劳，学会适应环境；三是注重情商，善于沟通协调、与人共事；四要一专多能，有能胜任文秘工作的综合素质能力，属复合型通才。

调研中我们发现，民企需要的文秘人员实际上是“综合文秘”。因单位规模相对较小，文秘分工不是太细，文秘人员身兼多职，往往集文秘工作、财务、统计、人事、档案管理等多种工作于一身，除了必须具备的文秘专业知识和能力之外，还要掌握其他非文秘专业的基础知识。不仅要具备办文办事、熟悉掌握现代办公设备的能力，还要有熟悉驾驭语言的能力和较强的社会活动能力。他们既要为企业领导当“门面”、当“窗口”，搞接待、公关，还要为企业领导出谋献策、辅助决策。

此外，商务秘书、涉外秘书将会成为民营企业需要的主要秘书类型。在市场经济舞台上，企业的秘书不仅要懂得涉外法规、涉外礼仪、涉外经济，还要明白商务方面的信息，了解企业的产销规律和特点，具有一定的策划能力和营销能力。适应民企的客观需要，文秘人员要学习涉外法规、现代企业管理知识和现代生产技术，掌握相关信息资料，学习和

运用法律知识，履行好依法办事的责任，适应企业的新需要。

民营企业秘书的参谋咨询作用相对于其他类型的企业更为突出。企业为了在激烈的市场竞争中获胜，更需要高层次、高水平的秘书为自己当好参谋以增强企业的竞争力。一个好的秘书不仅要做好本职的分内工作，还是主管“上司”的好参谋、好助手，有些事情要替“上司”考虑周全，甚至在不影响关系的前提下，有效地引导“上司”开展各项工作，这是新时期对民企文秘人员提出的新要求。

随着民企经济的发展，民企对文秘人员的文化素养要求越来越高。文秘人员不仅要以“文化”一员的身份参与、促进企业文化的发展，又要以对外使者的形象去展示企业文化的理念与内涵。要以自己独有的专业特长参与企业文化建设。从企业外在形象来说，从厂房样式、环境装饰、标语口号到厂徽设计、节假日氛围布置等，基本都是靠文秘人员来承担。内在形象更是无边无际，从公关、礼仪、交流、会议、办案等都是文秘工作的范畴。

三、文秘专业教学改革的几点建议

（1）从“行政秘书”模式向“企业秘书”模式转化。随着国家机构改革的深入和公务员制度的全面实施，文秘专业高职生大部分将无可选择地进入企业就业。作为一种培养应用型专门人才的高职秘书教育，应顺从秘书工作职业岗位由行政秘书到企业秘书的趋势变化，面向我国各类所有制企业特别是广大民营企业办学，树立鲜明的企业特色，围绕现代企业所需的秘书类型来组织教学改革，无论是在课程设置还是具体授课内容的安排上，都必须突出企业特色，并强化企业秘书的综合职业技能训练，使学生毕业就能就业，成为深受现代企业欢迎的文秘人才。

（2）以“应用性”为主旨，整合文秘专业课程体系。对文秘专业相关课程进行整合。不再强调学科的系统性、完整性、理论性，而以实用性、技能性为特点，删除陈旧课程，合并重复课程，适当精简必修课程，以实用、够用为主；增设选修课程，开设企业文化学、企业管理学；兼容公共关系类课程，设立社交礼仪、现代人际关系学、商务谈判实务等课程；突出现代文秘特色，设立办公自动化、涉外文秘、外语交际口语、计算机文秘应用软件和汽车驾驶技术等类课程，补充新兴科技的发展、世界贸易组织对文秘工作的影响和要求等内容，以确保教学内容的先进性。

（3）注重职业能力培养，全面实施素质教育。实行人才培养模式的转变，要着眼于对学生五种素质和三种能力的培养。五种素质是指德、识、才、学、体五个方面，德包括道德品质、职业素养、个性心理品质三个层次；识是指见识；才是指才能；体是指体魄。三种能力，一是指语言能力，既要有较强的文字写作能力，又要有较好的口语表达能力，既精通国语，又谙熟外语；二是独立的分析与解决问题的能力，不仅要掌握娴熟的专业知识和专业技能，还要掌握获取信息、处理与利用信息的能力。三是创新能力的培养，是指文秘人员创造性地贯彻领导者的意图，为领导者工作提供最佳服务的能力。这些基本素养对于将来从事文秘专业学生而言可能比理论知识与专业技能更为重要。特别是要培养良好的人格特质，主要包括敬业、奉献、诚实、可靠，善于与他人合作、有吃苦耐劳的精神等，这些是民营企业衡量文秘人才的重要标准，高职院校要加强对文秘专业学生这些方面的职业素养与人格特质的教育与培养。

（4）强化职业技能训练，探索多证多能教学模式。合理设置实践课程，精心设计课程实训、实习、社会实践，使学生获得从事秘书职业所需的知识和技能，并获得进入秘书职业所需的秘书职业技能鉴定证书。在文秘专业实践体系中，使秘书基本技能与现代信息技术运用、人文素养、国家秘书职业标准相结合，强化学生的现代商务、现代办公设备应用、人际交往和企业管理等职业技能训练。提倡多证多能，要求文秘专业学生在取得专业文凭的基础上，持有多种能力证书，如文秘职业资格证，普通话证书，外语、计算机等级证书，汽车驾驶证及电子商务、报关员等资格证书，提高毕业生的就业竞争力。

(5) 重视人文精神，强化人文素质教育。秘书作为一种综合性、服务性、文化性很强的职业，不仅要具备秘书职业岗位要求的实际应用能力，又因其服务过程中包含着丰富的文化内涵，还须具有较高的人文素养。学校可搭建文秘专业需要的文化平台，结合学生社团，课内与课外结合，开展利用地方特色文化为载体的人文素质教育与实践活动，让学生加深对地方文化的解读与体味，促进学生运用能力的提高。与地方文化产业骨干企业合作，建立强化人文精神、创新人文素质教育的实践基地，组织文秘专业学生到企业去感受企业精神，体验企业文化，使学生获得广泛的人文知识和技能。

本次调查我们力求客观、真实地反映民营企业对文秘人才的需求，尽力为高职文秘专业教学改革、提高文秘专业学生就业适应性、更好培养适应民营企业需求的专门人才提供依据和建议。尽管在调查过程中我们的调研工作会存在着局限性，在思考分析中会出现一些偏差，但我们相信，这些具有实践应用价值和参考意义的调查研究成果定会促进高职文秘专业建设和教学改革的健康发展。(沈建红. 关于民营企业对文秘专业人才要求的调查报告. 教育与职业，2010，16.)

实训练习

1. 实训内容

(1) 职业情境

陈冰想为自己工作的超市进一批进口食品，但是不知道什么品种和什么品牌的食品受消费者喜欢，需要进行市场调查，于是陈冰设计了一份调查问卷，准备进行问卷调查。陈冰准备在完成问卷调查的基础上撰写市场调查报告。

关于进口食品品牌的调查问卷

女士、先生：

您好！我们正在进行一项调查，目的是为了了解人们选择进口食品的品牌、比例和原因等情况，以便改进国内食品的销售工作。我们绝对会对您的个人信息严加保密。最后，为这次调查给您带来的不便深表歉意，谢谢您的合作！

请在您所想选的选项上画“√”。

1. 您是否经常购买进口品牌食品？

A. 只购买进口品牌食品　B. 经常　C. 一般　D. 偶尔　E. 从不

2. 您最经常购买的进口食品品牌是哪些？(至多选 4 项)

A. 乐事　B. 卡夫　C. 雀巢　D. 百事　E. 可口可乐　F. pocky

G. 好时　H. 德芙　I. 吉百利　J. 瑞士莲　K. 其他：________

3. 您所购买的进口品牌食品中主要是哪个国家的？

A. 美国（如可口可乐） B. 日本（如 pocky） C. 瑞士（如瑞士莲）

D. 韩国（如好丽友） E. 其他：________

4. 您了解进口食品品牌的途径？

A. 电视广告 B. 报纸广告 C. 广播广告 D. 商场、超市海报

E. 促销活动 F. 网络 G. 其他：________

5. 您所购买的进口品牌食品主要属于哪类？

A. 主食 B. 零食 C. 饮料 D. 蔬菜

E. 水果 F. 烟酒 G. 佐料 H. 其他：________

6. 您购买进口品牌食品的主要原因？（至多选 4 项）

A. 质量好 B. 品牌好 C. 信誉好 D. 气派 E. 价格适宜

F. 有特色 G. 有益健康 H. 说明清楚 I. 其他：__________

7. 您对购买的进口品牌食品是否满意？

A. 非常满意 B. 满意 C. 一般 D. 较差 E. 非常差

8. 您对进口食品品牌不满意的地方在哪儿？

A. 质量不好 B. 品牌差 C. 信誉差 D. 价格昂贵

E. 没有特色 F. 有损健康 G. 说明不清楚 H. 其他：________

9. 进口品牌食品在您所购买的食品中所占的比例？

A. 10%以内 B. 10%～30% C. 30%～50% D. 50%～70%

E. 70%～90% F. 90%以上

10. 您觉得国内食品品牌与进口品牌相比，有哪些优势？

A. 质量好 B. 品牌好 C. 信誉好 D. 气派 E. 价格适当

F. 有特色 G. 有益健康 H. 说明清楚 I. 其他：______

11. 您觉得国内食品品牌与进口品牌相比，有哪些缺陷？

A. 质量不好 B. 品牌差 C. 信誉差 D. 价格昂贵

E. 没有特点 F. 有害健康 G. 说明不清楚 H. 其他：________

12. 您对国内食品品牌的改进建议？

答：____

您的个人信息：

1. 您的年龄为：

A. 18 岁以下 B. 18～25 岁 C. 25～40 岁 D. 40～60 岁

E. 60～80 岁 F. 80 岁以上

2. 您所从事的职业：

A. 医生 B. 警察 C. 教师 D. 学生 E. 白领

F. 工人 G. 售票员 H. 司机 I. 家政服务人员

J. 清洁人员 K. 其他：____________

3. 您的性别：

A. 男 B. 女

4. 您的月收入：		
A. 650 元以下	B. 650～1 500 元	C. 1 500～3 000 元
D. 3 000～5 000 元	E. 5 000～7 000 元	F. 7 000～10 000 元
G. 10 000 元以上		

（2）实训任务

请根据上面的调查问卷进行市场调查并写成报告。

2. 实训要求

（1）实训条件

① 本实训可在秘书办公自动化实训室进行。

② 本实训应具备齐全的办公设备：计算机、打印机、网络连接。

③ 教师在实训前应提前告知学生实训资料。

④ 每人一台计算机。

（2）实训方式与手段

本实训学生分组讨论操作，每组 3 人或 4 人。

（3）实训要求与标准

① 本项目主要为文字写作，2 课时完成。

② 文章结构合理，语言通顺。

③ 要符合调查报告格式和语言特点。

（4）实训考核

对完成的每一项进行单独打分，最后综合评定小组成绩。

学习任务三十一　营销策划方案

知识目标

- 掌握营销策划方案的含义、特点、类型；
- 掌握营销策划方案拟写的要点、注意事项；
- 掌握处分营销策划方案与批评通报的区别。

能力目标

- 能够拟写结构完整的营销策划方案；
- 营销策划方案语言能够体现应用文语体风格；
- 能够在计算机上快速、准确地进行文字的录入、排版。

任务引入

职业情境

跨界，既可以维系固有消费群，又能吸引新的消费者，可以说一举两得、事半功倍。2012 年，借奥运之东风，本土体育品牌安踏一方面在奥运赛场宣传了品牌，另一方面还开展了跨界营销，分别与宝洁、麦当劳、希尔顿等结成了品牌联盟。宝洁线上的官方微博推出主题讨论帖，由安踏负责提供奖品，线下有380家奥运体验中心摆放和陈列安踏领奖服，消费者购买宝洁指定产品可参与抽奖；奥运期间，麦当劳的门店经理及收银员，统一穿着安踏中国体育代表团领奖服或是安踏领奖服，开展“每日冠军活动”等；全国20家希尔顿酒店会专门设置安踏领奖服展示厅，希望能够让更多消费者零距离接触中国体育代表团冠军领奖服、感受奥运氛围。

提到体育品牌的跨界鼻祖当属耐克，2006年耐克开始发力一个新路线Nike+，从第一个合作的对象iPod开始，至今已经延伸出多个产品线，试图真正成为“运动的伙伴”。而为迎接伦敦奥运会，耐克在2012年年初发起了“Make it Count”品牌活动，此后发布“革命性产品”，就是Nike+的最新成员“Fuelband”，这款戴在运动员手腕上的设备可以记录跑步、跳舞、游泳时的能量情况。同时，耐克还邀请到足球运动员、长跑运动员等参演了一系列短视频在网络上造势。

跨界合作在国际上早已不是什么新鲜事，如LG与Prada、别克汽车与耐克、可口可乐和魔兽世界、东风雪铁龙C2和Kappa品牌的合作等，都堪称国际上的经典案例。如今，国内品牌开始懂得整合资源，进行营销工具的创新，这证明中国品牌的营销模式在走向正规。相对于一些欧美大牌，对跨界合作似乎已经轻车熟路，触角甚至伸向品牌酒店、品牌家居用品等多领域，开始涉及产品跨界、渠道跨界等深层次合作，本土品牌目前最迫切的是需要学习如何让跨界融合得更巧妙、传播得更深远，且避免浮于表面，未见效果。

其实，好的营销方式从来都不止一两种，新的营销模式也从未停止被创造，只要找到适合品牌自身定位、适合市场需求，或者适合消费者接受的营销模式就是成功的。

工作任务

根据情境内容，为耐克策划一份2013年营销方案。

任务分析

要拟写营销策划方案，首先要弄清楚营销策划方案的写作内容、写作要求；其次要掌握营销方案写作的特点和所属种类；最后，掌握营销策划方案写作的结构模板，做到快速、准确地拟写营销策划方案。

相关理论

一、营销策划方案的含义

营销随着市场经济的发展不断扩展、延伸，在营销发展的新思路、新趋势中出现了策划营销。它是在一般市场营销基础上的一门更高层次的艺术，其实际操作性更强。随着市场竞争日益激烈，好的营销策划更成为企业创名牌，迎战市场的决胜利器。策划书是营销策划的反映。

二、营销策划方案的编制原则

为了提高营销策划方案撰写的准确性与科学性，应首先把握其编制的几个主要原则。

（1）逻辑思维原则。策划的目的在于解决企业营销中的问题，按照逻辑性思维的构思来编制策划书。一是设定情况，交代策划背景，分析产品市场现状，再把策划中心、目的全盘托出；二是进行具体策划内容详细阐述；三是明确提出解决问题的对策。（2）简洁朴实原则。要注意突出重点，抓住企业营销中所要解决的核心问题，深入分析，提出可行性的相应对策，针对性强，具有实际操作指导意义。

（2）可操作原则。编制的策划书是要用于指导营销活动，其指导性涉及营销活动中的每个人的工作及各环节关系的处理。因此其可操作性非常重要。不能操作的方案创意再好也无任何价值。不易于操作也必然要耗费大量人、财、物，管理复杂、显效低。

（3）创意新颖原则。要求策划的“点子”（创意）新、内容新、表现手法也要新，给人以全新的感受。新颖的创意是策划书的核心内容。

三、营销策划方案写作分析

（一）封面

策划书的封面可提供以下信息：①策划书的名称；②被策划的客户；③策划机构或策划人的名称；④策划完成日期及本策划适用时间段。因为营销策划具有一定时间性，不同时间段上市场的状况不同，营销执行效果也不同。

（二）正文

营销策划方案的正文部分主要包括以下几方面的内容。

1. 前言

前言是策划书的开头，主要写明策划的目的。要对本营销策划所要达到的目标、宗旨树立明确的观点，作为执行本策划的动力或强调其执行的意义所在，以要求全员统一思想，协调行动，共同努力保证策划高质量地完成。

2. 市场状况分析

（1）当前市场状况及市场前景分析：产品的市场性、现实市场及潜在市场状况；市场成长状况，产品目前处于市场生命周期的哪一阶段上。对于不同市场阶段上的产品，公司营销侧重点如何，相应营销策略效果怎样，需求变化对产品市场的影响；消费者的接受性，这一内容需要策划者凭借已掌握的资料分析产品市场发展前景。

（2）对产品市场影响因素进行分析：主要是对影响产品的不可控因素进行分析，如宏观环境、政治环境、居民经济条件，如消费者收入水平、消费结构的变化、消费心理等，对一些受科技发展影响较大的产品，如计算机、家用电器等产品的营销策划中还需要考虑技术发展趋势方向的影响。

3. 市场机会与问题分析

(1) 针对产品目前营销现状进行问题分析

一般营销中存在的具体问题，表现为多方面：

① 企业知名度不高，形象不佳，影响产品销售。

② 产品质量不过关，功能不全，被消费者冷落。

③ 产品包装太差，无法引起消费者的购买兴趣。

④ 产品价格定位不当。

⑤ 销售渠道不畅，或渠道选择有误，使销售受阻。

⑥ 促销方式不准确，消费者不了解企业产品。

⑦ 服务质量太差，令消费者不满。

⑧ 售后保证缺乏，消费者购后顾虑多等都可以是营销中存在的问题。

(2) 针对产品特点分析优劣势

从问题中找劣势予以克服，从优势中找机会，发掘其市场潜力。分析各目标市场或消费群特点，进行市场细分，对不同的消费需求尽量予以满足，抓住主要消费群作为营销重点，找出与竞争对手差距，把握利用好市场机会。

4. 营销目标

营销目标是在前面目的任务基础上公司所要实现的具体目标，即营销策划方案执行期间，经济效益目标达到：总销售量为×××万件，预计毛利×××万元，市场占有率实现××。

5. 营销战略

(1) 营销宗旨

一般企业可以注重这些方面：

①以强有力的广告宣传攻势顺利拓展市场，为产品准确定位，突出产品特色，采取差异化营销策略；②以产品主要消费群体为产品的营销重点；③建立起点广面宽的销售渠道，不断拓宽销售区域等。

(2) 产品策略

通过前面产品市场机会与问题分析，提出合理的产品策略建议，包括产品定位、产品质量功能方案、产品品牌、产品包装、产品服务等五方面的策略。

(3) 价格策略

价格策略一般包括定价标准、制约定价的基本因素、定价的程序、定价的基本方法。

(4) 销售渠道策略

产品目前销售渠道状况如何，对销售渠道的拓展有何计划，采取一些实惠政策鼓励中间商、代理商的销售积极性或制定适当的奖励政策。

(5) 广告宣传

广告宣传原则：

① 服从公司整体营销宣传策略，树立产品形象，同时注重树立公司形象。

② 长期化。广告宣传商品个性不宜变来变去，在一定时段上应推出一致的广告宣传。

③ 广泛化。选择广告宣传媒体多样式化的同时，注重抓宣传效果好的方式。

④ 不定期地配合阶段性的促销活动，掌握适当时机，及时、灵活地进行，如重大节假日、公司有纪念意义的活动等。

广告宣传实施步骤：

① 策划期内前期推出产品形象广告。

② 适时推出诚征代理商广告。

③ 节假日、重大活动前推出促销广告。

④ 把握时机进行公关活动，接触消费者。

⑤ 积极利用新闻媒介，善于创造利用新闻事件提高企业产品知名度。

6. 各项费用预算

费用预算记载的是整个营销方案推进过程中的费用投入，包括营销过程中的总费用、阶段费用、项目费用等，其原则是以较少投入获得最优效果。费用预算方法在此不再详谈，企业可凭借经验，具体分析制定。

7. 方案调整

方案调整是作为策划方案的补充部分。在方案执行中都可能出现与现实情况不相适应的地方，因此方案贯彻必须随时根据市场的反馈及时对方案进行调整。

营销策划方案的编制一般由以上几项内容构成。企业产品不同，营销目标不同，则所侧重的各项内容在编制上也可有详略取舍。

四、 营销策划案的写作模板

写作要点	写作模板
1. 封面：	①策划书的名称； ②被策划的客户； ③策划机构或策划人的名称； ④策划完成日期及本策划适用时间段。
2. 正文：	
①前言：	前言
②主体：	市场状况分析 营销策略
	××××年××月××日

任务实施

（1）封面的设计。

（2）正文的撰写。

（3）排版打印。

经典例文

加入网通之家 体验健康生活
——"中国网通"河北省分公司营销活动推广全案
××邮电广告有限公司

一、背景

通信市场上，战火纷飞，六大巨头叱咤风云，从价格、服务到缤纷业务的推出，竞争不可谓不激烈。价格战的"杀手锏"虽为抢占市场的利器，但终究是害人害己，得不偿失。各大电信运营商已在市场纷争中深深领悟到：赢得消费者的"芳心"，靠的不仅仅是价格，还有丰富的业务、细致的服务、品牌的好感度及归属感等众多因素。

中国网通和中国电信虽然凭借小灵通切入移动通信领域，但近来市场增速已经放缓；固网业务量在基础语音业务方面也已基本饱和，语音增值业务方面虽有利润可言，但运营商推广力度不大，故整体效益不明显；宽带接入及应用业务近来发展迅速，丰厚的利润及发展前景让各大运营商"垂涎三尺"，纷纷以促销为手段，推出各种接入业务，以期分得宽带市场"一杯羹"。在激烈的市场竞争中，提升业务量，追求效益最大化；保持客户在网率，提高客户的APRU值等成为运营商今后发展的重中之重。

二、定位

中国网通（集团）有限公司××省分公司作为××省基础电信运营商，凭借雄厚的实力及市场领先优势，结合本地通信市场的特点，开展了以"加入网通之家，体验健康生活"为主题的组合营销活动。活动以提升业务量，保有客户在网率为目的，以"业务体验"、"业务人际推广"、"启动快乐积分"等为手段，借助"五一黄金周"及"5·17世界电信日"两个黄金时期，在即将到来的大战之前提前出击，掌握主动权，抢占先机。

三、创意表现策略

本次活动的营销宣传主题为"加入网通之家，体验健康生活"，在对营销活动主题及内容深入理解和把握的基础上，我们将以"回报"及"体验"为创意推广点，让客户在"体验"和"回报"中切实感受业务的丰富多彩和服务的周到细致，增强客户对网通品牌及其业务的信任和好感。此次营销体验活动，我们将以"宽带"为重点，开展"快乐积分"、"宽带我世界，幸福1＋1"两个活动；借助营销活动的体验，为后续的活动推广埋下伏笔。

四、业务概述

（一）快乐积分

"快乐积分"是网通公司推出的一项消费积分返礼活动，活动主题是通过消费者入网消费累积分值，给予消费者相应的礼品回馈；但网通的积分与移动、联通的个人积分相区别，它是以"家庭"为基础的，主张以"家庭"为单位提供积分奖励，为对业务营造家庭温馨团结的品牌调性；快乐积分提倡和引导客户以家庭为单位的不同付费账号合并积分，可以使客户由单一业务发展到体验其他多种业务，从而促进业务量的有效提升。

（二）宽带我世界，幸福1＋1

"宽带我世界，幸福1＋1"是针对宽带公众客户推出的，是以"老带新"的促销活动形式，通过有效的人际传播，尽快扩大客户规模，增加宽带收入贡献率，同时以"奖励"

来提升新老客户的忠诚度和活动效果。

五、创意策略

网通的这次营销活动，涵盖“快乐积分”和“宽带我世界，幸福1+1”两个业务品牌，快乐积分的传播群体是网通所有目标客户，“宽带我世界，幸福1+1”的传播群体是以网通现有宽带客户为主，同时包括潜在目标客户群体。此次营销活动的受众不难把握，但通过怎样的创意才能把营销活动主题及业务品牌诉求准确传播给目标客户呢?

根据业务及活动基本情况，我们决定以“突出主题，连带业务”为创意传播策略。

（一）创作突出主题的形象广告

快乐积分以“加入网通之家，体验健康生活”为宣传口号，在目标客户群体中营造温馨健康快乐的业务体验形象，为业务的具体宣传推广造势。在画面创意中，我们把“网通之家”抽象化的诉求具象化，以象征小康家庭的家庭建筑和家庭寓意加入网通之家后的家庭温馨生活，给目标客户群体一个具体的利益诉求点，吸引目标客户群体体验试用。

（二）快乐积分是网通的新服务品牌

快乐积分的推出无疑会给网通所有客户群体一个惊喜，同时对保持客户，与移动、联通形成差异化业务品牌形象起到重要作用。有积分就会有收获，我们以“体验积累，分享收获”为广告语，既突出业务“积累、收获”的品牌内涵，同时又显示出了“体验”这一营销活动内涵。在画面中，我们以起伏的金黄麦浪为背景，象征积分，体现“积少成多”、“积累”，同时麦穗是果实，也体现收获，寓意网通真心回馈用户之意。画面上还以三个简单的画面——小灵通、宽带及固话来表现快乐积分的内容涵盖。

（三）宽带是未来的发展趋势

宽带是网通主推的重要业务之一，随着网通新宽带品牌“宽带我世界”的推出，整合宽带业务，提升品牌形象成为了宽带业务品牌推广的重中之重，也是此次营销活动的重要组成部分。以“宽带我世界，幸福1+1”为广告语，在延续宽带品牌的基础之上，又以“幸福”和“1+1”展现了活动内容，并以“幸福”作为针对家庭用户的利益诉求点；最能表现宽带业务并且图像简洁的就是“鼠标”了，两个人快乐地坐在鼠标上，体现“新+老”，暗示活动的内容，同时以礼包象征使用业务带给目标客户的心动与惊喜；三只鼠标相连，开始了一段幸福的宽带体验之旅。

六、媒介策略

画面及文字创意好后，我们才迈出了第一步，下面还有一个更艰难、更重要的任务：宣传推广。“五一黄金周”是企业商家广告宣传的黄金时期，电信企业自然也不例外，再加上“5·17世界电信日”这一必须宣传时期，各种形式的活动及广告宣传对我们的传播活动影响很大；为了使传播有效果，我们要么提前宣传，要么在这一期间“独树一帜”。时间是无情的，提前已不可能，我们只有借助多种形式的媒介组合策划整合营销传播来达到传播效果了。

七、媒体的运用

长兵器——大众媒体/分众媒体传播组合。

大众媒体传播范围大、地域广、受众多样，在传播上具有“先声夺人”的优势，可以配合营销活动具体推广。在媒体选择上，由于营销活动信息相对复杂，我们以《××都市报》及贴近目标客户群体的《××广播电视报》等省级平面宣传媒体为重点，配合××省电视台、广播电台宣传活动主题等告知性信息，针对全省重度目标客户高密度宣传，起到“旗帜”引导作用；同时辅以各地市主流报纸、电视、广播等大众媒体的宣传，多角度、全方位，力求营销活动信息传播“遍地开花”。

网通银河网及其网上营业厅、短信群发等网通自有分众媒体以网通所有目标客户为受众，目标客户传播准确，并能起到提醒告知作用，节省宣传成本。

八、媒体传播

营业厅等终端印刷品及短信群发等自有媒体。营业厅等终端与客户的距离是咫尺之间，并且可以准确选择目标客户，传播效果无与伦比；营业厅海报、折页、易拉宝、X展架等平面印刷媒体对宣传活动等复杂信息优势相对明显，目标客户主动接触，抵触较小，同时还可利用客户的人际传播来对潜在目标客户进行有效宣传；小区走访、街头宣传可以使宣传活动更加深入地接触更多目标客户及潜在目标客户，强化目标客户及其潜在客户的关注和参与。

（一）传播的阶段性运用

传播是有对象、有时机、有方式的讲究合理有效的一种沟通技巧，传播宣传如何排兵布阵，对传播效果有直接影响。

（二）分阶段有针对性传播

不同的传播阶段有不同的传播任务，各个阶段任务的完成便构成了传播效果。营销活动及业务宣传也不例外，每个阶段都有不同的宣传重点。通过对营销活动的分析，我们确立了以“突出主题，连带业务”的宣传策略，营销活动的主题可以彰显企业形象，提升企业在目标客户中的美誉度；宣传业务及活动信息可以直接提升业务量，增加企业效益。目标客户在信息接触上基本上分为三个阶段：活动告知期，展现企业形象，告知营销活动基本信息；重点宣传期，通过全方位、多角度的宣传，吸引目标客户接触营销活动具体内容；活动持续期，继续进行小规模宣传，争取把信息传播给所有目标客户及其潜在客户。我们的营销宣传活动基本上延续了以上思路，有针对性、分阶段地宣传，有效地提升了网通业务量。

九、策略的实施

在传播策略上，我们遵循“统分结合、整合传播”的策略，网通自有营业厅、合作营业厅、代办处、网上营业厅、银河网及各地市信息港等统一形象，小灵通短信等分阶段缓缓发力，逐步提高告知频率；全省大众媒体有重点地推广，以全省性报纸为主，以广播、电视为辅，结合各地市主流报纸、城镇繁华路段户外及少量电视、广播等，全省主推形象，各地市主推业务，全省统分结合，由点到面，形成立体传播网络。

（一）宣传海报

主题：加入网通之家，体验健康生活。

内容：对本次活动内容进行整体阐述，同时以亲切的宣传语和生动的画面提升中国网通形象。

推广：在全省主要网通营业厅、合作伙伴、省会及其他地市繁华区域等进行宣传张贴。

（二）宣传单页

主题：①加入网通之家，体验健康生活；②快乐积分：体验积累、分享收获；③宽带我世界：宽带我世界、幸福1+1。

内容：对活动内容及业务内容进行具体介绍，吸引客户加入。

推广：在全省主要网通营业厅、合作伙伴、全省各市镇繁华区域派发。

（三）报纸媒体

以发行量较大、覆盖区域较广的省级强势媒体（如《××都市报》）及贴近人们日常生活的报纸媒体（如《××广播电视报》），直接针对以普通消费大众为主的目标客户。

主题：①加入网通之家，体验健康生活；②快乐积分：体验积累、分享收获；③宽带我世界：宽带我世界、幸福1+1。

形式：硬广告及软广告。

推广：《××都市报》、《××青年报》及《××广播电视报》等。

（四）电视媒体

选择收视率较高、覆盖较广的频道或栏目在黄金时段进行投放，以贴片广告为主，传达内容简单清晰，画面生动。

主题：加入网通之家，体验健康生活。

内容：对本次活动内容进行整体阐述，同时以亲切的宣传语和生动的画面提升中国网通形象。

推广：××电视台二套黄金时间及收视率较高的娱乐节目板块投放。

（五）广播媒体

主题：①加入网通之家，体验健康生活；②快乐积分：体验积累、分享收获；③宽带我世界：宽带我世界、幸福1+1。

规格：30秒主题广告及业务广告。

推广：××人民广播电台、××生活广播、××交通音乐广播等。

实训练习

1. 实训内容

（1）职业情境

第六届“中国策”全国大学生营销策划大赛策略单

一、宗旨

“中国策营销策划大赛”旨在为全国正在进行广告、营销专业学习，以及对营销策划有兴趣的其他专业在校大学生，提供一个实践锻炼的机会和平台。此外通过参与比赛，实现对自己所学理论知识的一次梳理和激活，同时也能使参赛者，通过实践锻炼，发现不足，激发自主进行补充学习的意识。

二、作品要求

（1）结合业界实际，自行制定策划书具体内容。

（2）预算规模：1 000万元人民币以内进行分配。

三、主题

饕餮城市——以地方特色美食为诉求的城市营销策略

央视大型纪录片《舌尖上的中国》在2012年走红，以美食为主线的纪录片唤起了大家对自然馈赠的感激之意和对各地美食的向往之情。一座城市，不仅以自然风光之美吸引着旅游者，更以其独到的地方美食给人留下难以忘怀的舌尖印象；不仅在视觉上动人，更在味觉上诱人。当然，以地方特色美食为诉求来营销推广一座城市，除了能吸引大批来自大江南北的美食客之外，还能塑造其与其他城市差异化的人文特色，让城市的形象更加立体生动、令人神往。

（2）实训任务

请你代表学校参加营销策划大赛。

2. 实训要求

（1）实训条件

① 本实训可在秘书办公自动化实训室进行。

② 本实训应具备齐全的办公设备：计算机、打印机、网络连接。

③ 教师在实训前应提前告知学生实训资料。

④ 每人一台计算机。

（2）实训方式与手段

本实训学生分组讨论操作，每组6～8人。

（3）实训要求与标准

① 本项目主要为文字写作，4课时完成。

② 符合大赛要求。

③ 要符合营销策划方案的格式和语言特点。

（4）实训考核

对完成的每一项进行单独打分，最后综合评定小组成绩。

学习任务三十二　可行性研究报告

知识目标

- 掌握可行性研究报告拟写的含义、分类、写作分析；
- 掌握可行性研究报告的写法。

能力目标

- 能够拟写结构完整的可行性分析报告；
- 能够在计算机上快速、准确地进行文字的录入、排版。

任务引入

职业情境

××食品店是××市的一家百年老字号商店，此店由于经营有传统特色的食品，加之经营有方，又地处市中心繁华街面上，故生意好，常年的资金利润率都高出同行业70%～

80%。现在该店即将实行租赁经营，为避免无形资产损失，此店向该市国有资产管理部门提出意见要求，在资产评估时考虑这一因素，提出租赁方每年应多交4万元，以避免无形资产损失。

工作任务

根据情境内容，请你以该店名义向××市国有资产管理局写一份可行性研究报告。写作时可采用本地某一家老字号商店的实名进行模拟写作。

任务分析

要拟写可行性研究报告，首先要弄清楚可行性研究报告的写作内容、写作要求；其次要掌握可行性研究报告写作的特点和所属种类；最后，掌握可行性研究报告写作的结构模板，做到快速、准确地拟写可行性研究报告。

相关理论

一、 可行性研究报告的含义和特点

可行性研究报告，又称可行性论证报告，是行业、企业、部门和专家组织针对出台的重大决策和拟上马的建设项目的兴办条件、市场需求、经济效益等，经过全面系统的调查研究，分析论证，判断其可行性、有效性的书面报告。

可性性研究报告具有以下特点：

1. 内容的真实性

可行性研究报告需要运用大量数据、文件及材料以论证其项目的科学性和可行性，因此，数据、文件及材料必须是通过科学方法采集、分析、研究得出的，是以真实材料为基础、为原则的，伪造数据、文件和材料都是违法的行为。

2. 论证的全面性

可行性研究报告必须围绕影响拟上马项目所受到的、来自各个方面的因素进行分析，以得到科学、正确的结论，因此，分析的方法要科学，范围要全面。既要重视动态分析与静态分析的有机结合，又要注重定性分析与定量分析的有机结合，还要保证阶段性经济效益分析与过程性经济效益分析的有机结合。

二、 可行性研究报告的分类

按照内容可以将可行性研究报告分为经济活动型和行政事务型可行性研究报告。

1. 经济活动型

经济活动型可行性研究报告是反映经济活动内容的文书，按照其特点还可以分为政策、改革方案可行性研究报告，引进项目可行性研究报告，自营项目可行性研究报告，中外合资改革方案可行性研究报告，引进项目可行性研究报告、自营项目可行性研究报告，

引进和开发研究报告等多种类型。

2. 行政事务型

行政事务型可行性研究报告反映行政事务并提出相应可行性意见与办法的上行文书。按照拟建项目的性质可以分为兴建项目可行性研究报告、扩建项目可行性研究报告、技术改造项目可行性研究报告、引进先进技术和设备可行性研究报告。

三、 可行性研究报告的内容

(1) 必要性研究：研究现在和未来一段时期国内外市场对拟建项目需求量的情况。例如，建造一个物流中心、超市等，需要有多大的客流量等，才能获得最佳的经济利益。

(2) 可行性研究：研究社会环境条件、技术条件、投资条件。社会环境条件就是研究兴建项目的拟定地点的资源状况；技术条件就是研究有无相关的专业人才，有无技术难题，主办企业的员工素质如何，原有技术设备状况如何等；投资条件就是研究主办方拟建项目的企业自有资金状况，外汇耗费情况等。

(3) 可靠性研究：研究通过风险分析，来确定项目的可靠程度。

(4) 合理性研究：研究成本、产量、销量等环节的情况，研究分析盈亏关系，研究分析在一定时期内能获得多少利润，研究分析净现值的大小，以论证项目建成后能否获得经济利益和社会效益。

(5) 不确定性研究：拟建项目在未正式投产、不能看到实际经济效益之前，一切经济指标都是预测和估算，难免受到不确定因素影响，因此，要研究分析拟建项目在建设和生产过程中会存在哪些不定因素，其变动情况对经济效益影响如何，以确定拟建项目投资的风险。

四、 可行性研究报告写作分析

1. 前言

前言也称为“总论”或“基本情况”。要求简要介绍项目的由来、目的、意义、企业名称、地址、承办单位名称、法定代表、技术负责人、经济负责人、可行性研究负责人、项目背景、新产品特点与优势、市场需求等情况，即向决策人说明拟上马项目的重要性及必要性。

2. 正文

正文是围绕拟上马项目进行可行性分析，以系统分析为主要方法，以经济效益为核心，以大量的数据资料为依据进行论证，得出拟上马项目的必要性、可行性结论等，为决策提供科学依据。

正文主要从以下几个方面展开论述：

(1) 需求预测和拟建项目的规模。包括国内外需求情况预算及国内现有（工厂生产能力）技术能力状况，如销售预测、价格分析、产品竞争能力、产品方案与发展方向的技术比较等。

(2) 资源、原材料、燃料及公用设施情况。

(3) 拟建条件和地址方案。拟建的地理位置、气象、水文、地质、地形条件和社会经济条件、交通运输条件、水电气状况和发展趋势等。

（4）设计方案。项目的构成范围、技术来源、主要技术标准等。

（5）环境保护。环境现状、预测项目对环境的影响，提出环境保护和“三废”治理的初步方案。

（6）企业组织、劳动定员和人员培训。

（7）实施进度的有关建议。

（8）投资估算和资金筹划。

（9）经济效益与社会效益。

不同企业、不同项目的可行性研究报告内容可以根据具体情况有所侧重或者增减。

3. 结尾

结尾部分主要是结论与建议。从资源条件、投资能力、技术水平、市场需求、经济效益等方面加以综合评价，得出该项目可行的结论，并指出优点和不足及明确建议。

4. 附件

为了说明结论，可附上各种表格、图样、实验数据、协议书、上级批文等，以增强可行性报告的说明力度。

五、 可行性研究报告规则

（1）数据材料真实可靠：可行性研究报告的所有数据、文件及材料关系到项目能否立项、项目建成后能够取得的经济效益和社会效益，因此，必须是运用科学分析的方法研究出来的，符合真实可靠的原则。

（2）论证全面说服力强：可行性研究报告要从正反两个方面，分析研究拟建项目的有利因素和不利因素，尤其对将会出现的风险不能忽略，避免出现盲点、遗漏点以影响结论的科学性和全面性，给项目建设单位造成不可挽回的重大经济损失。

（3）语言严谨条理清晰：可行性研究报告的语言表达要求精确、准确、严谨、无歧义，逻辑说服力强，做到无懈可击。

六、 可行性研究报告的写作模板

写作要点	写作模板
①标题：	××××××可行性研究报告
②主体：	前言： 正文： 一、____________________ 二、____________________ 三、____________________
③结尾：	
④附件：	××项目财务评价报表 ××××年××月××日

任务实施

（1）可行性分析报告标题写作。

（2）前言。

（3）主体。

（4）结尾。

（5）附件。

（6）落款。

（7）排版打印。

经典例文

【例文1】

电子商务可行性研究报告

2012年7月19日，中国互联网络信息中心在京发布《第30次中国互联网络发展状况统计报告》（以下简称《报告》）。《报告》显示，截至2012年6月底，中国网民数量达到5.38亿人，增长速度更加趋于平稳；其中最引人注目的是，手机网民规模达到3.88亿人，手机首次超越台式计算机成为第一大上网终端。

其中进行过网上购物的网民调查，中国网络购物用户规模达2.03亿人！而随着国内上网费用的下调，网民总数及网上购物的网民比例将有更大的提高。

可见，在中国开展电子商务，即在网上开店的时机已经趋于成熟，有眼光的商家已正在纷纷建立自己的网上商店。网上开店有以下几个优势。

（1）投资少，回收快，而且无所谓存货，所以特别适合小商店和个人在网上创业。

①从启动资金来看，传统的地面开店，门面租金加装修费，还有首批进货资金，少说也需要几万元的启动资金。而网上开店所需的启动资金却少得很，按照我们的计划，只要有一台可以上网的计算机和你的勤奋（是用来管理你自己的网站）就可开店营业！网上店面比同等规模的地面商店的花销要低得多，在网上，不用为增加营业面积而增加租金，不用为延长营业时间而增加额外的费用。

②从流动资金来看，传统商店的进货资金少则几千元，多则数万元，而网上商店则不需要压资金，可以在有订单的情况下再进货。

③网上商店进退自如，没有包袱。在不想继续经营传统商店时，需要先把原来旧的货物处理掉，而网上商店因为不需要存货，也就没有这个包袱，随时都可以变更品种，或者改行做别的生意。

（2）销售时间不受限制，不需专人看守，却可时时刻刻营业。

网上商店无限延长了营业时间，一天24小时、一年365天不停地运作，无论刮风下雨，无论白天晚上，可照常营业。

（3）销售地点不受限制，小商店也可做成大生意。

尽管在地面上只有一个小商店，或者就没有门面，但在网上却不同。一方面，网上商店不受店面空间的限制；另一方面，网上商店不受码头好坏的影响。

（4）网上商店人气旺。网上人来人往，客流量超过10个游乐场所。只要商品有特色，只要经营得法，网上商店每天将额外带来成千上万人的客流量，大大增加销售收入。

【例文2】

奶茶店项目可行性研究报告（摘要）

第一章　总论

　　一、奶茶项目背景

　　　　1. 项目名称

　　　　2. 承办单位概况

　　　　3. 奶茶项目可行性研究报告编制依据

　　　　4. 奶茶项目提出的理由与过程

　　二、奶茶项目概况

　　　　1. 奶茶项目拟建地点

　　　　2. 奶茶项目建设规模与目的

　　　　3. 奶茶项目主要建设条件

　　　　4. 奶茶项目投入总资金及效益情况

　　　　5. 奶茶项目主要技术经济指标

　　三、项目可行性与必要性

　　四、问题与建议

第二章　市场预测

　　一、奶茶产品市场供应预测

　　　　1. 国内外奶茶市场供应现状

　　　　2. 国内外奶茶市场供应预测

　　二、产品市场需求预测

　　　　1. 国内外奶茶市场需求现状

　　　　2. 国内外奶茶市场需求预测

　　三、产品目标市场分析

　　　　1. 奶茶产品目标市场界定

　　　　2. 市场占有份额分析

　　四、价格现状与预测

　　　　1. 奶茶产品国内市场销售价格

　　　　2. 奶茶产品国际市场销售价格

　　五、市场竞争力分析

　　　　1. 主要竞争对手情况

　　　　2. 产品市场竞争力优势、劣势

　　　　3. 营销策略

　　六、市场风险

第三章　资源条件评价

　　一、奶茶项目资源可利用量

二、奶茶项目资源品质情况
三、奶茶项目资源赋存条件
四、奶茶项目资源开发价值
第四章 奶茶项目建设规模与产品方案
一、建设规模
1. 奶茶项目建设规模方案比选
2. 推荐方案及其理由
二、产品方案
1. 奶茶项目产品方案构成
2. 奶茶项目产品方案比选
3. 推荐方案及其理由
第五章 奶茶项目场址选择
一、奶茶项目场址所在位置现状
1. 奶茶项目地点与地理位置
2. 奶茶项目场址土地权所属类别及占地面积
3. 土地利用现状
二、奶茶项目场址建设条件
1. 地形、地貌、地震情况
2. 工程地质与水文地质
3. 气候条件
4. 城镇规划及社会环境条件
5. 交通运输条件
6. 公用设施社会依托条件（水、电、气、生活福利）
7. 防洪、防潮、排涝设施条件
8. 环境保护条件
9. 法律支持条件
10. 征地、拆迁、移民安置条件
11. 施工条件
三、奶茶项目场址条件比选
1. 奶茶项目建设条件比选
2. 奶茶项目建设投资比选
3. 奶茶项目运营费用比选
4. 奶茶项目推荐场址方案
5. 奶茶项目场址地理位置图
第六章 奶茶项目技术方案、设备方案和工程方案
一、奶茶项目技术方案
1. 奶茶项目生产方法（包括原料路线）
2. 奶茶项目工艺流程
3. 奶茶项目工艺技术来源

4. 推荐方案的主要工艺（生产装置）流程图、物料平衡图、物料消耗定额表

二、奶茶项目主要设备方案

1. 奶茶项目主要设备选型

2. 奶茶项目主要设备来源（进口设备应提出供应方式）

3. 奶茶项目推荐方案的主要设备清单

三、奶茶项目工程方案

1. 奶茶项目主要建筑物或构筑物的建筑特征、结构及面积方案

2. 奶茶项目扩建工程方案

3. 奶茶项目特殊基础工程方案

4. 奶茶项目建筑安装工程量及“三材”用量估算

5. 奶茶项目主要建筑物或构筑物工程一览表

第七章　奶茶项目主要原材料、燃料供应

一、主要原材料供应

1. 奶茶项目主要原材料品种、质量与年需要量

2. 奶茶项目主要辅助材料品种、质量与年需要量

3. 奶茶项目原材料、辅助材料来源与运输方式

二、燃料供应

1. 奶茶项目燃料品种、质量与年需要量

2. 奶茶项目燃料供应来源与运输方式

三、主要原材料、燃料价格

1. 奶茶项目原材料、燃料价格现状

2. 奶茶项目主要原材料、燃料价格预测

四、编制主要原材料、燃料年需要量表

第八章　总图、运输与公用辅助工程

一、奶茶项目总图布置

1. 平面布置

2. 竖向布置

（1）场区地形条件

（2）竖向布置方案

（3）场地标高及土石方工程量

3. 总平面布置图

4. 总平面布置主要指标表

二、奶茶项目场内外运输

1. 场外运输量及运输方式

2. 场内运输量及运输方式

3. 场内运输设施及设备

三、奶茶项目公用辅助工程

1. 奶茶项目给排水工程

（1）给水工程。用水负荷、水质要求、给水方案

(2) 排水工程。排水总量、排水水质、排放方式和泵站管网设施

2. 奶茶项目供电工程

(1) 供电负荷（年用电量、最大用电负荷）

(2) 供电回路及电压等级的确定

(3) 电源选择

(4) 场内供电输变电方式及设备设施

3. 奶茶项目通信设施

(1) 通信方式

(2) 通信线路及设施

4. 奶茶项目供热设施

5. 奶茶项目空分、空压及制冷设施

6. 奶茶项目维修设施

7. 奶茶项目仓储设施

第九章 奶茶项目节能措施

一、节能措施

二、能耗指标分析

第十章 奶茶项目节水措施

一、节水措施

二、水耗指标分析

第十一章 奶茶项目环境影响评价

一、场址环境条件

二、项目建设和生产对环境的影响

1. 奶茶项目建设对环境的影响

2. 奶茶项目生产过程产生的污染物对环境的影响

三、环境保护措施方案

四、环境保护投资

五、环境影响评价

第十二章 奶茶项目劳动安全卫生与消防

一、危害因素和危害程度

1. 有毒有害物品的危害

2. 危险性作业的危害

二、安全措施方案

1. 采用安全生产和无危害的工艺和设备

2. 对危害部位和危险作业的保护措施

3. 危险场所的防护措施

4. 职业病防护和卫生保健措施

三、消防设施

1. 火灾隐患分析

2. 防火等级

3. 消防设施

第十三章　奶茶项目组织机构与人力资源配置

一、奶茶项目组织机构

1. 奶茶项目法人组建方案

2. 奶茶项目管理机构组织方案和体系图

3. 奶茶项目机构适应性分析

二、奶茶项目人力资源配置

1. 生产作业班次

2. 劳动定员数量及技能素质要求

3. 职工工资福利

4. 劳动生产率水平分析

5. 员工来源及招聘方案

6. 员工培训计划

第十四章　奶茶项目实施进度

一、奶茶项目建设工期

二、奶茶项目实施进度安排

三、奶茶项目实施进度表（横线图）

第十五章　奶茶项目投资估算

一、奶茶项目投资估算依据

二、奶茶项目建设投资估算

1. 奶茶项目建筑工程费

2. 奶茶项目设备及工器具购置费

3. 奶茶项目安装工程费

4. 奶茶项目工程建设其他费用

5. 奶茶项目基本预备费

6. 奶茶项目涨价预备费

7. 奶茶项目建设期利息

三、奶茶项目流动资金估算

四、奶茶项目投资估算表

1. 奶茶项目投入总资金估算汇总表

2. 奶茶项目单项工程投资估算表

3. 奶茶项目分年投资计划表

4. 奶茶项目流动资金估算表

第十六章　奶茶项目融资方案

一、奶茶项目资本金筹措

二、奶茶项目债务资金筹措

三、奶茶项目融资方案分析

第十七章　奶茶项目财务评价

一、奶茶项目财务评价基础数据与参数选取

1. 财务价格
2. 计算期与生产负荷
3. 财务基准收益率设定
4. 其他计算参数

二、奶茶项目销售收入估算（编制销售收入估算表）

三、奶茶项目成本费用估算（编制总成本费用估算表和分项成本估算表）

四、奶茶项目财务评价报表

1. 奶茶项目财务现金流量表
2. 奶茶项目损益和利润分配表
3. 奶茶项目资金来源与运用表
4. 奶茶项目借款偿还计划表

五、奶茶项目财务评价指标

1. 奶茶项目盈利能力分析

（1）项目财务内部收益率

（2）资本金收益率

（3）投资各方收益率

（4）财务净现值

（5）投资回收期

（6）投资利润率

2. 奶茶项目偿债能力分析（借款偿还期或利息备付率和偿债备付率）

六、奶茶项目不确定性分析

1. 奶茶项目敏感性分析（编制敏感性分析表，绘制敏感性分析图）
2. 奶茶项目盈亏平衡分析（绘制盈亏平衡分析图）

七、奶茶项目财务评价结论

第十八章　奶茶项目国民经济评价

一、奶茶项目影子价格及通用参数选取

二、奶茶项目效益费用范围调整

1. 奶茶项目转移支付处理
2. 奶茶项目间接效益和间接费用计算

三、奶茶项目效益费用数值调整

1. 奶茶项目投资调整
2. 奶茶项目流动资金调整
3. 奶茶项目销售收入调整
4. 奶茶项目经营费用调整

四、奶茶项目国民经济效益费用流量表

1. 奶茶项目国民经济效益费用流量表
2. 奶茶项目国内投资国民经济效益费用流量表

五、奶茶项目国民经济评价指标

1. 奶茶项目经济内部收益率

2. 奶茶项目经济净现值

六、奶茶项目国民经济评价结论

第十九章　奶茶项目社会评价

一、奶茶项目对社会的影响分析

二、奶茶项目与所在地互适性分析

1. 奶茶项目利益群体对项目的态度及参与程度

2. 奶茶项目各级组织对项目的态度及支持程度

3. 奶茶项目地区文化状况对项目的适应程度

三、奶茶项目社会风险分析

四、奶茶项目社会评价结论

第二十章　奶茶项目风险分析

一、奶茶项目主要风险因素识别

二、奶茶项目风险程度分析

三、奶茶项目风险防范和降低风险对策

第二十一章　奶茶项目可行性研究结论与建议

一、奶茶项目推荐方案的总体描述

二、奶茶项目推荐方案的优缺点描述

1. 优点

2. 存在问题

3. 主要争论与分歧意见

三、奶茶项目主要对比方案

1. 方案描述

2. 未被采纳的理由

四、结论与建议

第二十二章　附图、附表、附件

一、附图

1. 奶茶项目场址位置图

2. 奶茶项目工艺流程图

3. 奶茶项目总平面布置图

二、附表

1. 奶茶项目投资估算表

（1）奶茶项目投入总资金估算汇总表

（2）奶茶项目主要单项工程投资估算表

（3）奶茶项目流动资金估算表

2. 奶茶项目财务评价报表

（1）奶茶项目销售收入、销售税金及附加估算表

（2）奶茶项目总成本费用估算表

（3）奶茶项目财务现金流量表

（4）奶茶项目损益和利润分配表

(5) 奶茶项目资金来源与运用表

(6) 奶茶项目借款偿还计划表

3. 奶茶项目国民经济评价报表

(1) 奶茶项目国民经济效益费用流量表

(2) 奶茶项目国内投资国民经济效益费用流量表

实训练习

1. 实训内容

(1) 职业情境

小明刚刚大学毕业，到北京万豪酒店项目部应聘，公司刚好有一个项目，要在上海建一个分店，在前期调研的基础上形成可行性研究报告。

(2) 实训任务

请你以小明的身份，依据该文种的一般体例，再结合该项目必须论及的内容要素，编列出该项目报告纲目或要点。

2. 实训要求

(1) 实训条件

① 本实训可在秘书办公自动化实训室进行。

② 本实训应具备齐全的办公设备：计算机、打印机、网络连接。

③ 教师在实训前应提前告知学生实训资料。

④ 每人一台计算机。

(2) 实训方式与手段

本实训学生分组讨论操作，每组 3 人或 4 人。

(3) 实训要求与标准

① 本项目主要为文字写作，2 课时完成。

② 结构合理，语言通顺。

③ 要符合可行性研究报告的格式和语言特点。

(4) 实训考核

对完成的每一项进行单独打分，最后综合评定小组成绩。

专业拓展

一、 可行性研究报告的写作要求

可行性研究工作对于整个项目建设过程乃至整个国民经济都有非常重要的意义，为了保证可行性研究工作的科学性、客观性和公正性，有效地防止错误和遗漏，在可行性研究中要做到以下几点。

(1) 首先必须站在客观公正的立场进行调查研究，做好基础资料的收集工作。对于收集的基础资料，要按照客观实际情况进行论证评价，如实地反映客观经济规律，从客观数据出发，通过科学分析，得出项目是否可行的结论。

(2) 可行性研究报告的内容深度必须达到国家规定的标准，基本内容要完整具体，应尽可能多地占有数据资料，避免粗制滥造，搞形式主义。

在做法上要掌握好以下四个要点：

① 先论证，后决策。

② 处理好项目建议书、可行性研究、评估这三个阶段的关系，哪一个阶段发现不可行都应当停止研究。

③ 要将调查研究贯彻始终。一定要掌握切实可靠的资料，以保证资料选取的全面性、重要性、客观性和连续性。

④ 多方案比较，择优选取。对于涉外项目，或者在加入世界贸易组织等外在因素的压力下必须与国外接轨的项目，可行性研究的内容及深度还应尽可能与国际接轨。

(3) 为保证可行性研究的工作质量，应保证咨询设计单位足够的工作周期，防止因各种原因的不负责任草率行事。

二、 工业格式

(1) 第一部分　项目总论。

(2) 第二部分　需求预测和拟建规模。

(3) 第三部分　资源、原材料、燃料及公用设施情况。

(4) 第四部分　设计方案。

(5) 第五部分　建厂条件与厂址方案。

(6) 第六部分　环境保护。

(7) 第七部分　企业组织、劳动定员和人员培训（估算数）。

(8) 第八部分　实施进度建议。

(9) 第九部分　投资估算和资金筹措。

(10) 第十部分　社会及经济效果评价。

(11) 第十一部分　可行性研究结论与建议。

三、 工业范文

(1) 第一部分　工业项目总论。

总论作为可行性报告的首要部分，要综合叙述研究报告中各部分的主要问题和研究结论，并对项目的可行与否提出最终建议，为可行性研究的审批提供方便。

(2) 第二部分　工业项目建设可行性。

(3) 第三部分　工业项目市场需求分析。

市场分析在可行性研究中的重要地位在于，任何一个项目，其生产规模的确定、技术的选择、工业估算甚至厂址的选择，都必须在对市场需求情况有了充分了解以后才能决定。而且市场分析的结果，还可以决定产品的价格、销售收入，最终影响到项目的盈利性和可行性。在可行性报告中，要详细研究当前市场现状，以此作为后期决策的依据。

(4) 第四部分　工业项目产品规划方案。

(5) 第五部分　工业项目建设地与土建总规。

(6) 第六部分　工业项目环保、节能与劳动安全方案。

在项目建设中，必须贯彻执行国家有关环境保护、能源节约和职业安全方面的法规、法律，对项目可能造成周边环境影响或劳动者健康和安全的因素，必须在可行性研究阶段进行论证分析，提出防治措施，并对其进行评价，推荐技术可行、经济，且布局合理，对环境有害影响较小的最佳方案。按照国家现行规定，凡从事对环境有影响的建设项目都必须执行环境影响报告书的审批制度，同时，在可行性报告中，对环境保护和劳动安全要有专门论述。

(7) 第七部分　工业项目组织和劳动定员。

在可行性报告中，根据项目规模、项目组成和工艺流程，研究提出相应的企业组织机构，劳动定员总数及劳动力来源及相应的人员培训计划。

(8) 第八部分　工业项目实施进度安排。

项目实施时期的进度安排是可行性报告中的一个重要组成部分。项目实施时期亦称工业时间，是指从正式确定建设项目到项目达到正常生产这段时期，这一时期包括项目实施准备，资金筹集安排，勘察设计和设备订货，施工准备，施工和生产准备，试运转直到竣工验收和交付使用等各个工作阶段。这些阶段的各项工业活动和各个工作环节，有些是相互影响的，前后紧密衔接的，也有同时开展，相互交叉进行的。因此，在可行性研究阶段，需将项目实施时期每个阶段的工作环节进行统一规划，综合平衡，做出合理又切实可行的安排。

(9) 第九部分　工业项目财务评价分析。

(10) 第十部分　工业项目财务效益。

(11) 第十一部分　工业项目风险分析及风险防控。

(12) 第十二部分　工业项目可行性研究结论与建议。

学习任务三十三　招标书

知识目标

- 掌握招标书的含义、特点；
- 掌握招标书拟写的要点；
- 掌握招标书的写作要求。

能力目标

- 能够拟写结构完整的招标书；
- 招标书语言能够体现公文语体风格；
- 能够在计算机上快速、准确地进行文字的录入、排版。

任务引入

职业情境

某学院为贯彻党和国家全面推进素质教育的精神，满足学院建设和发展需要，推动学院信息化建设，决定建设校园网。需要配备若干台计算机、服务器、空调及其他网络设备，设备的采购需向社会招标。

工作任务

根据情境内容，先以学院的名义写一份招标书。

任务分析

要拟写招标书，首先要弄清楚招标书的写作内容、写作要求；其次要掌握招标书写作的特点和所属种类；最后，掌握招标书写作的结构模板，做到快速、准确地拟写招标书。

相关理论

一、 招标书的含义、 类型和特点

招标书，又称招标通告、招标公告 招标启事、招标邀请书。它是招标者为邀请有关符合条件的单位投标，将业务项目、项目标准及要求条件等有关事项和要求作出解释和说明的文书。

招标书包括招标申请书、招标公告或招标通告、招标说明书、标底书、中标通知书等。招标文书主要指招标公告或招标通知。按性质有大宗商品交易招标书、选聘企业经营者招标书、企业承包招标书、企业租赁招标书：按时间有长期招标书、短期招标书等。

招标书具有以下特点。

（1）公开性。主要表现在招标书一般通过一定的媒体广泛传播，招标者将自己的标的物、招标意图、招标范围、招标条件、招标步骤等公布于众，投标者可以公开竞争。此外，招标者要当众公开标的。

（2）竞争性。招标的动机是寻找和选择最理想的合作伙伴，尽可能最广泛地造成竞争局面，以获取最佳的经济效益。

（3）保密性。一是指标的在公布之前不得泄密，否则对责任者要严肃处理，甚至追究法律责任：二是指投标书在开标之前要保密，在规定的开标时间之前不得启封。未密封、未盖印及过期的投标书无效。

（4）约束性：招标书是招标单位以法人的地位提出的约言，招标文书一经发出就不能更改，如果违背约言就要承担法律责任单位造成的损失。对于投标单位而言，要对投标书提出的条件和要求作出承诺，接受招标书的约束，招标书寄出后不能反悔或更改，如违背承诺将承担法律责任。

二、 招标书的结构

（1）标题：以文种作为标题，如直接写“招标书”三个字；事由＋文种，如：×××大学设备采购招标书。

（2）开头：写明招标的依据和主导思想。

（3）主体：应把招标的经营思想和经营方针、经营目标、经营措施、要求、外部条件等内容写出来，力求论证严密、层次清晰。

（4）结尾：写明投标单位（或个人）的名称和投标日期。

三、 招标书的写作要求

（1）招标方案应切实可行：招标的动机是寻找和选择，方案要具有可行性和实施性。

（2）招标各种要素必须准确：招标者要将自己的标的物、招标意图、招标范围、招标条件、招标条件步骤等要素公布于众，投标者可参与公开竞争。

四、 招标书的写作模板

写作要点	写作模板
①标题：	招标书
②开头：	××机械设备有限公司受××市政府的委托，为××市政府网络工程及机房装修工程采购项目进行公开招标，欢迎具有独立企业法人资格的供应商前来报名，具体事项如下：
③主体： ④结尾：	一、 二、 ××××公司 ××××年××月××日

任务实施

（1）投标书的标题写作。
（2）前言的写作。
（3）主体的写作。
（4）结尾写作。
（5）排版打印。

经典例文

××市政府采购项目招标公告

××机械设备有限公司受××市政府的委托，为××市政府网络工程及机房装修工程采购项目进行公开招标，欢迎具有独立企业法人资格的供应商前来报名，具体事项如下：

1. 招标编号：DC22006283

2. 招标内容：网络机房设备及安装调试

机房装修

视频会议室、报告厅设备及安装调试（具体内容详见招标文件）

3. 招标文件发售时间、地点：××××年×月×日起，北京时间每天8:00～17:00，在××机械设备有限公司发售。

4. 招标文件售价：每份300元，需邮寄另加50元特快专递费。

5. 本次采购进行资格预审，供应商需提供企业法人营业执照副本、国家保密局的涉及国家秘密的计算机信息系统集成资质证书（原件备检），资格审查合格后方可购买招标文件。

6. 开标时间、地点：××××年×月×日14:00（北京时间）在××市宾馆2楼会议室

7. 市政府采购管理办公室监督管理电话：××××-××××××××
采办代理机构：××机械设备有限公司××市××区民众街40号
电话：××××-××××××××
联系人：×××
开户银行账号：中行××市分行××区支行200801870608×××××

市政府采购管理办公室
××××年×月×日

实训练习

1. 实训内容

(1) 职业情境
某公司要装修，经上级批准，具备招标条件，特向社会招标。
(2) 实训任务
请结合职业情景写作招标申请书和招标通告。

2. 实训要求

(1) 实训条件
① 本实训可在秘书办公自动化实训室进行。
② 本实训应具备齐全的办公设备：计算机、打印机、网络连接。
③ 教师在实训前应提前告知学生实训资料。
④ 每人一台计算机。
(2) 实训方式与手段
本实训学生分组讨论操作，每组3人或4人。
(3) 实训要求与标准
① 本项目主要为文字写作，2课时完成。
② 招标书结构合理，语言通顺。
③ 要符合招标书的格式和语言特点。
(4) 实训考核
对完成的每一项进行单独打分，最后综合评定小组成绩。

学习任务三十四　投标书

知识目标

- 掌握投标书的含义、特点、类型；
- 掌握投标书拟写的要点、注意事项。

能力目标

- 能够拟写结构完整的投标书；
- 投标书语言能够体现其语体风格；
- 能够在计算机上快速、准确地进行文字的录入、排版。

任务引入

职业情境

某学院招标公告的内容是网络机房设备及安装调试、机房装修、视频会议室、报告厅设备及安装调试。

工作任务

如果你是某教学设备供应商，想要做这个业务，需要写一份投标书。

任务分析

要拟写投标书，首先要弄清楚投标书的写作内容、写作要求；其次要掌握投标书写作的特点；最后，掌握投标书写作的结构模板，做到快速、准确地拟写投标书。

相关理论

一、 投标书的含义和特点

投标书是投标人为了中标而按照招标单位的标准、条件和要求，具体地向招标单位递交的提出订立合同建议的备选方案文书。

投标书有以下特点。

（1）针对性：主要表现在一般招标书通过一定的媒体广泛传播后，投标单位根据招标者的要求，将投标意图、投标条件、投标步骤有针对性地提出并公开参与竞争。

（2）求实性：投标的动机是努力取得招标单位的信任，以获取最佳的经济效益。

（3）合约性：投标书是投标单位以法人的名义向招标单位提出的约言，投标文书一经发出就不能改，如果违背约言就要承担法律责任，要赔偿由此给招标单位造成的损失。投标书要向招标单位提出的条件和要求作出承诺。

二、 投标书的类型

（1）按性质分：可分为生产经营性投标书和技术投标书。生产经营性投标书包括工程投标书、敢包投标书、产品销售投标书、采购大宗商品投标书、劳务投标书；技术投标书包括科研课题投标书、技术引进或技术转让投标书等。

（2）按形式分：企业投标书、全员投标书、合伙投标书、个人投标书。

（3）按时间分：长期投标书与短期投标书。

（4）按范围分：内部投标与外部投标，国内投标与国际投标。

三、 投标书的格式

（1）标题：直接写出文种，如直接写“投标书”三个字；投标单位＋事由＋文种，如××大学设备采购投标书。

（2）前言：主要写明投标的依据、目的和主导思想、投标单位的投标态度。

（3）主体：要根据投标书提出的目标、要求等，说明投标企业的现状，明确投标期限、投标形式、拟定标的等。不同投标项目的具体内容有所不同。如采购大宗商品投标书主要写明生产厂家概况、产品规格、使用效果、供货单价、总价及承诺条件等。

（4）结尾：写明投标单位名称、地址、联系方式等。

四、投标书的写作要求

（1）论证要严密合理：由于投标书是为中标才写的，一旦中标，投标书将成为签订合同的依据，所以投标书在写作中逻辑性要强，论证要严密，尽量避免疏漏。

（2）层次条理清晰：由于投标书对签订合同起重要作用，所以写作时要层次分明，条理有序。

（3）文字明确简练：由于投标书涉及的方面较多，要求的文字也较多，所以在实际写作中强调精练、准确、规范。

五、投标书的写作模板

写作要点	写作模板
①标题：	投标书
②前言：	××市××建设发展公司：
③主体：	×××××××××××××××××××××××××
④结尾：	
⑤日期：	××××年××月××日

任务实施

（1）投标书的标题写作。

（2）前言的写作。

（3）主体的写作。

（4）结尾写作。

（5）排版打印。

经典例文

投　标　书

××市××建设发展公司：

在认真研究了××市环城北路地下停车库工程件（包括图纸），参加了招标技术说明与招标会，并考察了工程现场后，我公司（××省建筑工程公司）愿意以人民币肆佰陆拾陆万元的点价，按招标文件的要求，承担该工程的全部施工任务。现我公司正式授权签字人吴××（一级项目经理）、陆××（一级项目经理）、程××（施工员），代表我公司向贵方提交投标函正本一份、副本一份。

本投标函由下列文件组成：

一、综合说明书

二、总报价书

三、费率投标报价书

四、××省建筑工程公司建筑工程土建工程土建预算书

五、××市环城北路地下停车库工程施工组织设计

六、××市环城北路地下停车库施工进度网络计划表

我公司宣布并同意下列各点：

一、如果贵方接受我方投标，我方保证在接到工程开工指令之后，在招标文件规定的期限内开工，在投标文件规定的壹佰伍拾日历天内完成并交付合同规定的全部工程。该日期从招标文件开工期限的最后一天算起。

二、如果贵方接受我方投标，我方将按照招标文件规定的金额，在合同签订后壹拾伍天内，提交履行合同保证金函。

三、我方同意从规定的递交投标函之日起壹佰伍拾日历天内遵守本投标。在该期限前，本投标书对我方始终有约束力，可随时被贵方所接受。

四、如果贵方接受我方投标并将中标通知书送达我方，在正式合同签订之前，本投标函与中标通知书应具有约束贵方与我方的法律效力。

五、我方随同本投标函交纳投标保证金人民币玖万叁仟贰佰元整。如果我方在规定的递交投标函之日起壹佰伍拾天内撤回投标函，或接到中标通知书后贰拾日历天内因我方原因而双方未签订合同，或双方合同签订后壹佰伍拾日历天内我方未向贵方提交履行合同保证金函，贵方有权没收这笔投标保证金。

六、我方理解，贵方不一定接受最低标记的投标；同时，我方也理解，贵方不承担我方的任何投标费用。

地址：××市××路323号

邮政编码：×××××

电话：××××××××

传真：××××××××

代表：吴××、陆××、程××（签字）

投标单位：××省建筑工程公司（盖章）　　　　法人代表：和××（盖章）

投标日期：××××年××月××日

实训练习

1. 实训内容

（1）职业情境

华北大酒店室内装修改造水电安装工程，按照华北东阳管理办法《关于分包工程采取投标制的通知》之规定，本着公开、公平、公正的原则，通过投标竞争择优选定工程质量好、社会信誉高、价格合理、工期适当、先进可行的投标单位承包本工程的施工任务。

工程概况：

发包人：华北东阳大酒店有限责任公司（以下也称业主方）；

承包人：沈城建筑安装工程有限责任公司（以下也称承包方）；

工程名称：华北东阳大酒店室内装修改造水电安装工程；

地点：东阳市北村大道124号；

工程内容：华北东阳大酒店室内装修改造给排水及电气安装工程。

（2）实训任务

请分别以华北东阳大酒店有限责任公司和沈城建筑安装工程有限责任公司法定代表身份，拟写工程招标书和投标书各一份。

2. 实训要求

（1）实训条件

① 本实训可在秘书办公自动化实训室进行。

② 本实训应具备齐全的办公设备：计算机、打印机、网络连接。

③ 教师在实训前应提前告知学生实训资料。

④ 每人一台计算机。

（2）实训方式与手段

本实训学生分组讨论操作，每组3人或4人。

（3）实训要求与标准

通过拟文实训，掌握招标书和投标书两个文种的内容、结构、格式、特殊用语的要求熟练完成拟写任务。

① 实训要求：拟写一份招标书；拟写一份投标书。

上述文件均在计算机上完成拟稿。文档要求：内容准确，结构完整，条理明晰，表达合体。要求在4个学时内完成。

② 实训提示：招标公告的正文由前言、主体和结尾组成；前言写明招标单位的基本情况，主体包括文件编号、招标项目名称、招标范围、招标投标方法、招标时限、招标地点等；结尾写明招标单位的名称、地址、电话号码和传真等。

③ 实训流程：先写招标书，后写投标书。招标方案应切实可行；招标标准应当明确，表达必须准确；规格应当准确无误。根据学习任务三十三的招标公告写一份投标书。

（4）实训考核

对完成的每一项进行单独打分，最后综合评定小组成绩。

参考文献

[1] 金常德. 新编高职高专应用文写作［M］. 北京：清华大学出版社，2007.
[2] 李薇. 应用文写作［M］. 北京：教育科学出版社，2008.
[3] 李喜民. 应用文写作［M］. 上海：科学技术出版社，2011.
[4] 孙百臣. 应用写作［M］. 北京：科学出版社，2008.
[5] 韦志国. 实践技能训练应用写作［M］. 北京：北京交通大学出版社，2010.
[6] 徐中玉. 应用文写作. 北京：高等教育出版社，2007.
[7] 张帅旗，李泽华. 应用文写作［M］. 北京：高等教育出版社，2009.